SALISBURY · DIE OSTFRONT

VERLAG
FRITZ
MOLDEN

Eine Bild-Text-Dokumentation
mit 147 Abbildungen und 5 Karten

Harrison E. Salisbury

Die Ostfront

Der unvergessene Krieg 1941–1945

VERLAG FRITZ MOLDEN
WIEN–MÜNCHEN–ZÜRICH–NEW YORK

Aus dem Englischen übertragen von
JOHANNES EIDLITZ

Titel der amerikanischen Originalausgabe:
THE UNKNOWN WAR
erschienen 1978 im Verlag Bantam Books Inc., New York

Copyright © 1978 by Harrison E. Salisbury
Copyright der Abbildungen © 1978 by Air Time International
Alle Rechte der deutschen Ausgabe 1981:
Verlag Fritz Molden, Wien–München–Zürich–New York
Verlegt vom Verlag Fritz Molden München GmbH
Lektor: Moritz Strachwitz
Schutzumschlag: Hans Schaumberger
Druck und Bindung: Wiener Verlag

ISBN 3-217-00997-5

Inhaltsverzeichnis

I.	Ein stiller Sonntag	7
II.	Stalins Fehler	15
III.	Die Tapferen von Brest-Litowsk	25
IV.	Der deutsche Sieg von Kiew	33
V.	Das russische Dünkirchen	41
VI.	Leningrad in Gefahr	47
VII.	Der Kreis schließt sich	55
VIII.	Die Krise verschärft sich	61
IX.	Die Schlacht um Moskau	67
X.	Das belagerte Leningrad	83
XI.	Die Rote Armee greift an	93
XII.	Hitler greift nach Stalingrad	102
XIII.	Stalin und Churchill	115
XIV.	Stalingrad	121
XV.	Die größte Schlacht des Krieges	133
XVI.	Babi Yar	141
XVII.	Warschau und andere Schlachten	149
XVIII.	Nach Berlin	161
XIX.	Die letzten Tage von Berlin	173
XX.	Hitlers Ende	185
XXI.	Der letzte Akt	193
Register		198

KARTEN

Die deutsche Offensive	17
Die Schlacht um Leningrad	48
Die Schlacht um Moskau	74
Die Schlacht um Stalingrad	109
Die sowjetische Gegenoffensive	135

Vorbemerkung

Während des Zweiten Weltkrieges wurden von sowjetischen Kameraleuten über 3,5 Millionen Meter Dokumentarfilme gedreht, die dazu bestimmt waren, die offizielle Dokumentation des Krieges zu bilden. Von diesen und anderen Fotografen wurden auch Hunderttausende von Standfotos gemacht, die das größte Fotoarchiv des Krieges bilden. Von den 243 Kameraleuten an der Front starben 33, also fast ein Sechstel, in Erfüllung ihrer Aufgaben. Unter den Fotografen waren die Verlustziffern ebenso hoch. Sie arbeiteten unmittelbar am Kriegsgeschehen – oft bedienten sie zwischen den Aufnahmen auch ein Maschinengewehr. Ein Großteil dieses einmaligen fotografischen Schatzes ruhte seit 1945 unberührt in sowjetischen Archiven. Vieles war noch nie in der Öffentlichkeit zu sehen, bevor es für die Fernsehserie „Der unvergessene Krieg" freigegeben wurde. Ein Teil der in diesem Buch veröffentlichten Fotos stammt aus diesem Material; es wurde ergänzt durch Fotos aus anderen Quellen, einschließlich Archiven der Bundesrepublik Deutschland. Einer der tapfersten Fotografen auf sowjetischer Seite war Roman Karmen, der auch die Belagerung von Leningrad fotografierte und von dem mehrere Fotos in diesem Buch abgebildet sind. Er starb im Frühjahr 1978 während der Arbeiten zum Fernsehfilm.

I. Ein stiller Sonntag

In Moskau war der Morgen des 22. Juni 1941 besonders schön. Es war die Zeit der Sommersonnenwende, und das Tagesgestirn ging schon kurz nach drei Uhr früh auf. In Leningrad spazierten junge Leute, Burschen und Mädchen, in der Romantik der „weißen Nächte" stundenlang über die Boulevards. Überall im europäischen Rußland war das Wetter hervorragend und der Himmel klar.

Kaum hatten die Moskauer Untergrund- und Straßenbahnen den Betrieb aufgenommen, so mußten sie schon große Menschenmengen hinaus zu den Vorortestationen befördern: Der arbeitsfreie Tag sollte draußen auf dem Lande ein Tag der Ruhe, des Badens, des Fischens in den nahe gelegenen flachen Seen werden. In den Birken- und Föhrenwäldchen rund um die russische Hauptstadt wollte man sich zu Picknicks niederlassen.

Nicht eine Wolke stand am Himmel: Die Meteorologen hatten einen warmen Tag vorausgesagt. Manche Ausflügler blieben vor den Anschlagkästen der „Prawda" in den Stationen stehen; aber es gab keine Nachrichten, die viel Aufmerksamkeit verdient hätten. Der Leitartikel der „Prawda" befaßte sich mit Fragen der Schulbildung. Ein Artikel war der hundertsten Wiederkehr des Todestages des Poeten Michael Lermontow gewidmet und brachte ein Zitat aus einem seiner Gedichte über die Schlacht von Borodino, in der die Russen gegen Napoleon gekämpft hatten: „Mit gutem Grund erinnert sich ganz Rußland des Tages von Borodino!" Auf der vierten – und letzten – Seite der „Prawda" gab es eine Nachricht über ein Zyklotron zur

Links: Blick auf den Roten Platz in Moskau kurz vor Beginn des Krieges.
Oben: Deutsche Offiziere an der Grenze in Polen unmittelbar vor Beginn des Angriffs auf die Sowjetunion.

Atomzertrümmerung, das im Leningrader Physikalischen Institut eingerichtet worden war.

Auch für jene, die an diesem Morgen den Sender Moskau einschalteten, gab es keine wirklichen Neuigkeiten, nur wie stets die Frühturnstunde.

In der Stadt selbst füllte sich der große Gorki-Park; Tausende Moskauer spazierten über den Roten Platz oder schlenderten die Ufer der Moskwa entlang. Käufer füllten die Moskauer Kaufhäuser. Urlaubsstimmung lag in der Luft: Das machten die Sonne, die Wärme und vor allem die deutlich entspannte politische Atmosphäre. Ein paar Tage lang waren viele Russen angesichts umlaufender Kriegsgerüchte besorgt gewesen. Hitler, so hatte man sich zugeflüstert, habe sich entschlossen, nachdem er durch seinen Blitzkrieg Westeuropa besiegt hatte, nicht England, sondern Rußland anzugreifen, ungeachtet des Nichtangriffspaktes, den er im August 1939 mit Josef Stalin geschlossen hatte.

Nun aber waren die Kriegsängste beschwichtigt worden. In einer Aussendung der regierungsoffiziellen Nachrichtenagentur TASS war erklärt worden, alle diese Gerüchte seien falsch. Vielmehr habe Rußland den Weg der festen Freundschaft mit dem nationalsozialistischen Deutschen Reich eingeschlagen. Hitler habe keinerlei Forderungen an die Sowjetunion gestellt, und Meldungen über deutsche Vorbereitungen zu einem Angriff auf Rußland seien Erfindungen, die ebenso wie all die anderen Gerüchte von Leuten fabriziert würden, die ein Interesse daran hätten, die guten Beziehungen zwischen Deutschen und Sowjetrussen zu stören.

In den 24 Jahren sowjetischer Herrschaft war zwar in der Bevölkerung nicht gerade ein fester Glaube an die Wahrheit amtlicher Verlautbarungen erwachsen, aber der Ton dieses TASS-Bulletins war so entschieden, daß niemand Grund zur Annahme haben konnte, es herrschten zwischen Berlin und dem Kreml andere als die freundschaftlichsten Beziehungen.

Gegen halb zwölf hatte an den Stationen der Untergrundbahn der Andrang schon stark nachgelassen. Wer Moskau verlassen wollte, um den Tag außerhalb zu verbringen, war schon fort. Aber die Schlangen vor den Geschäften und auf den großen städtischen Märkten – wo man sich um Lebensmittel und vor allem Gemüse anstellte – waren noch länger geworden. Über die Lautsprecheranlagen in den Straßen war die übliche Operetten- und Marschmusik gekommen. Doch kurz vor Mittag verstummten die Melodien. Einen Augenblick später war die Stimme eines Ansagers zu hören: „Achtung, Achtung!" Eine wichtige Durchsage werde um zwölf Uhr erfolgen! Die Stimme des Ansagers wurde vom Ticken eines Metronoms abgelöst. Nach ein paar Sekunden kam dann wieder die Stimme des Ansagers, der die Mitteilung wiederholte, dann wieder das Ticken.

Die Leute auf den Straßen blieben bei den Lautsprechern stehen und begannen zu diskutieren: Solche Ankündigungen bedeuteten selten etwas Gutes. Auch der Verkehr wurde langsamer. Punkt zwölf war die Stimme des offiziellen Regierungssprechers Juri Levitan zu hören, der Wjatscheslaw Molotow, den Außenminister, ankündigte. Molotow sprach.

„Männer und Frauen, Bürger der Sowjetunion, die sowjetische Regierung und ihr Vorsitzender Genosse Stalin haben mich beauftragt, folgende Erklärung abzugeben:

Gegen vier Uhr früh haben deutsche Truppen, ohne vorherige Kriegserklärung und auch ohne irgendwelche Forderungen gegenüber der Sowjetunion erhoben zu haben, unser Land angegriffen, unsere Grenzen an vielen Stellen überschritten und aus der Luft Schitomir, Kiew, Sewastopol, Kaunas und andere Städte bombardiert... Der Angriff ist erfolgt, obwohl zwischen der Sowjetunion und dem Deutschen Reich ein Nichtangriffspakt bestanden hat, ein Bündnis, dessen Bedingungen von der Sowjetunion auf das genaueste eingehalten worden sind. Unsere Sache ist gerecht! Der Feind wird vernichtet werden, der Sieg wird unser sein!"

Molotow sprach kaum fünf Minuten lang. Als er zu Ende war, schien es, als hätte sich plötzlich die Sonne verfinstert, als sei der Duft des Junitages aus der Luft verschwunden. Es dauerte eine Weile, bis die Menschen auf den Straßen reagierten, sie waren vor Entsetzen wie gelähmt. Dann aber kam es zu einem gewaltigen Sturm auf die staatlichen Banken und alle Geschäfte, in denen es nur irgend etwas zu kaufen gab: Lebensmittel, Fleisch, Juwelen, Haushaltsgeräte. Die Moskauer kauften alles, was sie nur in die Hände bekommen konnten, sie hoben jede Kopeke ihrer Ersparnisse ab. Den Banken ging bald das Geld aus, gegen drei Uhr nachmittags mußten sie ihre Schalter schließen. Die Russen wußten noch, was Krieg bedeutet, und tauschten ihr Papiergeld in Mehl, Zucker, Salz, Petroleum, Fett und Würste um. Sie kauften Diamantringe, Golduhren und eben alles, was in den Juwelenläden und Pfandleihen an Werten zu haben war. Sie kauften in den Warenhäusern sogar Schaufeln und Hakken und in den Möbelabteilungen Stühle und Tische.

Falls irgend jemand sich darüber wunderte, warum Molotow diese Erklärung abgegeben hatte und nicht Stalin, so ist jedenfalls darüber nichts berichtet worden.

Wie war es möglich, daß der Krieg Rußland wie ein Blitz aus heiterem Himmel traf? Kein anderes Land der Welt hatte sich über die Gefahr eines Angriffs von außen mehr besorgt gezeigt als die Sowjetunion! Seit dem Augenblick, als die Bolschewiken am 7. November 1917 (die „Oktober-Revolution") die Macht an sich gerissen hatten, warnte Lenin – und nach ihm erst recht Stalin – das Volk immer wieder und wieder davor, daß es von Feinden umgeben sei, die jederzeit und ohne jede Vorwarnung zuschlagen könnten. Die Sowjetunion war geradezu in der Atmosphäre der Bedrohung durch die „kapitalistische Einkreisung" geboren worden und aufgewachsen. Die gesamte Bevölkerung war im Waffengebrauch geschult, jeder Junge und jedes Mädchen hatten eine vormilitärische Ausbildung erhalten und gelernt, mit einem Gewehr zu schießen, ein Maschinengewehr zu bedienen und Handgranaten zu werfen. Die Ausgaben für die Rote Armee und für die Rüstung hatten im Staatshaushalt absoluten Vorrang. Generationen russischer Männer und Frauen führten ein Leben, in dem es weder Autos noch Kühlschränke gab, keine Butter und nur wenig Fleisch! Und all das nur, um die Sowjetunion als Militärmacht aufzubauen.

Die Frage, was da geschehen war, mußte sich unvermeidlich jeder Russe stellen. Gewiß, seit dem 1. September 1939 gab es Krieg in Europa. Hitler, abgesichert durch die Unterzeichnung des Nichtangriffspaktes mit Stalin, warf seine Armeen gegen Polen. Nur wenige Russen waren von der neugefundenen Freundschaft mit dem nationalsozialistischen Deutschland begeistert. Sie waren dazu erzogen worden, die deutschen Faschisten als ihre Todfeinde zu betrachten. Aber zumindest konnten sie die praktischen Ergebnisse der Politik Stalins sehen. Hitler hatte mit England und Frankreich Krieg geführt: Frankreich war besiegt, und England mußte eine Invasion fürchten. Westeuropa war zur Beute der Deutschen geworden, aber Rußland, das Polen mit Hitler geteilt hatte, lebte in Frieden.

Gewiß, es war ein unsicherer Friede. Zuerst hatte Rußland den unerwartet harten Krieg gegen Finnland geführt, den es aber schließlich im Frühjahr 1940 gewann. Doch der Finnlandfeldzug und die Annexion der baltischen Staaten Estland, Litauen und Lettland hatte den Russen ebenso einen Polster gegen einen Angriff verschafft wie die Besetzung Ostpolens. Die Grenze war so weit nach Norden geschoben worden, daß feindliche Geschütze nicht mehr direkt in die Vorstädte Leningrads feuern konnten. Die baltischen Staaten boten auch nicht mehr feindlichen Armeen ein Sprungbrett, und das besetzte Ostpolen gab der Roten Armee die Möglichkeit, ihre Verteidigung im Westen in der Tiefe zu staffeln. Außerdem hatte Rußland im Jahre 1940 Rumänien gezwungen, Bessarabien und einen Teil der Bukowina abzutreten, wodurch sich die Verteidigungsbedingungen im Südwesten verbesserten.

Viele Russen waren angesichts der Schnelligkeit des deutschen Blitzkrieges im Westen beunruhigt gewesen. Die Leichtigkeit, mit der die Wehrmacht Norwegen, Dänemark, die Niederlande, Belgien und Frankreich überrannte, machte den Sowjetbürgern Sorgen. Auch der Luftkrieg – der sogenannte „Blitz" – gegen die Städte Englands, wie London, Portsmouth und Coventry, war alles andere als beruhigend.

Dennoch blieb der stets zuversichtliche Ton, in dem die sowjetischen Zeitungen

Ausschnitt aus der Menschenmenge in Moskau, während Außenminister Molotow über das Radio den Angriff des Deutschen Reiches auf Rußland ankündigt.

schrieben, unverändert. „Prawda" und „Iswestija" berichteten in immer gleichbleibender freundlicher Weise über die Erfolge Hitlers, und es gab auch keinen jener versteckten Hinweise, aus denen geübte sowjetische Zeitungsleser gewohnt waren, Andeutungen über die wahren Absichten der Politik Stalins zu erhalten.

Im November 1940 reiste Außenminister Molotow nach Berlin, um dort mit Reichsaußenminister Joachim von Ribbentrop und mit Hitler selbst zusammenzutreffen. Die Berichte über den Verlauf dieses Besuchs sprachen von einer herzlichen Atmosphäre. Auch eine jähe Aufregung im April 1941, als die Deutschen Jugoslawien angriffen und ebenso wie Griechenland besetzten, verursachte nur vorübergehende Beunruhigung.

Als dann im Juni Gerüchte zu kursieren begannen, die Deutschen würden sich nun gegen Osten wenden, kam die erwähnte beruhigende TASS-Erklärung. Hätte es irgendeine gefährliche Entwicklung gegeben, so würde doch gewiß die Regierung nicht eine im Ton so überzeugende und beruhigende Erklärung, daß zwischen dem Deutschen Reich und der Sowjetunion alles in bester Ordnung sei, ausgegeben haben!

Das war am 14. Juni gewesen. Und nun – eine Woche später – Krieg! Was war da geschehen?

Adolf Hitler mit seinen Generalfeldmarschällen im August 1940. Von links: Keitel, Rundstedt, Bock, Göring, Hitler, Brauchitsch, Leeb, List, Kluge, Witzleben und Reichenau.

Eben diese Frage hatte sich in den Überlegungen der nächsten Mitarbeiter Josef Stalins – freilich in viel präziserer Form – nur ein paar Stunden vorher erhoben. Diese Männer, Mitglieder des Politbüros, die Minister (damals noch Volkskommissare genannt), die Diplomaten, die Angehörigen des Generalstabes, die Generale der Roten Armee, wußten natürlich viel mehr als ihre 187 Millionen Mitbürger. Aber auch für sie war der Kriegsausbruch eine furchtbare Überraschung.

Auch Stalins Mitarbeiter wußten nicht alles, was im vergangenen Jahr geschehen war. Sie wußten zwar, daß die Beziehungen zwischen Moskau und Berlin keineswegs so gut waren und so reibungslos verliefen, wie es oberflächlich den Anschein haben mochte. Aber nur wenige unter ihnen waren für die Katastrophe eines Krieges mit Deutschland vorbereitet. So wußten sie natürlich nichts davon, daß der Führer schon am 22. Juli 1940 seine erste Führungsstabsbesprechung über das Problem Rußland abgehalten hatte – es war eines der sorgsamst gehüteten Geheimnisse Hitlers –, ferner, daß er dem Generalfeldmarschall Walter von Brauchitsch aufgetragen hatte, Pläne für eine Offensive gegen Rußland auszuarbeiten, die möglicherweise schon im

Herbst desselben Jahres zur Ausführung kommen sollten. Aber es war ihnen auch nicht bekannt, daß in eben jenem Monat Juli 1940 sowjetische Agenten in Erfahrung gebracht hatten, daß der deutsche Generalstab das Reichsverkehrsministerium beauftragt hatte, die notwendigen Unterlagen für den Transport deutscher Truppen vom Westen nach dem Osten zu liefern. Diese Nachricht hatte man natürlich Stalin gemeldet, doch hatte er sie an die Militärs nicht weitergegeben.

Überhaupt war seit dem Herbst 1940 ein ständiger Strom von Nachrichten über deutsche Kriegsvorbereitungen gegen die Sowjetunion in den Kreml geflossen. Denn Stalin verfügte über das wirkungsvollste Nachrichtennetz der Welt: In nahezu jedem Land der Welt waren seine Agenten, Spione, Untergrundarbeiter und Mitglieder der kommunistischen Parteien aktiv als Zellen dieses Apparates tätig. Zwar hatte Stalin den größeren Teil seines Spionageapparates in Deutschland nach dem Abschluß des Ribbentrop-Molotow-Paktes im Sommer 1939 liquidiert, weil er befürchtete, durch ein Weiterbestehen des Netzes Unannehmlichkeiten mit den Deutschen zu bekommen. Dafür besaß er aber in dem Deutschen Richard Sorge in Tokio einen der hervorragendsten Agenten aller Zeiten. Sorge war offiziell Korrespondent deutscher Zeitungen und unterhielt enge Beziehungen zu dem Botschafter des Deutschen Reiches, Hermann Ott. Noch enger war er mit dem deutschen Militärattaché befreundet. Was immer an Nachrichten aus Berlin in der Botschaft eintraf, ob in chiffrierten Telegrammen oder über die Diplomatenpost, Sorge erfuhr alles, selbst Dinge, die höchst geheim sein sollten. Es gab wenig vertrauliche Angelegenheiten, über die Berlin seine Tokioter Botschaft nicht unterrichtete, denn sie sollte ja engste Verbindung mit dem Verbündeten des Deutschen Reiches, mit Japan, halten.

Am 18. November 1940 sandte Sorge seine erste Warnung nach Moskau, daß Deutschland Angriffsvorbereitungen an seinen Ostgrenzen treffe.

Es gibt keinen Hinweis, daß Sorges Warnung irgendeine Wirkung in Moskau ausgelöst hätte. Sie war nach einem Besuch erfolgt, den Molotow zwischen dem 12. und dem 14. November in Berlin abgestattet hatte und der deutlich eine grundlegende Wandlung in den deutsch-russischen Beziehungen einleitete. Der deutsche Außenminister wollte die Sowjetunion in einen „kontinentalen Block" einbezogen wissen, dem vor allem das Deutsche Reich, Italien und Japan, aber auch Vichy-Frankreich, Franco-Spanien und andere Verbündete Hitlers angehören sollten. Die Spitze dieser Konstruktion sollte sich gegen die Westalliierten richten.

Von alldem wollte Molotow nichts wissen: Er erinnerte an die Ansprüche der UdSSR auf eine Einflußsphäre, zu der Finnland gehören sollte, und verlangte, daß die Deutschen sich nicht länger in Helsinki einmischen dürften. Er erhob ferner Ansprüche auf die Südbukowina, auf Stützpunkte in Bulgarien und auf eine Kontrolle der Dardanellen. Ferner erklärte er, daß es auch eine Reihe von Ländern gebe, die zur zweiten Zone des sowjetischen Einflußanspruchs gehörten: Es waren dies Griechen-

Führer der Sowjetunion im Januar 1941, von links nach rechts: Bulganin, Malenkow, Schdanow, Schtscherbakow, Beria, Andrejew, Dimitrow, Kaganowitsch, Mikojan, Schwernik, Woroschilow, Molotow, Stalin, Timoschenko, Kalinin, Badajew, Popov (halb sichtbar).

Russen melden sich als Freiwillige zur Roten Armee.

land, Jugoslawien, Ungarn und die Kontrolle über die aus der Ostsee hinausführenden Seewege. Da das Reich den Rumänen militärische Garantien gegeben hatte, wollten die Russen nun etwas ähnliches in bezug auf Bulgarien erreichen. (Freilich lehnte Sofia diesbezügliche Vorschläge des Kremls ab und schloß sich am 1. März 1941 dem „Dreierpakt" an.) Hitlers Ziel war es offenbar, den Sowjets noch einmal, bevor er sie mit Krieg überzog, genau auf den Zahn zu fühlen. Er hatte für Molotow nur großartige Phrasen übrig: einen Platz für die Sowjetunion in der neuen Weltordnung, die er zu schaffen im Begriff sei, Freiheit, sich nach Süden, nach Persien, nach Indien, auszudehnen.

Molotow dagegen bestand darauf, über realistischere Dinge zu sprechen, etwa wie die Welt zwischen den beiden Großmächten Deutschland und Rußland aufgeteilt werden solle. Je mehr Hitler von den schulmeisterlichen Erklärungen Molotows hörte, um so fester wurde sein Entschluß, den Krieg nach dem Osten zu tragen.

General A. M. Wassilewski, der später Stalins Generalstabschef werden sollte, kehrte von dem Besuch in Berlin mit der Gewißheit zurück, daß die Deutschen die Sowjets angreifen würden. Seine Ansicht wurde von vielen seiner Kameraden in der Generalität geteilt. Hat Molotow Stalin gewarnt? Niemand weiß es! Aber am 18. Dezember setzte Hitler seine Unterschrift unter den Entwurf für das Unternehmen „Barbarossa", der die Detailplanung für den Angriff auf die Sowjetunion zum Inhalt hatte. Am nächsten Tag empfing er den neuen sowjetischen Botschafter W. G. Dekanosow auf das freundlichste. Dekanosow war ein hoher Beamter der sowjetischen Geheimpolizei, die rechte Hand von Lawrenti Beria, dem Chef des gesamten Polizeiwesens und Stalins engster Freund. Hitler hatte den neuen Botschafter einen Monat lang warten lassen, bis er sein Beglaubigungsschreiben überreichen durfte. Nun zeigte sich Hitler sehr jovial, die beiden Männer hatten eine herzliche Aussprache. Doch zehn Tage später funkte Richard Sorge chiffriert nach Moskau:

„An der deutsch-sowjetischen Grenze werden achtzig Divisionen konzentriert. Hitler beabsichtigt, das Gebiet der UdSSR bis zu einer Linie Charkow–Moskau–Leningrad zu besetzen."

Sorge meldete ferner, daß vierzig deutsche Divisionen als Reservestreitmacht bei Leipzig zusammengezogen und zwanzig Divisionen aus Frankreich nach Polen verlegt worden seien.

Am Weihnachtstag 1940 erhielt der sowjetische Militärattaché in Berlin einen anonymen Brief, in dem es hieß, Hitler plane einen Angriff auf die Sowjetunion. Ferner war in dem Schreiben in groben Umrissen das „Unternehmen Barbarossa" beschrieben. Als Zeitpunkt für den Beginn des Angriffs gab der anonyme Briefschreiber das Frühjahr 1941 an.

Wie reagierte nun Stalin auf diese Meldungen? Natürlich wußte niemand um seine geheimsten Gedanken Bescheid, aber jene Militärs, die es wagten, Fragen bezüglich der Absichten der Deutschen zu stellen, fanden sich schnell und manchmal sehr heftig zurechtgewiesen. Sie bekamen zu hören, daß sie an „Germanophobie", zu deutsch an „Deutschenangst", litten.

Mit Beginn des neuen Jahres wuchs sich der Nachrichtenstrom, der bei Stalin einlief, zu einer wahren Flut aus. Kaum ein Tag, an dem nicht eine neue Information über die Absichten Hitlers eintraf. Fast allwöchentlich kamen Telegramme Sorges aus Tokio. Am 5. März 1941 hatte er den Mikrofilm eines Telegramms Ribbentrops an Botschafter Ott geschickt, in dem als Datum für den deutschen Angriff Mitte Juli angegeben war. Der sowjetische Militärattaché in Frankreich, Generalmajor I. A. Susloparow, meldete, daß die Deutschen einen Angriff für Ende Mai planten. Später korrigierte er dieses Datum auf Ende Juni. Schon im Januar hatte in Washington der amerikanische stellvertretende Außenminister Sumner Welles dem sowjetischen Botschafter Konstantin Oumanski mitgeteilt, daß die USA über Informationen verfügten, wonach die Deutschen die Absicht hätten, Rußland noch im Frühjahr anzugreifen. Stalin wurde sowohl von Roosevelt und Churchill gewarnt als auch von befreundeten Diplomaten in vielen Hauptstädten und in immer stärkerem Maße von den eigenen militärischen Nachrichtendiensten und Spionageorganisationen.

Die Warnungen wurden immer zahlreicher. So berichtete der sowjetische Generalstab am 1. Mai, daß im März und April die Deutschen mehr und mehr Truppen an der sowjetischen Grenze konzentriert hätten. Deutsche Aufklärungsflüge über russischem Territorium waren schon zur Gewohnheit geworden. Zwischen dem 28. März und dem 18. April wurden 80 deutsche Einflüge gemeldet; ein Flugzeug mußte sogar bei Rowno niedergehen, man fand darin die Kamera, die aufgenommenen Filme und eine topographische Karte. Am 15. Mai berichtete Richard Sorge, daß der deutsche Schlag am 20. oder 22. Juni erfolgen werde, vier Tage später meldete er, der Angriff werde von neun Armeen und 150 Divisionen geführt werden. Etwas später konnte er sogar den deutschen Aufmarschplan übersenden. Etwa zur selben Zeit übersandte die Botschaft in Berlin einen fast ebenso umfassenden Bericht über die deutsche Kriegsplanung. Am 6. Juni legte der sowjetische Nachrichtendienst eine Beurteilung auf Stalins Schreibtisch, derzufolge die Deutschen rund vier Millionen Mann an Rußlands Westgrenzen konzentriert hätten.

Frauen und Kinder der Angehörigen der deutschen Botschaft begannen Moskau zu verlassen und nach Deutschland zurückzukehren. Der deutsche Konsul in Leningrad, der bei einem russischen Schneider einen neuen Anzug bestellt hatte, machte den Auftrag rückgängig.

Admiral Nikolai G. Kusnetsow (der Volkskommissar für die Kriegsmarine) hatte eine Fülle von Berichten der Marine-Nachrichtendienste zusammengestellt, die auf eine unmittelbar bevorstehende Aktion der Deutschen hindeuteten. Am 13. oder 14. Juni ging er in den Kreml zu Stalin, den er dabei das letztemal vor Kriegsausbruch sah. Er berichtete ihm, daß nahezu alle deutschen Schiffe sowjetische Häfen und Gewässer verlassen hätten, oft ohne ihre Ladung zu löschen. Er hatte Stalin bitten wollen, die Flotte in Alarmzustand zu versetzen. Aber Stalin schien so uninteressiert, daß Kusnetsow wieder fortging, ohne diese Frage anzuschneiden.

Am 12. Juni erhielt Sorge in Tokio eine Nachricht aus Moskau, in der stärkste Zweifel an der Gültigkeit seiner Berichte, wonach die Deutschen sich für den Krieg vorbereiteten, geäußert wurden. Er schickte am 17. Juni ein neues Telegramm: „Ich wiederhole: Neun Armeen und 150 Divisionen werden auf breiter Front am Morgen des 22. Juni 1941 angreifen." Er unterzeichnete diese Botschaft mit seinem üblichen Codenamen „Ramsey". Sorge war zutiefst beunruhigt. Irgend etwas mußte in den Zentralstellen in Moskau in Unordnung sein. Sie bezweifelten seine Berichte. Irgend jemand glaubte ihm nicht. Konnte das Stalin sein?

Die Rekruten beim Abmarsch zur militärischen Ausbildung.

II. Stalins Fehler

Stalin in seinem Kreml-Büro, über ihm ein Porträt von Karl Marx.

Niemals hatte eine Regierung so umfassende, so genaue und so rechtzeitige Informationen über die Pläne und Absichten ihres Feindes besessen wie Stalin in bezug auf Hitler. Weder der Erfolg der Amerikaner bei der Entzifferung des „Purpur-Codes" der Japaner noch der Erfolg der Engländer mit Deutschlands „Ultra" ließen sich mit den Angaben vergleichen, die sich auf Stalins Schreibtisch türmten. Stalins Material war den Nachrichten der Amerikaner und Briten weit überlegen. Seine Informationen kamen aus einer Fülle von Quellen: seine eigenen Agenten; seine eigenen Militärs; seine eigenen Diplomaten; von Spionen; von Staatsmännern anderer Länder; ja selbst von den Deutschen. In allerletzter Minute hatte der deutsche Botschafter in Moskau, Graf Friedrich Werner von der Schulenburg, der später mit seinem Leben für seine Opposition gegen Hitler bezahlen mußte, den bemerkenswerten Schritt unternommen, die Russen vor den deutschen Plänen zu warnen. Er lud Wladimir Dekanosow, den sowjetischen Botschafter in Berlin, der zufällig in Moskau war, zu sich und erklärte ihm, wie gefährlich die Situation geworden sei. Er drängte darauf, daß Moskau Verbindung mit Berlin aufnehmen solle, bevor es zu spät sei. Dekanosow, der das alles für einen deutschen Trick hielt, wollte ihn kaum anhören und bestand darauf, daß der Botschafter mit Molotow selbst spreche. 25 Jahre später bestätigte Wladimir Pawlow, der Dolmetscher Dekanosows, daß die Russen glaubten, Schulenburgs mutige Warnung sei nur ein Teil eines grandiosen Erpressungsmanövers Hitlers.

Der Glaube an ein Erpressungsmanöver scheint die einzige begreifliche Erklärung, warum sich Stalin gegenüber jeder Warnung taub stellte. Er meinte, daß Hitler zwar erpressen wolle, nicht aber angreifen werde. Er vertraute Hitler, daß dieser den deutsch-sowjetischen Pakt einhalten werde, und war bereit (zumindest glaubten das viele seiner Mitarbeiter), einen sehr hohen Preis zu bezahlen: noch größere Lieferungen an Erdöl, an Lebensmitteln, an Eisenerz, die Hitler für seine Kriegsmaschine brauchte. Er war sogar bereit, wenn es sein mußte, territoriale Konzessionen zu machen. Dies war seine versteckte Trumpfkarte. Aber es stellte sich heraus, daß diese Karte nicht stach. Der eine Mann auf der Welt, dem Stalin vertraute, bluffte nicht. Er machte Ernst. Am 21. Juni hatte Hitler an den Grenzen der Sowjetunion 4,2 Millionen Mann zusammengezogen, 208 Divisionen, davon 163 Infanteriedivisionen, 21 Panzerdivisionen, 14 motorisierte Divisionen, eine Kavalleriedivision und neun Sicherungsdivisionen. Er hatte 3500 Panzer, 50.000 Geschütze und 3900 Flugzeuge zusammengezogen. Es war die gewaltigste Streitmacht, die je versammelt worden war.

[Die Zahlenangaben des Autors gehen auf offizielle sowjetrussische Quellen zurück. Laut den Angaben der Kriegstagebücher des OKH (überprüft vom US-Kriegsministerium) waren die deutschen Streitkräfte, die gegen die Sowjetunion zum Angriff antraten, wie folgt gegliedert:

Die Heeresgruppe Nord unter dem Befehl von Generalfeldmarschall von Leeb, dem eine Panzergruppe und zwei Armeen mit zwei Panzerdivisionen, drei motorisierten Divisionen und 21 Infanteriedivisionen unterstanden.

Die Heeresgruppe Mitte wurde von Generalfeldmarschall von Bock befehligt, dem zwei Panzergruppen und zwei Armeen mit insgesamt 50 Divisionen, davon neun Panzer- und sechs motorisierte Divisionen, unterstanden.

Die Heeresgruppe Süd des Generalfeldmarschalls von Rundstedt, die eine Panzergruppe und drei Armeen umfaßte (41 Divisionen, davon fünf Panzer- und drei motorisierte Divisionen) sowie 14 rumänische Divisionen.

Außerdem stand eine Reserve des OKH für den Einsatz bereit – der in den nächsten Wochen erfolgte –, die aus 28 Divisionen (davon zwei Panzer- und zwei motorisierten Divisionen) bestand. In Finnland waren weitere acht Divisionen eingesetzt.

An der Ostfront standen insgesamt 153 deutsche Divisionen (davon 19 Panzer- und 14 motorisierte Divisionen), zu denen im Verlauf des Rußlandfeldzugs noch rund 40 Divisionen der Verbündeten traten.

Die Mannschaftsstärke der deutschen Wehrmacht an der Ostfront betrug 3,2 Millionen Mann. Sie verfügte dort über 3300 Panzer und 250 Sturmgeschütze, ferner über 2000 Flugzeuge, davon rund 800 Jäger. Im Westen waren noch 1500 Flugzeuge stationiert. Die sowjetische Luftwaffe wurde auf 4000 Maschinen, die Panzerwaffe auf 10.000 Kampfwagen geschätzt.

Die deutsche Wehrmacht verfügte im Juni 1941 insgesamt über 7,2 Millionen Mann; davon gehörten zum Feldheer 3,8 Millionen, zum Ersatzheer 1,2, zur Luftwaffe 1,7, zur Waffen-SS 150.000 und zur Kriegsmarine 400.000 Mann. Am 22. Juni 1941 verfügte die Wehrmacht über 211 Divisionen, wozu noch elf Sturmgeschützabteilungen kamen, ferner 85 Artillerieabteilungen mit Geschützen bis 15 cm und 24 Abteilungen mit Haubitzen und Mörsern über 21 cm sowie vier Abteilungen über 21 cm (Flachfeuer), ferner 20 Eisenbahnbatterien (15 bis 28 cm), 171 Küstenbatterien, weiter 62 Küstenbatterien (bis 1. August 1941), sieben Nebelwerferabteilungen, vier Nebelwerferregimenter und 54 selbständige Pionierbataillone.

Im Osten standen bei Beginn des Rußlandfeldzuges 99 Infanteriedivisionen, 14 motorisierte Infanteriedivisionen, 19 Panzerdivisionen, zwei Gebirgsdivisionen, eine Kavalleriedivision, vier motorisierte SS-Divisionen, eine SS-Polizeidivision, neun Sicherungsdivisionen. Finnland: eine Infanteriedivision, zwei Gebirgsdivisionen, eine SS-Division (mot.). Norwegen: acht Infanteriedivisionen. Dänemark: eine Infanteriedivision. Balkan: fünf Infanteriedivisionen und zwei Gebirgsdivisionen. Westen: 38 Infanteriedivisionen. Nordafrika: zwei Panzerdivisionen. In der Heimat: eine Infanteriedivision.

Die Verbündeten stellten an der Ostfront im Verlauf des Feldzugs:

Finnland: 18 Divisionen. Rumänien: zwölf Infanteriedivisionen, drei Gebirgsbrigaden, zwei Festungsbrigaden, vier Kavalleriebrigaden, eine Panzerbrigade. Ungarn: zunächst zwei motorisierte Brigaden und eine Kavalleriebrigade, später fünf Divisionen. Slowakei: eine motorisierte Brigade, zwei Infanteriedivisionen. Italien: drei motorisierte Infanteriedivisionen. Kroatien: ein Infanterieregiment.

Französische und belgische Freiwillige bildeten zunächst die Division Charlemagne und die Brigade Wallonie, wurden aber später in die Waffen-SS-Divisionen eingegliedert, ebenso wie Freiwillige aus Skandinavien (Wiking), Bosnien (Prinz Eugen und Handschar), ja sogar aus Indien. 300.000 Mann russische Freiwillige gehörten zu Kosakendivisionen und zur Armee Wlassow (1944).]

Was immer auch Stalin über Hitler denken mochte, so hatte er doch gewisse elementare Vorsichtsmaßnahmen getroffen. Die Rote Armee war am 1. Juli auf einen Stand von nahezu fünf Millionen Mann gebracht worden, gegenüber 2,5 Millionen am 1. Januar 1939. 2,9 Millionen Mann standen in den westlichen Grenzdistrikten.

[Nach deutschen Quellen standen im Juni 1941 den angreifenden deutschen Truppen etwa 175 sowjetische Schützendivisionen, 30 Kavalleriedivisionen und 78 Panzer- und motorisierte Brigaden gegenüber, deren Mannschaftsstärke auf 4,2 bis 4,7 Millionen Mann geschätzt wurde. Die Totalstärke von Roter Armee, Luftwaffe und Flotte betrug damals etwa neun Millionen Mann. Die Verluste bis November 1941 – vor allem an Gefangenen – betrugen über 2,1 Millionen.

Laut Marschall Schukow standen im Juni 1941 in den Grenzdistrikten 88 Schützendivisionen, 36 Panzerdivisionen, 18 motorisierte Divisionen und acht Kavalleriedivisionen, weitere 20 Divisionen an den Grenzen gegen Finnland und 133 im Landesinneren und im Fernen Osten.]

Allerdings standen sie in schlechten Positionen. Stalin hatte, wenn auch viel zu spät, begonnen, Verstärkungen aus dem Transbaikal- und Kaukasus-Distrikt, insge-

Fußnote zur Geschichte: 1939 kamen Stalin und Hitler überein, einen Nichtangriffspakt zu schließen, der 1941 zu Stalins Entsetzen von Hitler gebrochen wurde.
Im Bild: Reichsaußenminister von Ribbentrop bei der Unterzeichnung des Paktes. Hinter ihm Stalin und Außenminister Molotow.

DIE DEUTSCHE OFFENSIVE

samt fünf Armeen, nämlich die 20., 21., 22., 19. und 16., westwärts in Bewegung zu setzen, aber diese Verlegung konnte nicht vor Ende Juli abgeschlossen werden.

Befehle waren erteilt worden, um die Vorbereitungen der Grenzverteidigung zu beschleunigen. Angesichts der Vorverlegung der Grenzen nach Westen mußte freilich ein ganz neues System errichtet werden. Jedoch war Generaloberst Michael P. Kirponos, der Befehlshaber von Kiew, gerügt worden, weil er den Vorschlag gemacht hatte, seine Truppen nach vorwärts, in die neuen Befestigungen an den Grenzen, zu verlegen: Eine solche Aktion hätte von den Deutschen als „Provokation" aufgefaßt werden können.

Stalins Gedanken kreisten um die Möglichkeit von Provokationen. So war es den sowjetischen Luftabwehrbatterien verboten, auf deutsche Flugzeuge zu schießen, denn auch dies hätte als Provokation aufgefaßt werden können. Angehörige der Armee und der Marine, die über einen möglichen Krieg mit Deutschland redeten, wurden als „Provokateure" verdächtigt. Manche wurden sogar eingesperrt. Die politischen Kommissare erklärten den Soldaten, daß das Gerede vom Krieg provokatorisch sei. Es gebe keinerlei Meinungsverschiedenheiten zwischen der Sowjetunion und Deutschland. Stalin habe den Frieden weit in die Zukunft gesichert.

Als die Entscheidungsstunde sich näherte, wurde nur eine einzige Waffengattung der sowjetischen Streitkräfte, nämlich die Marine, für den Krieg mobilisiert, und das auch nur auf eigene Initiative. Am 19. Juni um 16.15 Uhr hatte der Marinekommissar (Minister) Nikolai Kusnetsow für die baltische Flotte die Alarmstufe 2 – den Kampfalarm – angeordnet, weil Admiral Wladimir Tributs, der Kommandant der baltischen Roten-Banner-Flotte, darauf bestanden hatte. Dieser Alarmzustand lag nur um eine Stufe unter der „roten" Alarmstufe Nr. 1, dem totalen Kriegsalarm. Stunden später befahl Kusnetsow auch für die Nordmeer-Flotte und die Schwarzmeer-Flotte die Alarmstufe 2.

Die Uhr lief weiter. Am Abend des Freitags, des 20. Juni, muß Stalin zum erstenmal einige Besorgnis gespürt haben, denn in den frühen Morgenstunden des 21. Juni wies er die sowjetische Botschaft in Berlin an, eine dringende Aussprache mit Reichsaußenminister von Ribbentrop herbeizuführen, um herauszufinden, was sich eigentlich abspiele. Ribbentrop sollte gesagt werden, daß Moskau zu jeder Art von Gespräch bereit sei (vielleicht war das ein Hinweis darauf, daß Stalin bereit war, selbst nach Berlin zu kommen), um eine Entspannung der Situation herbeizuführen.

Es war ein ereignisarmer Samstag in Berlin. Stunde um Stunde telefonierte der Erste Sekretär Bereschkow mit dem Auswärtigen Amt, aber Ribbentrop war nicht aufzufinden. Moskau rief in der Berliner Botschaft an: Molotow wollte eine sofortige Antwort. Bereschkow rief nun alle dreißig Minuten im Reichsaußenministerium an, aber von deutscher Seite erfolgte keine Reaktion.

Vielleicht spielte dieses Fehlen einer Reaktion aus Berlin eine Rolle in Moskau. Vielleicht waren es doch auch die Tagesberichte der sowjetischen Befehlshaber in den Grenzdistrikten, die meldeten, es sei ständiges Motorengeräusch deutscher Lastkraftwagen und Panzer, die in die Grenzorte einfuhren, zu hören. Vielleicht war es auch ein Telegramm in letzter Minute von Botschafter Maiski aus London. Er berichtete, die Engländer hätten ihm soeben gesagt, es gäbe verläßliche Hinweise dafür, daß die Deutschen am Morgen des 22. Juni angreifen würden.

Was immer der Grund gewesen sein mag, Stalin unternahm jedenfalls an diesem schönen Samstagnachmittag nun doch etwas. Er rief den General Tjulenew an, der für die Luftverteidigung Moskaus verantwortlich war.

„Genosse Tjulenew", sagte er, „wie steht es mit der Luftverteidigung für Moskau?"

Tjulenew gab ihm einen kurzen Bericht.

„Angesichts der beunruhigenden Lage", so wies ihn Stalin an, „sollten Sie die Moskauer Luftabwehr auf 75 Prozent Kampfbereitschaft bringen."

Tjulenew war der Meinung, daß Stalin neue Hinweise auf einen bevorstehenden

Angriff der Deutschen erhalten hatte. Etwas später kam auch Admiral Kusnetsow zu dem gleichen Schluß. Im weiteren fragte Tjulenew beim Generalstab an. Dort sagte man ihm, daß Berichte der Befehlshaber aus den Grenzdistrikten sowie Spionage- und Aufklärungsmeldungen nach wie vor die Möglichkeit eines deutschen Angriffs betonten. Als man aber Stalin von diesen Berichten informiert habe, hätte er geantwortet: „Ihr betreibt Panikmache!"

Auf der deutschen Seite dagegen herrschte eine Stimmung ruhiger Gewißheit. Die Panzer, die Geschütze, die Soldaten, alle waren auf ihren Plätzen. Bomber und Jäger standen bereit, um im Morgengrauen die sowjetischen Flugplätze anzugreifen, auf denen sorgfältigste Luftaufklärung Ansammlung großer Mengen von Flugzeugen gemeldet hatte. In letzter Minute war noch eine Diskussion darüber entstanden, wann die Offensive beginnen solle. Zunächst war als Zeitpunkt für den Angriffsbeginn vier Uhr früh festgelegt worden, da es aber im hohen Norden schon früher hell wurde – vor drei Uhr –, so hatten die Befehlshaber der Heeresgruppe Nord auch eine Vorverlegung des Angriffsbeginns verlangt. Schließlich einigte man sich auf einen Kompromiß, und so begann die deutsche Offensive an der fast 3000 Kilometer langen Front um 3.30 Uhr. Die deutschen Streitkräfte waren in drei Heeresgruppen gegliedert: Die Heeresgruppe Nord zielte gegen die baltischen Staaten und Leningrad, die Heeresgruppe Mitte gegen Moskau, und die Heeresgruppe Süd sollte die Ukraine angreifen, Kiew und Charkow besetzen und dann gegen die Ölfelder des Kaukasus vorgehen.

Alles war bereit, es war auch gar nicht länger möglich, die Bewegung der Truppenmassen zu tarnen. Der Motorenlärm, den der Transport der Geschütze, den die Panzer und die Lastkraftwagen verursachten, da die Truppen sich nun in ihre Ausgangsstellungen begaben, war unüberhörbar. Aber soweit die deutsche Aufklärung feststellen konnte, war auf der russischen Seite der Grenze alles friedlich und still. Keine Truppenbewegungen, kein ungewöhnlicher Alarm. Um Mitternacht unterbrachen deutsche Sabotagetrupps auf russischem Gebiet die rückwärtigen Telefonverbindungen zwischen den höheren Kommanden und den vorderen Stellungen der Sowjettruppen.

Im Oberkommando der Wehrmacht herrschte Zuversicht. Hitler hatte zu Feldmarschall Rudolf Gerd von Rundstedt gesagt: „Sie müssen nur die Tür einschlagen, dann wird die ganze verrottete Struktur zusammenbrechen."

In Moskau präsentierten die Posten am Spassky-Tor des Kremls zackig das Gewehr: Eine schrille Alarmglocke erklang, die großen Torflügel öffneten sich, und lange schwarze Zis-Limousinen – mit Vorhängen an den Fenstern, um die Identität ihrer Passagiere zu verbergen – fuhren in den Kreml ein.

Die Wagen brachten die Mitglieder des Politbüros und des Oberkommandos der Roten Armee. Stalin hatte sie zu sich gerufen, um die immer stärker werdenden Beweise dafür zu beurteilen, daß die Deutschen tatsächlich im Begriff waren, Rußland anzugreifen. General Georgi Schukow, der Generalstabschef, hatte Stalin telefonisch gemeldet, daß ein deutscher Feldwebel über die Grenze gekommen sei und erklärt habe, die Deutschen gingen in Stellung, um am nächsten Morgen den Angriff zu beginnen. Die Zusammenkunft fand im Kremlbüro Stalins statt, einem einfachen Raum, getäfelt mit karelischer Birke, in dem an Bildern nur jene von Marx, Engels und Lenin hingen. Stalins Schreibtisch stand neben einem Fenster, von dem aus man über die Mauern des Kremls sehen konnte. Auf der anderen Seite des Raumes stand ein langer, mit Filz überzogener Tisch. Stalin war nicht geneigt, dem Bericht des deutschen Deserteurs zu glauben. „Seid ihr sicher, daß die Deutschen den Deserteur nicht selbst über die Linien geschickt haben?" fragte Stalin und blickte Schukow und den Verteidigungskommissar Timoschenko kühl an. „Seid ihr sicher, daß das nicht eine Provokation ist?"

In dem Raum herrschte einen Augenblick Schweigen. Stalin zog an seiner Pfeife. Die Mitglieder des Politbüros blickten Schukow und Timoschenko an. Alle wußten, daß Stalin von der nahezu pathologischen Überzeugung besessen war, daß alle,

Ein deutscher Soldat verhört einen Russen, der sich gerade aus einem brennenden sowjetischen Panzer gerettet hat.

Deutsche, Engländer, Franzosen wie Amerikaner, versuchten, Rußland in den Krieg hineinzulocken.

Schukow hatte den Entwurf eines Befehls an die sowjetischen Streitkräfte mitgebracht, in dem vor der Gefahr eines deutschen Angriffs, der jederzeit erfolgen konnte, gewarnt wurde und die „rote" Alarmstufe 1 anordnete. Stalin ging kurze Zeit im Zimmer auf und ab. Dann sagte er: „Lassen Sie mich diese Anweisung sehen!" Schukow übergab sie. Stalin griff nach einer Zigarettenschachtel, nahm zwei „Herzegowinablumen" heraus, seine Lieblingsmarke, zerbrach sie, füllte den Tabak in seine Pfeife, zündete sie an und sagte: „Dieser Befehl ist verfrüht; entwerfen Sie einen anderen, in dem es heißt, daß es am Abend oder in der Nacht vom 21. auf den 22. Juni vielleicht zu Provokationen an der Grenze kommen könnte. Die Truppen müssen darauf vorbereitet sein, dürfen sich aber durch keinerlei Provokationen hinreißen lassen, weil das zu Komplikationen führen könnte."

Schukow und Timoschenko eilten in den Generalstab zurück, um die Weisung herauszugeben.

Das Politbüro setzte seine Diskussion der Lage fort. Marschall Budjonni schlug vor, allen Truppen östlich des Dnjepr Befehl zu geben, sich in Richtung deutsch-sowjetische Grenze in Bewegung zu setzen. Die Luftwaffe solle in Alarmstufe 1 versetzt und eine tiefgestaffelte Verteidigungslinie entlang des Dnjepr und der Dwina, von Kiew bis Riga, eingerichtet werden. Nur der letzte dieser Vorschläge wurde angenommen.

Budjonni wurde zum Oberbefehlshaber der Reservearmee ernannt, und Georgi Malenkow, der Sekretär des Zentralkomitees und Günstling Stalins, wurde sein Stellvertreter. Auch sie fuhren zum Generalstab. Budjonnis einziges Problem bestand darin, daß er weder Truppen noch Waffen, Flugzeuge oder Geschütze für die „Reservearmee" besaß.

Ukrainer inmitten der Ruinen ihrer zerbombten Heimstätten.

In den Befehlen, die Timoschenko und Schukow noch in der Nacht ausgaben (freilich nicht vor 0.30 Uhr, in der Nacht zum Sonntag, dem 22. Juni), warnten sie vor der Möglichkeit eines deutschen Angriffs, der mit einer Provokation beginnen könnte. Die Truppen sollten sich von einer solchen Provokation nicht hinreißen lassen. Sie sollten in Kampfbereitschaft versetzt werden und die bisher noch unbesetzten Feuerstellungen in den Grenzbefestigungen bemannen. Flugzeuge sollten noch vor dem Morgengrauen aus den Hangars geholt und unter Tarnnetze gestellt werden. Vorbereitungen für eine Verdunkelung der Städte und Industrieanlagen waren zu treffen, aber „keine anderen Maßnahmen dürfen ohne besondere Befehle getroffen werden".

Die Warnungen erreichten die wichtigsten sowjetischen Kommandostellen zwischen zwei und drei Uhr früh. Der deutsche Angriff begann, noch bevor die meisten Grenzeinheiten auch nur informiert hätten werden können. Sonderbeauftragte des Oberkommandos wurden zu den Grenzbefehlshabern entsandt; da sie aber mit der Eisenbahn reisten, kam keiner rechtzeitig vor Ausbruch des Krieges an.

Molotow gab es nun auf, von Ribbentrop zu erreichen, und rief den deutschen Botschafter von der Schulenburg zu sich. Er befragte ihn über die Kriegsgerüchte. Von der Schulenburg, ein ehrlicher Mann, der wußte, daß der Krieg unmittelbar bevorstand, war unangenehm überrascht. Er beschränkte sich auf einige allgemeine Äußerungen und fuhr zurück in die Botschaft. Auf dem Weg dorthin beobachtete er ein Ausflugsboot auf der Moskwa, strahlend beleuchtet, an Bord eine Kapelle, die ein amerikanisches Lied spielte. Um etwa dieselbe Zeit hatte Botschafter Dekanosow in Berlin ein ebenso unergiebiges Gespräch mit Ernst von Weizsäcker, dem Staatssekretär im Auswärtigen Amt.

Gegen elf Uhr verließ Stalin den Kreml durch das Borowitzkaja-Tor wie üblich in einem Konvoi von drei Limousinen. Die Fahrzeugprozession brauste die Kalininstraße hinunter in die Arbat und hinaus über die Dorogomilowskajastraße auf die Minsker Chaussee. Stalin besaß einige Kilometer außerhalb Moskaus eine Villa. Er verbrachte die Nacht niemals im Kreml. In seiner Villa, ungestört in der Ruhe des Sommerabends, arbeitete er noch ein paar Stunden und legte sich dann in seinem Arbeitszimmer auf einem Sofa, das sich zu einem Bett ausziehen ließ, nieder. Das war etwa gegen 2.30 Uhr morgens.

Im Verteidigungskommissariat herrschte während der Nacht Hochspannung. Gegen Mitternacht erhielt Schukow einen Bericht aus dem Kiewer Militärdistrikt, wonach ein weiterer deutscher Deserteur aufgetaucht war. Er hatte den Bug durchschwommen und den sowjetischen Grenzwachen gesagt, ein deutscher Angriff sei gegen vier Uhr früh zu erwarten.

Schukow und Timoschenko telefonierten voller Nervosität mit den Frontbefehlshabern, F. J. Kusnetsow im Nordwesten, D. G. Pawlow in der Mitte und M. P. Kirponos in Kiew. Überall gab es Anzeichen, daß sich etwas zusammenbraute.

Der Marinekommissar, Admiral Nikolai Kusnetsow, schlief in dieser Nacht auf seinem Bürosofa. In Abständen rief er seine wichtigsten Admirale an. Alle berichteten über beunruhigende Zeichen deutscher Kriegsbereitschaft. Schließlich schlief Kusnetsow ein. Um 3.15 Uhr läutete sein Telefon. Es war Admiral J. S. Oktjabrski, der Kommandeur der Schwarzmeer-Flotte: „Deutsche Flugzeuge greifen den Kriegshafen von Sewastopol mit Bomben an."

Admiral Kusnetsow rief sofort Stalin an, aber der diensthabende Offizier erklärte: „Er ist nicht da, und ich weiß nicht, wo er ist." Kusnetsow rief daraufhin Timoschenko an und teilte ihm die Nachricht mit. Ein paar Minuten später erhielt der Admiral einen ärgerlichen Anruf von Georgi Malenkow, dem Parteisekretär.

„Ist Ihnen klar, was Sie da berichten?" fragte Malenkow.

„Ja", sagte Kusnetsow. „Ich verstehe und berichte es auf meine eigene Verantwortung hin. Der Krieg hat begonnen."

Malenkow telefonierte sofort Sewastopol an und sprach mit Oktjabrski. Während des Gesprächs waren die Bombenexplosionen zu hören. Als Oktjabrski den Hörer auflegte, sagte einer seiner Adjutanten mit einem gewissen Lächeln: „In Moskau glauben sie nicht, daß Sewastopol bombardiert wird." Er hatte recht.

Um 3.30 Uhr berichtete der westliche Verteidigungsabschnitt an Schukow, daß in Weißrußland Bomben fielen. Drei Minuten später lief ein Bericht ein, wonach die Deutschen ukrainische Städte bombardierten. Um 3.40 Uhr wurde Schukow die Bombardierung von Kaunas und anderen Städten gemeldet. Kurz vor 4 Uhr berichtete Marschall Woronow, der Befehlshaber der Luftabwehr-Streitkräfte, daß die Deutschen Ventspils und Libau an der Ostsee bombardierten. Man befahl ihm, seinen Bericht niederzuschreiben. Dabei blickte ihm L. S. Mechlis, der Chef der politischen Polizei der Armee und Intimus des obersten Polizeichefs Beria, ständig über die Schulter.

„Ich verließ das Büro mit schwerem Herzen", erinnert sich Woronow. „Es wurde mir klar, daß sie nicht daran glaubten, daß der Krieg tatsächlich begonnen hatte."

Dies muß der Zeitpunkt gewesen sein, zu dem Schukow endlich Stalin anrief. Es dämmerte schon über Moskau. Der blaßblaue Himmel war mit roten Streifen bedeckt. Schukow bekam keine Verbindung. Aber er ließ nicht locker. Endlich meldete sich der diensthabende Offizier mit verschlafener Stimme.

„Genosse Stalin schläft", erklärte der Offizier.

„Wecken Sie ihn auf", befahl Schukow. „Die Deutschen bombardieren unsere Städte."

Schukow mußte mehrere Minuten warten; schließlich wurde der Hörer wieder aufgenommen, und eine ruhige Stimme sagte: „Stalin."

„Ich rufe auf Befehl des Verteidigungskommissars an", sagte Schukow. „Die Deutschen bombardieren unsere Städte."

Wieder ein langes Schweigen.

„Haben Sie mich verstanden?" fragte Schukow.

Wieder Schweigen. Schukow hörte nur, wie Stalin schwer atmete. Dann sprach Stalin.

„Wo ist der Verteidigungskommissar?"

Der deutsche Generalfeldmarschall Rudolf Gerd von Rundstedt mit Hitler beim Kartenstudium während der ersten Tage des Rußlandfeldzugs.

„Er telefoniert mit dem Kiewer Militärdistrikt", antwortete Schukow.

Weiteres Schweigen. „Woran kann er denken?" wunderte sich Schukow.

Nun sprach Stalin wieder.

„Kommen Sie in den Kreml mit Timoschenko; sagen Sie Poskrebischew (dem Kabinettschef Stalins), er soll das Politbüro einberufen."

Es war 4.30 Uhr früh, als Stalin und das Politbüro zusammentraten. Als Schukow und Timoschenko erschienen, begrüßte sie Stalin nicht; er sagte einfach: „Berichtet."

Timoschenko berichtete von den Bombenangriffen auf die Städte und von Angriffen entlang der Grenze. Als Timoschenko geendet hatte, blickten alle Stalin an. Stalin stopfte Tabak in seine Pfeife.

„Sagt mir, glaubt ihr nicht, daß das alles nur eine Provokation sein kann?" fragte er. In seiner Stimme schwang eine Note mit, die Angst in den ganzen Raum ausstrahlte. Zum erstenmal schien Stalin nicht zuversichtlich zu sein.

„Wie wäre das möglich, Genosse Stalin?" antwortete Schukow. „Unsere eigenen Städte werden ja aus der Luft bombardiert."

Stalin machte eine ungeduldige Handbewegung.

„Die Deutschen", sagte er, „sind wohlbekannt als Meister der Provokation. Sie könnten sogar damit beginnen, ihre eigenen Städte zu bombardieren."

Niemand sprach. Stalin begann im Raum auf und ab zu gehen. Plötzlich blieb er neben Außenminister Molotow stehen:

„Wir müssen sofort mit Berlin in Verbindung treten", verlangte er. „Rufen Sie die deutsche Botschaft an."

Molotow nahm den Telefonhörer und rief das Außenministerium an. Er sprach einen Moment und legte dann wieder auf. Fast sofort läutete das Telefon. Molotow hob ab: „Schulenburg will mich dringend sprechen, er bringt eine wichtige Mitteilung."

Molotow ging, um Schulenburg zu treffen. Die Generäle und die Mitglieder des Politbüros blieben auf ihren Plätzen. Stalin ging auf und ab. Schließlich kam Molotow, bleich und erschüttert, zurück. „Die deutsche Regierung hat uns den Krieg erklärt", berichtete er.

Stalin stand in einem fernen Winkel des Raumes. Er drehte sich um, machte ein paar unsichere Schritte, sank schließlich in einen Stuhl und beugte sich über den Tisch, die kalte Pfeife neben sich. Schließlich richtete er sich auf, deutete mit dem Finger auf Timoschenko und Schukow und befahl ihnen, Weisungen an die Truppen zu erlassen, den Feind zurückzuwerfen. Sie sollten aber nicht die Grenzen überschreiten. Auch die Flugzeuge durften nicht weiter als 240 Kilometer in feindliches Gebiet eindringen.

Diese Weisung wurde um 7.15 Uhr erlassen. Selbst zu dieser Stunde klammerte sich Stalin noch an die Hoffnung, daß es nicht ein „wirklicher Angriff" sei, sondern daß nur irgendwelche „verantwortungslose Nazigeneräle" aus eigenem gehandelt hätten. Während des ganzen Morgens versuchten die Russen über Funk mit Berlin in Verbindung zu kommen. Sie baten die Japaner, ihre Botschaft zu übermitteln. Molotow sagte zu Schulenburg: „Das haben wir gewiß nicht verdient." Stalin war immer noch bereit zu verhandeln. Doch irgendwann während des Tages muß ihm klargeworden sein, daß es zu spät war, daß der eine Mann, dem er vertraute, daß Hitler ihn betrogen hatte. Damals wandte sich Stalin – wie Nikita Chruschtschow berichtete – an seine Mitarbeiter und erklärte: „Alles, was Lenin geschaffen hat, haben wir für immer verloren."

Mit diesen Worten verschwand Stalin, der mächtigste Diktator der Welt, vom Schauplatz der Ereignisse. Er zog sich in seine Datscha bei Kuntsewo zurück und blieb dort bis zum 2. Juli. Er beantwortete weder telefonische Anrufe, noch sandte er seinen Mitarbeitern irgendwelche Weisungen; er empfing sie überhaupt nicht. Die Haushälterin und die Wachen der Villa erblickten ihn gelegentlich, wenn die Tür seines Arbeitszimmers offen war. Er saß bewegungslos in seinem Sessel vor dem mit Papieren bedeckten Schreibtisch und starrte ins Leere. Man brachte ihm die Mahlzeiten, aber er aß nichts. Manchmal schien er mit offenen Augen zu schlafen.

Die deutschen Truppen stießen in rasendem Tempo durch Westrußland. Die Verluste der Sowjets waren furchtbar. Die militärischen Experten des Westens waren einer Meinung mit den Deutschen, daß Rußland in „drei Wochen erledigt" sein werde. Der sowjetische Generalstab, die obersten Befehlshaber, die Mitglieder des Politbüros, die alle nicht gewohnt waren, auch nur einen einzigen Schritt ohne Stalins Zustimmung zu unternehmen, versuchten Rußland zu einer Kampfmaschine umzuschweißen. Das war nicht leicht. So wurde der sowjetische Botschafter Ivan M. Maiski in London vor Verzweiflung fast verrückt: Die britische Regierung wollte dringend mit Stalin einen gemeinsamen Kriegsplan gegen Hitler beraten. Winston Churchill wollte wissen, wie er Rußland helfen könne. Aber Maiski erhielt auf seine Telegramme keinerlei Antwort und schon gar nicht eine Instruktion, wie er weiterverhandeln solle.

Aber schließlich kam Stalin doch aus seiner Klausur heraus. Am 3. Juli hielt er über Rundfunk eine Ansprache an das Sowjetvolk: mit unsicherer Stimme, schwer ins Mikrofon atmend, seine Sätze von langen Pausen unterbrochen; man hörte, wie er Wasser aus einem Glas trank. Es war eine außerordentlich bescheidene Ansprache. Er nannte die Russen nicht „Genossen", sondern verwendete die alten russischen Ausdrücke „bratja i sestri", Brüder und Schwestern. Er appellierte an ihre Vaterlandsliebe und zeichnete ein Bild der ruhmreichen Vergangenheit Rußlands. Er erinnerte an die Marschälle Suworow und Kutusow, die Napoleon besiegt hatten.

Allmählich wandte er sich wieder der Aufgabe der Führung seines Landes in dem gewaltigen Krieg zu, in den seine katastrophalen Fehler es gestürzt hatten.

Sowjetische Kriegsgefangene auf dem Marsch in ein Lager in der Ukraine 1941.

Russische Worte, gekritzelt auf eine Mauer in Brest im Juli 1941: „Ich sterbe, aber ich ergebe mich nicht. Lebe wohl, Mutterland."

III. Die Tapferen von Brest-Litowsk

Als an dem milden Sonntagmorgen des 22. Juni 1941 die deutschen Truppen über die sowjetischen Grenzen stürmten, fingen die Deutschen eine sowjetische Funkbotschaft in Klartext auf. Eine Einheit der Roten Armee funkte: „Wir werden beschossen, was sollen wir tun?" Das Hauptquartier antwortete: „Seid ihr verrückt? Warum funkt ihr nicht verschlüsselt?"

Admiral Kusnetsow, der Marinekommissar, der aus eigenem die sowjetische Flotte alarmierte (mit dem Ergebnis, daß die Marine keine Verluste durch Überraschungsangriffe hatte), wartete an jenem Morgen vergeblich auf irgendeine Weisung aus dem Kreml: Nichts kam. Schließlich fuhr er in den Kreml. Niemand war dort. Dem Admiral war das unbegreiflich. Immerhin meldete sich am Abend Molotow, um zu hören, wie es der Marine erging. Da Stalin sich in einem Schockzustand befand, war es offensichtlich bis dahin niemandem eingefallen, daß Rußland auch über eine Marine verfügte.

Drei deutsche Divisionen stießen bei Tauroggen, auf der direkten Straße Tilsit–Riga, über die Grenze. Der sowjetische Grenzposten funkte: „Hier ist Osoka, hier ist Osoka! Die Deutschen haben die Grenze überschritten. Hier ist Osoka, es ist Krieg." Aber erst zwölf Stunden später, um 16 Uhr, am 22. Juni, gelang es den Grenztruppen, eine Botschaft an das Hauptquartier der 125. Division durchgeben zu können. Doch innerhalb weniger Stunden wurde dann die 125. Division selbst vernichtet.

Im Baltikum besaßen die Deutschen eine dreifache Überlegenheit bei der Infanterie und eine doppelte bei der Artillerie. Aber diese Zahlen waren trügerisch. Zwar hatten die Russen 170 Divisionen zum Schutz ihrer westlichen Grenzen bereitgestellt, aber nur 58 davon befanden sich in der ersten Linie, als die Deutschen angriffen.

Entlang des Njemenflusses standen die 128. Division und die 5. Panzerdivision, um Kaunas zu decken, aber innerhalb einer Stunde waren alle ihre Verbindungen abgeschnitten. Das Hauptquartier versuchte, sie über Radio zu erreichen. „Achtung Njemen! Dunai ruft; Alytus, Alytus, Alytus! Dunai ruft." Es kam keine Antwort. Ein Kurier versuchte, Alytus im Auto zu erreichen; er kehrte nicht zurück. Major Agafonow, ein Nachrichtenoffizier, versuchte nach Alytus durchzukommen, er traf auf einen Autobus, der sowjetische Offiziere zurückbrachte. Sie sagten ihm, es habe keinen Sinn, zu versuchen, nach Alytus durchzukommen, es sei schon von den Deutschen besetzt. 500 deutsche Panzer hatten den Njemen überquert. Kaunas, das Hauptquartier der Nordwestfront (sowjetrussische Heeresgruppe Nordwest), war dem Untergang geweiht.

Die sowjetische Luftwaffe der Westfront war schon am ersten Kampftag nahezu vernichtet. Sie verlor 900 Flugzeuge auf dem Boden und 300 in der Luft. Generalleutnant P. W. Ritschagow, der Luftbefehlshaber des baltischen Militärdistrikts, wurde nach Moskau befohlen und dort erschossen. Generalleutnant Kopets, der Befehlshaber des Bomberkommandos, beging am 23. Juni Selbstmord; er hatte in zwei Tagen 800 Bomber verloren. Im Militärdistrikt Kiew wurden in den ersten paar Stunden 180 Maschinen zerstört.

Das Problem der sojwetischen Verteidigung war um so komplizierter, als viele hohe Kommandeure glaubten (und darin durch die Weisungen und Befehle aus Moskau bestärkt wurden), der deutsche Angriff bedeute nicht notwendigerweise Krieg. General Iwan I. Fedjuninski, Befehlshaber des 15. Korps am Bug (der sich später vor Leningrad unter Marschall Schukow auszeichnen sollte), hatte den Eindruck, daß

25

sein Vorgesetzter, General M. I. Potapow von der 5. Armee, „noch immer nicht sicher war, ob nun die Deutschen mit dem Krieg begonnen hatten". Als General D. G. Pawlow, Befehlshaber des westlichen Militärdistrikts Minsk, von dem deutschen Angriff hörte, sagte er: „Das kann nicht sein, das ist einfach ein Unsinn." Er hatte seinen Befehlshabern gesagt, daß in dieser Nacht vielleicht ein Angriff über den Bug „durch faschistische Banden" erfolgen könnte, und hatte Befehl erteilt, diese „Banditen" festzunehmen, sie aber nicht über den Fluß hinweg zu verfolgen. Innerhalb weniger Stunden hatten die deutschen Panzer die rückwärtigen Verbindungen Pawlows durchschnitten. Es gelang ihm daher auch nicht, herauszufinden, was vor sich ging; er konnte weder Befehle an seine Truppen erteilen noch Moskau um Instruktionen bitten.

Im Kiewer Militärdistrikt, der den Südwesten Rußlands verteidigen sollte, gab es ein besonderes Problem. General Kirponos hatte Befehl gegeben, sein Hauptquartier von Kiew nach Tarnopol an der sowjetischen Grenze zu verlegen. Als der deutsche Angriff begann, war sein gesamter Führungsstab mitten in der Übersiedlung begriffen. Der erste Teil seines Stabes war am Abend des 21. Juni in Tarnopol eingetroffen. Der zweite Teil kam erst am 22. um 6 Uhr früh an und war unterwegs schon von deutschen Flugzeugen beschossen worden. Da sich sein Stab unterwegs befand, hatte General Kirponos keinerlei Möglichkeit, die Verteidigung gegen die anstürmenden deutschen Panzer zu koordinieren. Die Befehle aus Moskau gaben nur einen Vorgeschmack von dem, was nun kommen sollte.

Überall stürmten die Deutschen vorwärts, zerschmetterten die russischen Grenzbefestigungen und drangen zwischen 80 und 150 Kilometer tief in sowjetisches Territorium ein, bevor die regionalen Kommandanten auch nur ungefähr eine Vorstellung von den Problemen hatten, denen sie gegenüberstanden. Überall hatten die Deutschen große „Kessel" zurückgelassen, in denen sowjetische Truppen eingeschlossen waren. Manchmal schlugen diese sich tapfer zu den eigenen Linien durch, aber manchmal ergaben sie sich auch in so großen Massen, daß selbst die tüchtigen Deutschen Schwierigkeiten hatten, mit den vielen Gefangenen fertig zu werden.

An vielen hundert Stellen jedoch kämpften Einheiten der Roten Armee auch weiter, wenn die erstaunlich beweglichen Deutschen sie überrannt hatten und die Verbindungen mit ihren Kommandostellen zerstört worden waren. Sie leisteten, so gut sie konnten, Widerstand gegen diesen Feind, der sie derartig überraschend angegriffen hatte.

Den Schlüssel zum Zentrum der westlichen Grenzgebiete der Sowjetunion stellte die Grenzstadt und Festung Brest-Litowsk am Fluß Bug dar. Von Brest-Litowsk führte eine gute Fernstraße nordwestlich an den Pripet-Sümpfen vorbei und 400 Kilometer weit bis nach Minsk, der Hauptstadt Weißrußlands, und dann weiter nach Orscha, Smolensk, Wjasma und schließlich nach Moskau selbst. Es war die wichtigste Verbindungsstraße zur sowjetischen Hauptstadt, auf der einst schon Napoleons Armeen marschiert waren. Nun hatte Generalfeldmarschall von Bock, Oberbefehlshaber der Heeresgruppe Mitte, hier seine stärksten Kräfte konzentriert. Die Einheiten, die gegen Brest-Litowsk vorgingen und dann weiter in Richtung Smolensk angriffen, wurden von Feldmarschall von Kluge befehligt, zunächst Befehlshaber der 4. Armee, die dann durch Unterstellung der Panzergruppen 2 (Guderian) und 3 (Hoth) zur 4. Panzerarmee wurde.

General Heinz Guderian war ein brillanter Panzerführer. Er befehligte fünf Panzerdivisionen und drei motorisierte Infanteriedivisionen. Die Heeresgruppe Mitte wurde von der 2. Luftflotte unter Generalfeldmarschall Albert Kesselring unterstützt, die als stärkste Lufteinheit über 1000 Flugzeuge verfügte.

Generalfeldmarschall von Kluges Truppen drangen über den Bug vor, ließen die Festung Brest-Litowsk hinter sich und nahmen nach nur vier Tagen bereits Slutsk, das rund 100 Kilometer südlich von Minsk liegt. Am 27. Juni aber war Minsk selbst schon eingeschlossen und fiel noch am gleichen Tag. Die Deutschen machten dort 300.000 Gefangene. Die 3., 10. und 13. sowjetische Armee waren vernichtet; die 4. und die 11. Armee auf das schwerste angeschlagen. General Pawlow, der Befehlsha-

ber der West-Front (Front ist die sowjetische Bezeichnung für Heeresgruppe), sein Stabschef General Klimowski und viele andere höhere Offiziere wurden nach Moskau zurückberufen und dort erschossen.

Aber weit hinter der Frontlinie, am Fluß Bug, kämpfte die alte Festung Brest immer noch weiter. Obwohl ihre Befestigungen, die ursprünglich aus dem 18. Jahrhundert stammten, in der Mitte des 19. Jahrhunderts massiv umgebaut worden waren, entsprachen sie doch in keiner Weise den Anforderungen der modernen Kriegsführung. Brest selbst war eine historische Anomalie. Durch Jahrhunderte war es der Wächter an der Westgrenze Rußlands gewesen. Aber im Ersten Weltkrieg war es in deutsche Hände gefallen. Hier waren die Repräsentanten der jungen revolutionären Regierung Lenins gezwungen gewesen, den demütigenden Frieden mit dem Deutschen Reich und dessen Verbündeten zu unterzeichnen, in dem die Bolschewiken zwei Drittel des europäischen Rußland abtreten mußten. Nach dem Ersten Weltkrieg war Brest zu Polen gekommen und erst nach der deutsch-sowjetischen Teilung von 1939 wieder russisch geworden.

Deutsche Soldaten an einer Panzerabwehrkanone jubeln über den Abschuß eines Sowjetpanzers.

[Im Frieden von Brest-Litowsk (3. März 1918), den die Sowjetunion mit dem Deutschen Reich und Österreich-Ungarn schloß, mußte sie die Unabhängigkeit von Finnland, Estland, Lettland, Litauen, Polen, der Ukraine und von Georgien anerkennen. Dieser Friede wurde aber durch die Waffenstillstandsabkommen vom November 1918 und durch den Versailler Frieden von 1919 für ungültig erklärt. Sogleich nach dem Zusammenbruch der Mittelmächte versuchten die Sowjets, die oben angeführten Gebiete wieder zurückzuerobern; nach verschiedentlich schweren Kämpfen gelang ihnen dies aber nur hinsichtlich der Ukraine und Georgiens. Doch hatten sie im wesentlichen im Jahre 1940 den alten Gebietsstand des Zarenreiches wiederhergestellt: Eingliederung der drei baltischen Staaten Estland, Lettland und Litauen; Ostpolen; Ostkarelien; Bessarabien. Außerdem die seinerzeit österreichischen Gebiete Ostgalizien und Nordbukowina.]

In den knapp zwei Jahren, die Brest-Litowsk in sowjetischen Händen gewesen war, hatten die Sowjets sich bemüht, rund um die alte Festung einen neuen, modernen Befestigungsgürtel zu errichten, doch waren die Bauten noch keineswegs fertig und daher keineswegs geeignet, einem Angriff mit modernen schweren Waffen Widerstand leisten zu können. Dazu kam, daß sich am Morgen des 22. Juni, als die Deutschen angriffen, der größte Teil der Garnisonstruppen in einem Sommerlager befand, um an Manövern teilzunehmen. Für eine Rückholung der Einheiten in das Festungsgebiet kam die nach Mitternacht von Moskau aus ergangene Warnung vor einem möglichen deutschen Überfall viel zu spät. Und auch für jene Einheiten der 6. Orlow-Rote-Banner-Division und der 42. Schützendivision, die aus irgendwelchen Gründen sich noch im Umkreis der Festung befanden, kam der Angriff der Deutschen völlig überraschend. Insgesamt standen im Festungsbereich nicht mehr als zwei Regimenter mit wenigen Geschützen und fast keinen Panzern. Es waren etwa 3000 Mann.

Die deutlichen Kriegsvorbereitungen der deutschen Wehrmacht waren allerdings auch aus dem Raum von Brest-Litowsk von den dort stationierten Grenztruppen – Einheiten der NKWD, militärische Abteilungen der Geheimpolizei, die dem obersten Polizeichef Lawrenti Beria unterstanden – nach Moskau gemeldet worden. Ihre Bemühungen hatten ihnen aber nur die Rüge eingetragen, sie sollten sich nicht auf Provokationen einlassen.

Die Verteidiger des Festungsgebiets von Brest wurden nun von der deutschen 45. Division angegriffen: Die befestigte Zone war schon zu Mittag eingeschlossen, und die Deutschen feuerten aus allen Rohren ihrer Artillerie in die alten Befestigungswerke ebenso wie auf die neuen Betonbunker, die aber freilich noch nicht fertig waren. Noch am selben Tag trugen die Deutschen nicht weniger als acht Angriffe vor, in deren Verlauf es ihnen auch gelang, in die befestigte Zone einzudringen und auch einen Teil des Kobrinsk-Forts sowie den mittleren Teil des Terespol-Forts und Teile des Wolhinsk-Spitals zu erobern.

Ein deutscher Soldat durchkämmt einen Wald auf der Suche nach russischen Heckenschützen.

Den ganzen Tag über hatten die Funker von Brest versucht, Kontakt mit rückwärtigen Kommandostellen zu bekommen, sei es mit dem Hauptquartier der Armee, sei es mit Moskau selber. Aber ihre Bemühungen waren vergeblich. Schließlich begannen sie im Klartext zu funken: „Hier ist die Festung Brest. Wir kämpfen. Unsere Verluste sind unbedeutend. Wir haben ausreichend Munition. Unsere Geschütze und Panzer stehen zum Kampf bereit. Wir warten auf Befehle."

Diese Botschaft wurde wieder und wieder ausgestrahlt, aber keine Befehle kamen. Niemand hörte sie, zumindest soweit das offizielle sowjetische Historiker haben feststellen können.

Die Kämpfe um die Festung gingen weiter. Die Deutschen griffen immer heftiger an. Nach und nach gelang es ihnen, die Verteidiger auf einen immer kleiner werdenden Raum zusammenzudrängen. Die Vorräte der Besatzung gingen zu Ende. Schließlich gab es mehr Tote und Verwundete als Männer, die imstande waren, die Waffen zu bedienen. Am 29. Juni begann die Schlußphase der deutschen Offensive. Am 30. hatten die Deutschen alle wichtigeren Befestigungen überrannt. Damit war der Kampf um Brest vorbei, zumindest behaupteten das der deutsche Wehrmachtsbericht und auch die Kriegstagebücher der eingesetzten Einheiten.

Die Russen aber berichten, daß noch bis Mitte Juli kleine Gruppen der Roten Armee in weiter außen gelegenen Bunkern und Kellern weitergekämpft hätten, bis schließlich der letzte Mann tot war: verhungert oder ausgeräuchert.

Alle Offiziere, die die Verteidiger angeführt hatten, waren gefallen: Hauptmann Subatschew, Kommissar E. M. Fomin, Major P. M. Gawrilow und der politische Arbeiter S. S. Skripnik. So wurde es lange Zeit geglaubt. Viele Jahre später stellte sich heraus, daß Major Gawrilow schwer verwundet in deutsche Gefangenschaft geraten war. Am Ende des Krieges wurde er freigelassen, landete aber sogleich in einem der Lager Stalins. Erst nach Stalins Tod, 1953, kam dieser Held von Brest frei.

In der sowjetischen Presse erschien kein Wort über die heldenhaften Verteidiger von Brest, obwohl einige Angehörige der Besatzung den Deutschen entkommen waren und sich zu den weißrussischen Partisanen durchschlugen, mit denen sie zusammen kämpften, bis es ihnen endlich gelang, wieder den Weg durch die Fronten zurück zu den eigenen Truppen zu finden.

Doch begann sich die Geschichte der Verteidiger von Brest wie eine Legende allmählich von Mund zu Mund zu verbreiten. Im Jahre 1941, einem Jahr, in dem die Rote Armee schwere Schläge hinnehmen mußte und vor dem Ansturm der Deutschen zurückwich, hätte sie für die Moral ihrer Soldaten eine solche Legende sehr wohl brauchen können. Schließlich wurden zwei oder drei kleine Geschichten über Brest doch veröffentlicht. Aber erst nach Stalins Tod, nach 1954, begann der Heroismus der Verteidiger der Festung auch öffentliche Anerkennung zu finden. Nun erschien ein Buch nach dem anderen über die Verteidigung von Brest, viele davon von dem Schriftsteller S. S. Smirnow, der geschworen hatte, die Erinnerung an jene sowjetischen Männer und Frauen wachzuhalten, die in den frühen Tagen des Krieges ihr Leben hingegeben hatten, um den Ansturm des Feindes aufzuhalten.

Niemand weiß, warum die heldenhafte Verteidigung von Brest während der Dauer des Krieges und solange Stalin lebte kaum je erwähnt worden ist. Es mag sein, daß der Grund einfach der war, daß man in Moskau angesichts des totalen Zusammenbruchs der Verbindungen zu den Kommandostellen nichts von den Vorgängen an der Front wußte.

Vielleicht meinte auch Stalin, daß die Legende von Brest die Menschen an die schrecklichen Katastrophen der ersten Tage des Krieges erinnern würde. Es ist kaum zu glauben, aber doch die absolute Wahrheit: Als 1945 jene Verteidiger von Brest, die in deutsche Kriegsgefangenschaft geraten waren, heimkehrten, wurden die meisten von ihnen direkt aus den Lagern Hitlers in die Lager Stalins nach Sibirien gebracht.

Die deutschen Panzer rollten weiter voran. Am 16. Juli hatte General Guderian Smolensk erobert, die letzte bedeutende Stadt vor Moskau, nur etwas mehr als 200 Kilometer westlich der sowjetischen Hauptstadt.

Den Deutschen war es gelungen, eine weitere große Konzentration sowjetischer Truppen einzuschließen: Die 16. und die 20. Armee waren umzingelt. Als drei Wochen später die Deutschen den Kessel von Smolensk liquidiert hatten, gingen weitere 300.000 Mann in die Kriegsgefangenschaft.

An den anderen Fronten war die Entwicklung nicht viel anders verlaufen. Im Norden waren die Deutschen durch Litauen und Lettland gestürmt. Die Mehrzahl der Einwohner dieser baltischen Staaten hatte sie als Befreier begrüßt. Denn Litauen und Lettland – ebenso wie Estland – waren nur ein Jahr zuvor gewaltsam der Sowjetunion angeschlossen worden. Nur wenige Bürger dieser Länder hegten irgendwelche Sympathien für die Sowjetunion. Innerhalb von zwei Wochen hatten die Deutschen die Pskow-Ostrow-Opotschka-Linie überwunden, hatten Ostrow am 5. Juli und Pskow (Pleskau) am 9. Juli erobert. Die Russen hatten gehofft, eine neue Verteidigungslinie am Welikaja-Fluß (der nordwärts in den Pleskauer bzw. Peipus-See mündet) errichten zu können, etwa 200 bis 250 Kilometer südwestliche von Leningrad, aber die Deutschen waren zu schnell. In weniger als drei Kampfwochen hatten die Deutschen fast alle Hindernisse, die ihrem Sturm auf Leningrad entgegenstanden, überwunden.

Warum waren die Kämpfe für die Rote Armee so übel ausgegangen? Im Grunde hauptsächlich als Folge der taktischen Überraschung durch die Deutschen. Von den 31 Divisionen der Nordwestfront hatten binnen drei Wochen 22 Divisionen die Hälfte oder mehr ihrer Kampfstärke verloren. An der ganzen Front waren 28 sowjetische Divisionen vernichtet worden, und mehr als 70 Divisionen hatten 50 Prozent oder mehr ihrer Kampfkraft verloren. Sechs Tage nach Kriegsbeginn meldete das 2. Korps der 13. Armee der Westfront, daß es weder Munition noch Treibstoff, noch Lebensmittel, noch Transportmittel, noch irgendwelches Nachrichtengerät und auch keinerlei Weisungen besitze, wohin es seine Verwundeten evakuieren sollte, falls Möglichkeiten zu einer solchen Evakuierung bestehen sollten. Diese Meldung war keineswegs ungewöhnlich, sondern typisch für den Zustand bei den meisten Einheiten der Roten Armee. Bis zum 29. Juni hatte die Westfront 60 wichtige Nachschubdepots verloren (Stalin hatte unter dem Einfluß des Polizeichefs Beria darauf bestanden, die großen Depots in die Nähe der Grenze zu verlegen statt in das Hinterland). Die Front hatte 2000 Waggons Munition verloren (30 Prozent des Gesamtvorrats), 50.000 Tonnen Kraftstoff (50 Prozent der Reserve), 40.000 Tonnen Futtermittel (die Rote Armee verwendete noch eine Menge Pferde) und fast die gesamte Ausrüstung für Spitäler und die Pioniere.

Russische Soldaten beim Werfen von Handgranaten in den ersten Kriegstagen.

In Moskau herrschte eine Atmosphäre, die unwirklich war. Stalin traf wieder mit seinen politischen Mitarbeitern und seinen Generalen im Kreml zusammen.

Der Kreml war mit einem Tarnanstrich versehen worden; man hatte die vergoldeten Kuppeln der Kirchen und die Türme mit dunkelgrüner Farbe beschmiert und mit Tarnnetzen die alten Gebäude verkleidet. Die weite Fläche des Roten Platzes war mit geometrischen Zeichnungen bedeckt, um die deutschen Bomber zu verwirren. Eine gewaltige Menge Luftabwehrgeschütze war innerhalb des Kremls, auf den Dächern und in den Höfen seiner Gebäude sowie rund um die dreieckförmige etwa quadratkilometergroße Fläche des Kremls aufgebaut. Aber bis zum 21. Juli gab es keinen ernsthaften deutschen Luftangriff, und so ging die Arbeit wie üblich weiter.

Die Verwirrung der ersten Tage des Krieges, als sich herausstellte, daß niemand dafür gesorgt hatte, bombensichere Unterstände für Stalin und den Generalstab bereitzustellen, war nun einigermaßen vorüber. General Tjulenew, der Befehlshaber der Moskauer Luftverteidigung, hatte der politischen und militärischen Führung seine eigenen unterirdischen Stabsräume zur Verfügung gestellt. Auf der Weißrußland-Station der Moskauer Untergrundbahn trennte eine Holzwand den Generalstab

von einem öffentlichen Luftschutzraum, voll mit Frauen und weinenden Kindern. Aber bald wurde für eine bessere Unterbringung in der Station Kirow-Straße gesorgt.

Die ersten Gespräche über die Zusammenarbeit zwischen Rußland und dem Westen wurden Ende Juli zwischen Außenminister Molotow (Stalin war aus seinem Schockzustand noch nicht erwacht, aber das wußte natürlich außerhalb des Politbüros niemand) und Sir Stafford Cripps, dem britischen Botschafter, abgehalten, der aus London einflog. Die Gespräche kamen irgendwie nicht recht vom Fleck. Molotow fragte immer wieder, warum unmittelbar vor dem Angriff der Deutschen, Ende Mai, Rudolf Heß nach England geflogen sei. Molotows Fragen deuteten an, daß er glaubte, Heß habe versucht, die Engländer dazu zu bringen, sich mit Hitler für den Angriff auf Rußland zu vereinigen.

Ernsthaftere Gespräche wurden etwas später von dem nun wieder gefaßten Stalin und Harry Hopkins geführt, dem Sonderbotschafter Roosevelts, der am 28. Juli nach Moskau gekommen war. Hopkins sprach im Kreml stundenlang mit Stalin und kam auch mit dessen Mitarbeitern zusammen. Er fand Stalin, so schien es ihm wenigstens, in bester Laune, siegessicher, völlig siegesbewußt, geistesgegenwärtig und jedes Detail des Krieges klar erfassend. Sie sprachen über Zahlen und Tatsachen, wessen Rußland bedurfte und was die Vereinigten Staaten beisteuern konnten. Bevor Hopkins Moskau am 3. August verließ, versicherte ihm Stalin, daß die Rote Armee jene Linie, an der sie nun stand, oder doch zumindest in 80 bis 100 Kilometer Tiefe davon während des Winters halten werde und im Frühjahr zu einer großen Gegenoffensive übergehen könne. Er war sicher, daß die sowjetischen Streitkräfte Leningrad, Kiew und Moskau halten würden.

Bei seinem Rückflug telegraphierte Hopkins von Scapaflow an Roosevelt: „Ich bin hinsichtlich dieser Front durchaus zuversichtlich..., es ist dort eine grenzenlose Entschlossenheit vorhanden."

Zu dem Zeitpunkt, als Stalin Hopkins versicherte, die Sowjetunion werde Kiew, Leningrad und Moskau halten, öffneten die Deutschen weit die Backen jener Zange, die sich bald darauf um Kiew schließen und die schlimmste Katastrophe für die Sowjets in diesem Krieg herbeiführen sollte. Zwei Tage zuvor, am 29. Juli, hatte Marschall Schukow offen Stalin davor gewarnt, daß er eine solche Katastrophe heraufbeschwöre, wenn er nicht sofort Kiew aufgebe und den Truppen der Südwestfront Befehl erteile, sich über den Dnjepr nach Osten zurückzuziehen.

Stalin explodierte. Innerhalb 40 Minuten war Schukow als Stabschef abgesetzt und als Befehlshaber der Reservefront „in die Wüste geschickt".

Im Norden hatte der Vorstoß von Generalfeldmarschall von Leeb seine Truppen bis an die hastig errichtete Luga-Linie herangebracht, 90 Kilometer vor Leningrad. Die Verteidiger dieser Stellung waren hauptsächlich unausgebildete Freiwillige, und nun gingen die Deutschen daran, geradewegs auf Leningrad vorzustoßen. Ihre Truppen waren schon auf dem Weg, das Hauptquartier der baltischen Flotte in Tallinn (Reval) einzunehmen.

Die deutsche Heeresgruppe Mitte war damit beschäftigt, den großen Kessel im Raum von Smolensk zu säubern und Vorbereitungen für einen weiteren Vorstoß entlang der Straße nach Moskau zu treffen.

Optimistisch und selbstbewußt mag Stalin tatsächlich Hopkins erschienen sein. In Wirklichkeit verlor er die große Schlacht des Sowjetsystems gegen das nationalsozialistische System – und verlor katastrophal.

Eine Panzereinheit der deutschen Wehrmacht durchfährt ein russisches Dorf. Vorne ein Mark-III-Panzer. Links Mannschaftskraftwagen, gefolgt von Kradschützen.

Nach der Eroberung von Kiew: Zwei deutsche Soldaten überblicken die Stadt und den Dnjeprfluß.

IV. Der deutsche Sieg von Kiew

Kiew ist die alte Hauptstadt Rußlands, eine wundervolle Stadt, deren Ursprünge auf die sagenhafte Zeit der Gründung von Rus, des ersten russischen Staates, zurückgeht. Es ist eine Stadt des Handels und der Wirtschaft, der Kultur und der Religion, hoch auf dem östlichen Ufer des Dnjepr. In der Zeit der Goten und der Waräger war Kiew der Umschlagplatz für den Handel mit Honig, Pelzen, Met und schönen weißen Sklavinnen aus dem Norden, für Rubine und Smaragde, für Gewürze und Gold aus Persien und dem Osten.

In Kiew wurde das orthodoxe Christentum zur Staatsreligion Rußlands, als Großfürst Wladimir gegen Ende des zehnten Jahrhunderts Vertreter der christlichen, jüdischen und der islamischen Religion zu einer Disputation über die Wahrheit ihrer Bekenntnisse einlud. Er wählte daraufhin das Christentum, warf – so geht die Legende – die alten heidnischen Idole in den Dnjepr und zwang seine Untertanen zu einer Wassertaufe im Fluß. Ob die Legende wahr ist oder nicht, jedenfalls sind bis zum heutigen Tage die große Kathedrale der heiligen Sophia und die großartige Petschereskaja Lawra (ein Höhlenkloster) die wahren Juwelen der russisch-orthodoxen Kirche.

Im Juni 1941 war Kiew eine Stadt mit 1 Million Einwohnern. Sie war berühmt für den Podol, ihr Judenviertel, in dem man Handel trieb, sie war berühmt für den Kreschtschach, eine elegante Prachtstraße in der Mitte der Stadt, wo Generationen von Kiewern unter den großen Kastanienbäumen spazierengingen.

Kiew war eine besondere Stadt, es war die Hauptstadt der Ukraine, Symbol einer Tradition, die anders war als die irgendeiner Stadt der Sowjetunion.

Vielleicht beeinflußte gerade diese Tradition die Überlegungen Stalins: Das Gefühl des Verlusts von Kiew bedeutete mehr als der Verlust irgendeiner anderen Stadt wie Minsk, der Hauptstadt Weißrußlands, Riga, der Hauptstadt von Lettland, Kaunas, der Hauptstadt von Litauen, oder der Industriestädte Zentralrußlands. Dadurch wurde Stalin in seinen militärischen Entschlüssen hinsichtlich Kiew und der Südwestfront, die er verteidigen sollte, beeinflußt. Den Befehl über die Verteidigung von Kiew führte Generaloberst Michael P. Kirponos, der im Januar 1941 General Schukow auf diesem Posten gefolgt war. Kirponos hatte seinen Dienst schon in der Armee des Zaren begonnen und sich den Bolschewiken kurz nach der Revolution von 1917 angeschlossen. Bevor er nach Kiew kam, war er Chef des Leningrader Militärdistrikts gewesen. Obwohl Nikita Chruschtschow nicht die beste Meinung von ihm hatte, schätzten ihn doch seine Mitgenerale als vorsichtigen, fähigen und erfahrenen Führer ein.

Keiner der regionalen Befehlshaber der Roten Armee war auf die Möglichkeit eines deutschen Angriffs so vorbereitet wie Kirponos. Etwa eine Woche vor dem 22. Juni war er überzeugt, daß der Krieg unmittelbar bevorstehe. Er hatte Stalin brieflich um die Erlaubnis gebeten, 300.000 Zivilisten aus dem Grenzgebiet entlang des Bug-Flusses evakuieren und seine Verteidigungsstellungen vorbereiten zu dürfen. Kirponos befahl auch einigen Einheiten, die noch unvollendeten Teile der Grenzbefestigungen zu besetzen. Diese Bewegung hatte kaum begonnen, als sie schon durch die Geheimpolizei nach Moskau gemeldet wurde. Kirponos erhielt daraufhin von Generalstabschef Schukow eine scharfe Rüge und mußte seine Truppen sofort wieder zurückbringen. Wahrscheinlich hatte dies Stalins Polizeichef Beria veranlaßt.

Die Deutschen konnten also Kirponos nicht überraschen. Er hatte den Angriff erwartet. Aber es machte wenig Unterschied, denn Moskau hatte ihn ja daran gehindert, die notwendigen Maßnahmen zu treffen, um einen Vorstoß der Deutschen aufzuhalten. So rasch wie möglich hatte er nun sein Hauptquartier nach Kiew zurückverlegt; Tarnopol, wohin er am 21. Juni seinen Stab transferieren wollte, war längst von den Deutschen überrannt worden.

Kirponos war ein erstklassiger Mann. Er hatte im Feld gute Befehlshaber, und in den Anfangstagen des Krieges gelang es seinen Truppen auch, sich in besserer Ordnung zurückzuziehen als den Truppen der anderen Fronten weiter im Norden. Aber der Zusammenbruch der Westfront entblößte Kirponos rechte Flanke; auf Befehl Moskaus mußte er am Abend des 23. Juni einen sinnlosen Gegenangriff führen, bei dem er seine Kräfte verbrauchte. Sein Stab versuchte zwar, ihn zu überreden, dieses Unternehmen nicht auszuführen, aber die politischen Kommissare bestanden darauf, und die Politik hatte natürlich das letzte Wort. Die geschwächten, desorganisierten Truppen – ohne Luftunterstützung und ohne Luftaufklärung über die Bewegungen der Deutschen – kämpften hart, aber mit nur wenig Erfolg.

Die Gefahr für Kiew begann um den 1. Juli herum Gestalt anzunehmen, als die Front im Norden zerbrochen war und – in einem Versuch, den deutschen Durchbruch abzuriegeln – General (später Marschall) Konjews starke 19. Armee von den Zugängen nach Kiew an die Westfront umdirigiert wurde. Zu diesem Zeitpunkt traf Nikita Chruschtschow in Kiew ein und übernahm die Aufgabe, Menschen und Material zu mobilisieren, um die befestigte Region Kiew in Kampfbereitschaft zu versetzen. Am 7. Juli durchbrach die deutsche 11. Panzerdivision die befestigte Zone von Berditschew an der alten sowjetischen Grenze nur etwa 140 Kilometer vor Kiew. Kirponos bat Schukow vergeblich um Reserven, der ihm jedoch streng antwortete: „Mir ist unbegreiflich, daß Sie dem Feind gestatten konnten, in die befestigte Zone einzudringen." Am 9. erschienen die Deutschen schon bei Schitomir, etwa 110 Kilometer westlich von Kiew, an der direkten Zugangsstraße zu der Stadt. Am 12. Juli verlegte Kirponos sein Hauptquartier nach Browari, einer Vorstadt von Kiew auf dem Ostufer des Dnjepr, und am selben Tag drangen deutsche Panzer der Armee von Kleist in die Befestigungszone von Kiew selbst ein, nur 20 Kilometer vor der Stadt.

Der Krieg hatte nur drei Wochen gedauert, und schon waren die Deutschen in die unmittelbare Nähe der Hauptstadt der Ukraine vorgedrungen. In den nächsten Tagen mußten zwei der Armeen Kirponos, nämlich die schwer geschlagene 6. und 12. Armee, die die Südflanke gedeckt hatten, nach Südosten abgezogen und dabei Winnitsa den Deutschen überlassen werden. Zum ersten Mal zeichnete sich die Gefahr deutlich ab, daß Kiew selbst eingeschlossen werden könnte.

Wie es so oft geschehen war: Die Rückzugsbefehle für die 6. und die 12. Armee kamen zu spät. Sowjetische Befehlshaber schoben stets Vorschläge für Rückzüge so lange als möglich hinaus, weil sie wußten, daß Moskau sie dafür zur Rechenschaft ziehen konnte. Die Verzögerung machte die Unterstellung der beiden Armeen unter die Südfront notwendig und entzog sie der Verteidigung von Kiew. Die beiden Armeebefehlshaber, Generalleutnant I. N. Musitschenko und General G. P. Ponedelin, waren verwundet in die Hände der Deutschen gefallen. Beide Generäle wurden von Stalin, als sie bei Kriegsende aus der deutschen Gefangenschaft entlassen wurden, in Straflager geschickt. Stalin betrachtete sie als Verräter und ließ ihre Familien ebenfalls in Lager bringen.

Dieselbe Behandlung erfuhr auch der Panzergeneral M. I. Potapow, Befehlshaber der 5. Armee, der ebenfalls in der Schlacht um Kiew in deutsche Kriegsgefangenschaft geraten war. Nach dem Tode Stalins wurden alle drei Generäle befreit und erhielten wieder Posten in der Armee.

Als der Juli sich dem Ende näherte, hatten die Deutschen schon die weit ausgreifende Einschließung von Kiew begonnen. Sie standen im Norden und Nordwesten der Stadt bereits in den Vorstädten, hatten den Einschließungsring nach dem Südosten vorgezogen und begannen östlich von Kiew zum Dnjeprbogen vorzustoßen.

Chruschtschow, der politische Kommissar von Kirponos, versuchte aus Moskau Waffen zu bekommen, um die Arbeiter von Kiew damit auszurüsten. Er sprach mit

Stalins Protegé Parteisekretär Malenkow, der erklärte, es gäbe keine übrigen Gewehre. Malenkow schlug vor, daß die Kiewer mit Lanzen, Speeren und Schwertern, mit hausgemachten Waffen kämpfen sollten. Was Munition anlangte, so meinte er, Kiew könne ja Feuerbomben aus Benzinflaschen machen.

General Schukow, der Chef des Stabes, verbrachte einige Zeit an der Kiewer Front. Nach Moskau zurückgekehrt, zeigte er sich angesichts der sich verschlechternden Situation mehr und mehr besorgt. Schließlich warnte er am 29. Juli Stalin, daß die Deutschen durchaus in der Lage wären, an der schwachen Nordflanke der Streitkräfte, die Kiew schützen sollten, zuzuschlagen, sie im Rücken zu umgehen und die Stadt total einzuschließen. Er schlug vor, die Südwestfront durch Zuführung einer neuen Armee zu stärken, vor allem aber so rasch wie möglich alle Streitkräfte, einschließlich der Verteidiger von Kiew, auf das Ostufer des Dnjepr zurückzuziehen.

„Und was wird mit Kiew?" fragte Stalin.

„Kiew wird kapitulieren müssen", antwortete Schukow.

Stalin schäumte vor Wut. Schon der bloße Gedanke, Kiew aufzugeben, war ihm unerträglich.

Aber die Befürchtungen Schukows waren wohlbegründet. Am 2. August stießen von Kleists 6. Armee und ein Teil der 1. Panzergruppe gegen die Nahtstelle zwischen der sowjetischen 6. und 12. Armee, rollten durch das Gebiet von Uman und ließen die beiden sowjetischen Armeen und auch noch einen Teil der 18. Armee eingeschlossen hinter sich zurück. Südlich von Kiew stürmten die Deutschen nach Dnjepropetrowsk und Saporoschje am Dnjepr. Nach der Liquidierung des Kessels von Uman hatten die Deutschen weitere 103.000 russische Soldaten gefangengenommen und mehr als 300 Panzer und 800 Geschütze erbeutet. Damit hatten die Deutschen die sowjetischen Stellungen in der Ukraine, westlich des Dnjepr, unterminiert.

In den ersten Tagen des August hatten die Deutschen an der Kiewer Front mehr als 20 Divisionen konzentriert.

Hitler hatte in seinen ursprünglichen Weisungen hervorgehoben, daß das erste Ziel der drei großen Vorstöße Leningrad sein solle. Sobald Leningrad genommen sei, sollte der Nordflügel sich nach Süden wenden und Moskau von rückwärts einschließen. Unterdessen würde die Heeresgruppe Süd die Ukraine erobert haben. Dann sollte mit einem Frontalangriff der Heeresgruppe Mitte Moskau von allen Seiten genommen und der sowjetische Widerstand endgültig gebrochen werden.

All dies, so schätzte er, würde die deutschen Panzerdivisionen, durch ihre Erfahrungen im Westen bestens vorbereitet, nicht mehr als sechs Wochen in Anspruch nehmen. In der letzten Juliwoche hatte Hitler freilich einige Verspätung gegenüber seinem Fahrplan, aber nicht genug, um sein Vertrauen in den Erfolg und das Vertrauen seiner Generäle ernsthaft zu stören. Es gab allerdings zwischen den einzelnen Kommandostellen ständigen Streit um Prioritäten und die Zuteilung von neuen Kräften. Die meisten militärischen Berater Hitlers waren zu jenem Zeitpunkt der Meinung, daß er seine Kräfte zu einem Stoß aus der Mitte gegen Moskau konzentrieren sollte. Hitler jedoch hatte andere Vorstellungen. Er war besessen von der Idee, Leningrad zu erobern und zu zerstören, das er für die Verkörperung der bolschewistischen Doktrin hielt, die er so sehr haßte. Er war ferner entschlossen, so rasch wie möglich die reichen Getreide- und Nahrungsmittelreserven der Ukraine in die Hand zu bekommen, zusammen mit der Kohle, dem Eisenerz und der Schwerindustrie dieses Landes.

In einer Reihe von Besprechungen vom 23. bis zum 26. Juli entschied Hitler, die Panzergruppe des Generals Hoth von der Heeresgruppe Mitte abzuziehen und gegen Leningrad einzusetzen. Ferner bestimmte er Guderians 2. Panzergruppe zur Unterstützung der 1. Panzergruppe von Kleists in der Ukraine. Das bedeutete, daß der Vormarsch sich in der Mitte eine Zeitlang verlangsamen würde, während die Deutschen ihre Kräfte auf die Ziele Leningrad und Kiew konzentrierten.

Während die militärischen Fachleute, besonders in Deutschland, noch heute über die Weisheit der Entschlüsse Hitlers diskutieren, so war doch die unmittelbare Aus-

Nikita Chruschtschow, rechts, bei einer Besprechung mit Genossen in Kiew.

wirkung auf die Verteidigung von Kiew katastrophal. Die Hauptmacht der sowjetischen Truppen, die Kiew verteidigen sollten, war im Norden und Nordwesten der Stadt konzentriert. Gegen diese Truppen wurde nun Guderian losgelassen.

Fast jeden Abend konferierte Stalin mit den Befehlshabern von Kiew. Die Gespräche wurden über eine spezielle militärische Baudet-Telegrafen-Maschine geführt. Dieser Apparat stand neben dem Büro des Kabinettchefs von Stalin, Poskrebischew, direkt neben der persönlichen Bibliothek Stalins, die zu seinem Kremlbüro gehörte.

Auch in der Nacht zum 4. August führte Stalin eine Reihe dieser Gespräche mit den Befehlshabern von Kiew. Er befahl einige Veränderungen in der Befehlshierarchie an der Südwestfront und betonte noch einmal, daß man die Deutschen nicht über den Dnjepr lassen dürfe. Er befahl die Anlage neuer befestigter Zonen, um Kiew vom Süden her gegen einen deutschen Angriff zu schützen. Kirponos und Chruschtschow versicherten nocheinmal, daß sie die Front halten würden, baten aber um mehr Menschen und mehr Material. Stalin sagte, daß sie im großen und ganzen mit ihren eigenen Kräften auskommen müßten, so wie das nun gerade Leningrad tue. Zum Beispiel erzeuge Leningrad nun seine eigenen SRS-Raketen, und warum habe Kiew noch nicht begonnen, etwas Ähnliches zu tun?

Kirponos und Chruschtschow sagten, sie wären froh, ebenfalls SRS-Raketen erzeugen zu können, wüßten aber nicht, wie sie das machen sollten. Würde Stalin ihnen vielleicht ein Muster schicken und die Konstruktionspläne?

Stalin antwortete, das sei ihr eigener Fehler, ihre Mitarbeiter hätten die Einzelheiten, sie hätten nur nicht darauf achtgegeben. Aber er wurde nun etwas milder und versprach ihnen, er würde eine Batterie von SRS-Werfern schicken und Pläne, um sie erzeugen zu können. Die SRS war die berühmte russische „Katuscha", die die Deutschen „Stalinorgel" nannten, ein Raketenwerfer mit einer Vielzahl von Rohren, das strengst gehütete militärische Geheimnis der Russen bis zu diesem Zeitpunkt.

Am nächsten Tag lehnte Stalin einen Vorschlag von Marschall Budjonni ab, den Truppen südlich von Kiew zu gestatten, sich auf eine Linie am Fluß Ingul zurückzuziehen.

Mit Worten gewinnt man keine Schlachten. Trotz aller Ermahnungen Stalins wuchs die Gefahr für Kiew ständig. Am 8. August waren die Deutschen schon in die Kiewer Vororte Mischeloka und Sowka vorgestoßen und konnten von den Höhen in den Südteil der Stadt hineinsehen. Stalin rief Kirponos auf der direkten Leitung an:

„Wir haben Beweise dafür erhalten, daß die Front sich entschlossen hat, Kiew leichten Herzens an den Feind zu übergeben, weil sie nicht stark genug ist, um es zu verteidigen. Ist das richtig?"

Kirponos nahm Haltung an (Stalins „Bericht" zu bestätigen wäre gleichbedeutend mit einem Todesurteil für ihn selbst gewesen) und erklärte nun mit allem Nachdruck, den er aufbringen konnte:

„Man hat Ihnen Lügen erzählt. Wir werden die Stadt halten. Allerdings hat ein deutscher Angriff in der Stärke von drei Divisionen im südlichen Sektor unsere Linien in einer Tiefe von vier Kilometern durchbrochen. Gestern hat der Feind 4000 Tote und Verwundete verloren und wir 1200. Ich muß berichten, daß wir in diesem Sektor keine Reserven mehr besitzen."

Stalin erwiderte darauf, Kirponos werde für ein paar Wochen noch durchhalten müssen, danach hoffe er, imstande zu sein, ihm einige Hilfe zu senden. „Unterdessen", fügte er hinzu, in einem Ton, der nun weniger drohend war, „ergreifen Sie alle möglichen und alle unmöglichen Maßnahmen, um Kiew zu verteidigen."

So spielte es sich ab: Drohungen von Stalin, tapfere Worte von Kirponos, tödliche Angriffe durch die Deutschen. Die Schlacht um Kiew erreichte ihren Höhepunkt.

Stalin glaubte, die Antwort zu haben. Er wollte nordöstlich von Kiew und östlich von der zusammenbrechenden Westfront eine neue Armeegruppe bilden, die ausreichend mit Panzern aus der Reserve des Oberkommandos versorgt werden sollte. Sie würde zwei besondere Aufgaben erhalten: erstens die ferneren südöstlichen Zugänge

Deutsche Truppen in einem brennenden ukrainischen Dorf.

nach Moskau zu schützen und zweitens Guderians Panzer zu bekämpfen und Kiew zu retten. Stalin besaß nur wenig Achtung vor irgend jemandem, aber er hatte großen Respekt vor Guderian. Er hatte die Taten dieses berühmten deutschen Panzerkommandeurs in Westeuropa verfolgt. Er wußte, daß Guderian eine Gefahr bedeutete, der man entgegentreten und mit der man fertig werden mußte, sollte die Rote Armee die Front gegen Hitler wieder stabilisieren.

Am 8. August berief Stalin den General A. I. Jeremenko zu sich in den Kreml. Er hatte seine Erfahrungen bei der Kavallerie und bei den Panzertruppen gemacht und sich in den harten Kämpfen um Smolensk gut gehalten. Stalin hatte sich entschlossen, Jeremenko das Kommando über die sogenannte Brjansk-Front zu übertragen. Sein Hauptquartier sollte sich etwa 320 Kilometer südwestlich von Moskau und 350 Kilometer nordöstlich von Kiew befinden.

Jeremenko kam in den Kreml, gerade als ein Luftalarm zu Ende ging. Nach einigem Hin und Her ernannte Stalin ihn zum Oberbefehlshaber der Brjansk-Front.

„Reisen Sie morgen", sagte Stalin, „und verschwenden Sie keine Zeit. Guderians Panzergruppe operiert in dieser Gegend, und harte Kämpfe stehen bevor. Sie werden mit den motorisierten Truppen ihres „alten Freundes" Guderian zu tun haben, dessen Gewohnheiten Sie von den früheren Zusammenstößen an der westlichen Front kennen sollten."

Jeremenkos Aufgabe, so sagte Stalin, sei es, Guderian zu vernichten.

In seiner angeberischen Art versprach Jeremenko, daß er in den allernächsten Tagen bedingungslos Guderian vernichten werde.

Stalin war beeindruckt. „Das ist die Art Mann, die wir unter diesen schwierigen Bedingungen brauchen", sagte er zu seinen Mitarbeitern.

Vielleicht war Jeremenko etwas zu großsprecherisch, vielleicht war er auch der Situation nicht gewachsen. Jedenfalls änderte sich nichts. Die Deutschen stürmten weiter durch die Ukraine, sie eroberten Kriwoirog am südlichen Dnjepr am 15. August. Den Schwarzmeerhafen Nikolajew, der auch zugleich Zentrum des Schiffsbaus war, am 17. August. Jeremenko griff Guderian am 16. bei Konotop und Tschernigow nordöstlich von Kiew an. Aber die Versprechungen Jeremenkos erfüllten sich nicht. Seine Truppen vernichteten Guderian nicht. Es traf vielmehr das Gegenteil ein.

Die tödliche Bedrohung Kiews wuchs. Am 16. August schlugen der Stabschef Marschall Schaposchnikow und sein Stellvertreter Marschall Alexander M. Wassilewski Stalin vor, die sowjetischen Truppen nördlich von Kiew auf das Ostufer des Dnjepr zu bringen. Stalin lehnte ab. Er vertraute immer noch darauf, daß Jeremenko mit Guderian fertig werden würde. Am 19. August warnte General Schukow (der damals die Westfront kommandierte) noch einmal Stalin vor der Gefahr einer Einschließung von Kiew von rückwärts, worauf dann ein deutscher Vorstoß gegen Moskau erfolgen könnte. Es wurde ihm gesagt, daß Jeremenko und die neue Brjansk-Front dazu bestimmt waren, eben dieser Gefahr entgegenzutreten. Am nächsten Tag willigte Stalin ein, die 5. Armee an der nördlichen Flanke von Kiew auf das Ostufer des Dnjepr zurückzuziehen, aber er gab strengste Befehle, Kiew um jeden Preis zu halten.

Schukow machte noch einen Versuch. Er rief Stalin direkt an und wies ihn auf die Gefahren für die Kiewer Truppen hin, wenn sie nicht sofort zurückgezogen würden. Stalin beharrte darauf, daß Kirponos und Chruschtschow imstande seien, die ukrainische Hauptstadt zu halten, und daß Jeremenko mit Guderian fertig werden könne.

Stalin war zu nichts zu bewegen, und die Gefahr wuchs. Jeremenko geriet in immer größere Schwierigkeiten. Nun wurde ein massiver Luftangriff gegen Guderian angeordnet. 450 Flugzeuge nahmen daran teil. Aber Guderian stieß weiter vor.

Das Hauptquartier war am Ende seiner Einfälle. „Bei der bloßen Erwähnung der bitteren Notwendigkeit, Kiew aufzugeben, bekam Stalin Wutanfälle", erinnerte sich Wassilewski. Jedermann wußte, daß Kiew evakuiert werden mußte, um die Truppen zu retten. Aber niemand wagte sich an die Sache heran. Niemand war bereit, sich bei Stalin derartig zu exponieren. Und wie es in einem Krieg immer geschieht, wenn eine

Ukrainische Bäuerinnen begrüßen deutsche Soldaten mit Brot und Salz, dem herkömmlichen Geschenk des Willkommens.

Sache schiefgeht, dann folgen auch andere. Die 5. Armee war nicht imstande, ihren Rückzug über den Dnjepr erfolgreich durchzuführen, und erlitt schwere Verluste. Die neue 37. Armee, die von Kirponos gebildet worden war, um das westliche Vorfeld von Kiew zu schützen, wurde aus Einheiten zerschlagener Divisionen gebildet. General A. A. Wlassow wurde von Chruschtschow zu ihrem Befehlshaber ernannt. Wlassow erwies sich als ein fähiger Kommandeur, der in den allerschwierigsten Tagen die Westseite der Stadt gegen deutsche Angriffe halten konnte. Später sollte dieser Wlassow noch als Chef einer russischen Armee berühmt werden, die an der Seite der Deutschen gegen ihre eigenen Landsleute kämpfte. Er war in deutsche Gefangenschaft geraten und stellte dort aus Kriegsgefangenen der Roten Armee eine Reihe von Divisionen auf, die dann an der Seite der deutschen Wehrmacht kämpften. Nach Kriegsende gefangengenommen, wurde er von den Russen hingerichtet.

Tag für Tag und Nacht für Nacht zog sich der Ring um Kiew enger zusammen. Bevor Stalin Marschall Schukow nach Leningrad schickte, um die dort zusammenbrechende Front zu übernehmen, warnte dieser ihn noch, daß man Kiew übergeben müsse. Dies hatte nur einen verärgerten Befehl Stalins an Kirponos vom 11. September zur Folge: „Kiew darf nicht übergeben und die Brücken dürfen nicht zerstört werden ohne Erlaubnis vom Generalhauptquartier." Stalin fügte hinzu: „Kiew war, ist und wird sowjetisch sein. Ich erlaube keinen Rückzug."

Marschall Budjonni, ein alter Kampfgefährte Stalins, versuchte als Oberbefehlshaber der Südwestfront, Stalin zum Nachgeben zu bringen. Das einzige Ergebnis war, daß Budjonni durch Marschall Timoschenko abgelöst wurde.

Kirponos weigerte sich trotz des Drängens seiner Offiziere, direkt bei Stalin um die Erlaubnis zum Rückzug zu ersuchen, und es war dazu auch tatsächlich schon zu spät. Der große Ring der Deutschen hatte sich bereits geschlossen. Schließlich teilte am 14. September um 15.25 Uhr General V. I. Tupikow, der Stabschef von Kirponos, aus eigener Initiative dem Generalstab in Moskau mit, daß es nun zu allem zu spät sei. „Der Beginn der Katastrophe, die Sie sich sehr wohl vorstellen können, ist nun in ein paar Tagen zu erwarten."

Tupikow hatte recht. Aber noch immer gab es keine Änderung der Befehle. Tupikow wurde als Panikmacher gebrandmarkt. Am 16. September flog General Iwan Bagramjan aus dem Kessel von Kiew ins Hauptquartier von Timoschenko und Chruschtschow. Sie befahlen ihm, sofort nach Kiew zurückzugehen, Kirponos den Befehl zu erteilen, Kiew zu räumen, so rasch wie möglich mit so vielen Truppen wie nur möglich den Dnjepr zu überschreiten und sich auf den Psel-Fluß zurückzuziehen. Bagramjan flog tatsächlich nach Kiew zurück und übermittelte diesen Befehl, der ihm mündlich erteilt worden war.

Kirponos weigerte sich, ohne schriftliche Instruktionen zu handeln.

Kirponos sagte: „Der Rückzug ist uns persönlich von Genossen Stalin verboten worden. Er hat befohlen, die Verteidigung von Kiew nicht zu beenden. Wir können diesen Befehl nur dann verletzen, wenn wir eine schriftliche Order des Oberbefehlshabers der Südwestfront oder einen neuen Befehl von Genossen Stalin erhalten."

Zwanzig Minuten vor Mitternacht am 17. September bewilligte Stabschef Marschall Schaposchnikow den Rückzug aus Kiew, sagte aber nichts über den Rückzug an die Psel-Flußlinie.

Spät in dieser Nacht gab Kirponos seinen Truppen Befehl, mit dem Rückzug zu beginnen. Es wurde eine regellose Flucht daraus. Kirponos und sein Stab befanden sich in einer Kolonne von etwa 1000 Mann, von denen etwa 800 Stabsoffiziere waren. Sie wurde rasch von den Deutschen eingeschlossen, und die meisten von ihnen fielen nicht allzuweit vom Sula-Fluß. Unter den Toten befanden sich Kirponos, sein Politkommissar M. S. Burmistenko und der Stabschef General Tupikow. Es hat lange Zeit Gerüchte gegeben, daß Kirponos und auch die anderen Selbstmord begangen hätten. Die Deutschen behaupteten, 665.000 Gefangene bei der Liquidierung des Kessels von Kiew gemacht zu haben. Die Russen erklärten, die Zahl sei viel geringer gewesen. Die Zahlen waren allerdings nicht so bedeutend wie die Konsequenzen.

Die Niederlage von Kiew öffnete den Deutschen den Weg in den nördlichen Kaukasus und machte den Vorstoß gegen Moskau möglich.

Viel später trachtete Marschall Bagramjan, der sich den Weg aus der Einkreisung freigekämpft hatte, herauszufinden, warum Stalin einen solchen furchtbaren Irrtum begangen hatte. Er glaubte, es habe seinen Grund in den zuversichtlichen Worten Stalins gegenüber Hopkins gehabt.

Stalin hatte – wie man sich erinnern wird – versprochen, daß Kiew, Leningrad und Moskau gehalten würden. Er fürchtete die propagandistischen Konsequenzen einer Übergabe von Kiew. Daher spielte er eben hoch und verlor möglicherweise eine Million Soldaten, die ganze Ukraine und brachte Moskau selbst an den Rand der Katastrophe.

Der älteste Sohn Stalins, Jakob Dschugaschwili (Mitte) in einem deutschen Kriegsgefangenenlager. Er war im Juli 1941 in Gefangenschaft geraten. 1945 wurde er erschossen.

Der brennende Hafen von Tallinn nach Bombardierung durch die Deutschen.

V. Das russische Dünkirchen

Nirgends an der rauchverhangenen, 3000 Kilometer langen Ostfront gab es irgendein Zeichen, das eine Wendung der Dinge angekündigt hätte. Überall schlugen die deutschen Panzer, die deutsche Infanterie in ihren grauen Uniformen, die deutschen Kampfflugzeuge immer wieder zu. An der ganzen sowjetischen Front gab es keinen sicheren Punkt, nur Gebiete, wo sich der Druck für den Augenblick ein wenig milderte, meist, weil die motorisierten Einheiten der Deutschen nicht genug Nachschub bekommen hatten, weil es ihnen an Brennstoff oder Munition fehlte oder weil sie gezwungen waren, stehenzubleiben und mit den gewaltigen Einkesselungen von sowjetischen Truppen fertigzuwerden.

Die sowjetische Marine, der einzige Teil der Streitkräfte, der bei Hitlers Angriff voll alarmiert gewesen war, hatte nur eine recht kleine Rolle bei der Abwehr der deutschen Flut erzielen können. Tatsächlich hatte die Vorverlegung der Sowjetgrenzen nach Westen in den Jahren 1939 und 1940 die Kriegsmarine aus dem Takt gebracht. Die Baltische Flotte, die Hauptstreitmacht der Marine, hatte seit ihrer Gründung durch Peter den Großen Kronstadt als Basis, die Seefestung vor Leningrad. Aber nach der Besetzung der baltischen Staaten im Jahre 1940 war das Hauptquartier der Marine nach Tallinn (Reval) an der estnischen Küste verlegt worden, und Vorausbasen waren bei Libau, nahe der ostpreußischen Grenze, und Riga, der Hauptstadt von Lettland, eingerichtet worden.

Admiral Wladimir Tributs machte sich über diese vorgeschobene Position von allem Anfang an Sorgen. Stalin hatte ein Schlachtschiff bei Libau stationieren wollen, aber Tributs war es gelungen, das zu verhindern. Als die Vorzeichen des Krieges immer deutlicher wurden, erkämpfte er unter großen Schwierigkeiten die Erlaubnis, die U-Boot-Brigade und die leichten Marineeinheiten, die in Libau stationiert waren, im Mai zurück nach Riga zu nehmen. Stalin hatte darauf bestanden, zwei alte Schlachtschiffe, „Marat" und die „Oktoberrevolution", in Tallinn zu stationieren. Dort gab es aber weder Hafensperren noch Torpedonetze, um die Schiffe zu schützen. Und in den Tagen vor dem 22. Juni wurde Tributs immer nervöser. Die Erlaubnis, die Schlachtschiffe nach Kronstadt zurückzuführen, kam am Vorabend des Kriegsausbruches. Am Abend des 21. Juni gelangte die „Marat" sicher zurück nach Kronstadt. Die „Oktoberrevolution" aber lief erst Anfang Juli aus.

Die Sorgen von Tributs waren durchaus berechtigt. Libau wurde schon in den ersten Stunden des deutschen Angriffes überrannt. Es hatte zwischen Land- und Marinestreitkräften hinsichtlich der Sicherung der Ostseemarinebasen keine wirkliche Koordination gegeben, noch gab es irgendwelche Pläne für die Evakuierung der Zivilbevölkerung, der Materialvorräte oder der Heeres- und Marineanlagen. Der Grund dafür war die sowjetische Militärdoktrin des letzten Jahrzehnts, die lautete, falls ein Krieg komme, werde er nicht auf sowjetischem Boden ausgefochten. Er sollte vielmehr sofort auf das Territorium des Gegners getragen werden und würde – so behauptete zumindest die Propaganda – auch wenig Blutvergießen kosten. Mit anderen Worten, die Sowjets hatten sich darauf vorbereitet, jene Art von offensivem Krieg zu führen, den Hitler nun selbst gegen Rußland vorexerzierte. Aber Rußland war für eine Verteidigung gegen einen solchen Blitzangriff nicht vorbereitet.

Nirgends wurde dies sichtbarer als im Ostseeraum, wo die Bevölkerung mit unverhüllter Ungeduld die Ankunft der Deutschen erwartete. In allen baltischen Staaten hatte es große deutsche Minderheiten gegeben. Seit der Zeit der Hanse und der baltischen Barone war der deutsche Einfluß stark gewesen.

In Tallinn bewegten sich die sowjetischen Matrosen auf den Boulevards in ihren weißen Uniformen wie in einem fremden Land, obwohl es doch sowjetisches Territorium war, denn der Einfluß des bürgerlichen Estlands hatte noch kaum aufgehört. So friedlich auch der Eindruck war, den die Straßen von Tallinn machten, so verging doch kaum eine Nacht, in der nicht ein sowjetischer Beamter, Soldat oder Matrose angegriffen wurde. Nun donnerten nicht allzu viele Kilometer entfernt deutsche Panzer über die Landstraßen. Die Situation in Riga war sogar noch ernster. Die Deutschen bombardierten die Stadt in der ersten Stunde des Krieges, und als die Fallschirmjäger absprangen, konnten sich ihnen nur sehr schwache sowjetische Streitkräfte entgegenstellen. Als Vizeadmiral W. P. Drozd in der Nacht zum 24. Juni an Bord seines Flaggschiffes, des 7000-t-Kreuzers „Kirow" – der Stolz der Baltischen Flotte –, in den Hafen von Riga einfuhr, wurde an allen Ecken und Enden der Stadt geschossen. Häuser brannten, nirgends war die sowjetische Miliz (die Polizei) zu sehen. Auf diese Nachrichten hin zog Admiral Tributs den Schluß, daß Riga ebenso rasch wie Libau fallen werde, und gab Befehl, den Hafen zu evakuieren.

Dies war leichter gesagt als getan. Die einzige minenfreie Ausfahrt aus der Rigaer Bucht führte durch den schmalen und seichten „Muhu-Väin" (Moon-Sund). Seit dem Ersten Weltkrieg war diese Durchfahrt von größeren Schiffen nicht mehr benützt worden. Drozd setzte Bagger und Schlepper ein, um die seichten Stellen zu vertiefen. Zuerst wurde ein Frachter durchgeschickt. Dann liefen die „Kirow" und der große Eisbrecher „K. Woldemars" zusammen mit den Zerstörern „Stoiki", „Smetliwi" und „Grosjaschtschi" aus. Der Kreuzer fuhr langsam, lief aber doch auf ein im Sund noch im Ersten Weltkrieg versenktes Blockadeschiff auf. Drozd manövrierte die „Kirow" Zoll um Zoll über das Hindernis hinweg. Um Mitternacht lief er wieder auf Grund, wurde aber von den Schleppern frei gemacht.

Bei Tagesanbruch fuhr er mit dem Bug direkt auf eine Untiefe. Aber nach drei Stunden gelang es ihm, freizukommen und Tallinn zu erreichen. Zwei Tage später waren die Deutschen in Riga und hielten dort am 1. Juli eine Parade auf der Hauptstraße.

In der ersten Hälfte des Juli wuchs die Spannung in Tallinn. Die Bevölkerung zeigte den sowjetischen Truppen deutlich ihre Abneigung. Die Leute schauten betont weg, wenn Matrosen der Baltischen Flotte auf Lastwagen vorbeifuhren oder Abteilungen der Volksmiliz aus der Stadt marschierten, um die Deutschen aufzuhalten. Es gab keinerlei Pläne der Armee, um das Hauptquartier der Baltischen Flotte vor einem Angriff durch die Deutschen zu schützen. Etwa 25.000 Männer und Frauen bauten rasch mit Hacken und Schaufeln improvisierte Gräben und Tankhindernisse. Dies hielt die Deutschen tatsächlich für einen Augenblick auf.

Als der Juli dahinging, wurde die Gefahr größer. Die 8. Armee der Sowjets, die sich ständig kämpfend von der ostpreußischen Grenze bis hierher zurückgezogen hatte, sollte nun Tallinn schützen. Aber nun fiel sie auf Narwa zurück, das schon 200 Kilometer östlich von Tallinn lag. Am 8. August waren die Landverbindungen Tallinns sowohl im Osten als auch im Westen von deutschen Panzern unterbrochen. Man konnte nicht mehr mit Leningrad telefonieren. Es war höchste Zeit – manche sagten, es sei schon zu spät – für das sowjetische Marinekommando zu überlegen, wie es aus Tallinn herauskam. Die Front rückte immer näher an die Stadt heran, auf die bereits deutsche Granaten niederzugehen begannen. Die 15-cm-Geschütze der „Kirow" und die 11,5-cm-Artillerie des Zerstörers „Leningrad" erwiderten den deutschen Beschuß. Am 23. August war ein umfassendes Artillerieduell im Gang zwischen weitreichenden deutschen Geschützen und der Schiffsartillerie. An diesem Tag allein schlugen 600 deutsche Granaten in der Hafengegend ein, und deutsche Flugzeuge bombardierten die Flotte.

Das Leben in Tallinn kam zum Stillstand, die Straßen wurden leer. Die Straßenbahn verkehrte nicht länger, die Lautsprecher schwiegen, die Zeitungen erschienen nicht mehr. Admiral Tributs übernahm am 17. August die Verteidigung der Stadt. Das Rückgrat seiner Streitkräfte bestand aus dem sogenannten 10. Korps, tatsächlich etwa 4000 übermüdeten und verzagten Soldaten, dann so vielen Matrosen, als die Flotte abstellen konnte, und Arbeitern aus den Fabriken, insgesamt etwa 20.000 Mann. Es war eine zusammengewürfelte Truppe und hätte den Deutschen keineswegs Widerstand leisten können, wenn ihnen nicht die schwere Artillerie der „Kirow", der „Leningrad" und der „Minsk" Feuerschutz gegeben hätte.

Tributs begann, die Verwundeten und die Mannschaft, die für die Verteidigung von Tallinn nicht gebraucht wurde, zu evakuieren. So schickte er 3500 Verwundete mit dem Transportschiff „Baltika" nach Kronstadt, dem es auch gelang, diesen Hafen zu erreichen, obwohl es einen Minentreffer erhielt. Aber die „Sibiria" mit 3000 Verwundeten an Bord wurde aus der Luft versenkt. Doch konnten viele Verwundete gerettet werden.

Der endgültige Angriff der Deutschen hatte am 19. August begonnen. Tributs brachte Menschen und Schiffe so rasch als möglich aus dem Hafen. Der Marinekorrespondent Wischnewski und viele andere erhielten Befehl, auf der „Wirona" zu schlafen. Der Befehl zur Evakuierung konnte jeden Augenblick kommen. Wischnewski machte kurze Eintragungen in sein Notizbuch: „Schwarzer Rauch... Zwei Jäger fliegen vorüber... Die ‚Tsiklon' legt ab... Zwei Torpedoboote laufen in den Hafen ein... Matrosen von der ‚Kirow' und einem Minenleger marschieren singend an die Front... Die ‚Wirona' bereitet sich zur Abfahrt vor... Viele Brände..."

Am 25. wurden Rauchvorhänge über den Hafen gelegt, und Schleppschiffe veränderten mehrmals die Positionen der „Kirow", der „Minsk" und der „Leningrad", um sie aus der Reichweite der deutschen Geschütze herauszuhalten. Einem Geleitzug von neun Transportern gelang es, Kronstadt zu erreichen, aber der Transporter „Daugawa" wurde versenkt. Minenräumboote erhielten Befehl auszulaufen, um eine Fahrrinne für die Flotte freizumachen.

Befehle aus Moskau für die Evakuierung von Tallinn trafen am Morgen des 26. August ein. Der Korrespondent Wischnewski warf einen letzten Blick auf die Stadt: Die Hauptstraßen waren verbarrikadiert, und Maschinengewehrfeuer war zu hören. Die Russen zogen sich langsam auf den Hafen zurück. Wischnewski ging zurück an Bord der „Wirona"; während er in Tarles „Napoleon" las, stieg dichter schwarzer Rauch über der Stadt auf. Die Öltanks waren in Brand gesteckt worden.

Am Morgen war der Rauch so dicht, daß Wischnewski kaum mehr atmen konnte. Das Kraftwerk, die Weizensilos und das Arsenal wurden zerstört. Wischnewski unternahm einen letzten Vorstoß in die Stadt zu der fast völlig verlassenen Redaktion der Zeitung. Dort belud er sich mit Bündeln der letzten Ausgabe der Zeitung „Sowjetskaja Estonia" und brachte sie zurück zum Hafen. Dort bestieg er einen Kutter und ging an Bord der „Leningrad". Auch andere Journalisten kamen an Bord der „Wirona". Johannis Lauristan, der Vorsitzende der Regierung der Sowjetrepublik Estland, sollte an Bord des Eisbrechers „Surtil" gehen. Doch dieses Schiff hatte bereits mit dem Ensemble des Theaters den Hafen verlassen. So schiffte sich nun Lauristan an Bord des Minenlegers „Wolodarski" ein.

Mehr als 190 Schiffe bereiteten sich darauf vor, den Hafen von Tallinn zu verlassen, einschließlich über 70 Transportschiffen von mehr als 6000 Tonnen. Dann gab es noch 10 Minenräumboote und 17 Schlepper, die eine freie Fahrrinne durch die Minenfelder säubern sollten. Die Matrosen sagten, es gebe so viele Minen wie Klöße in der Suppe. Gegen Abend begannen die Schiffe auszulaufen. Das Wetter war schlecht. Wind kam auf. Es regnete. Der Hafen war nun öd, dunkel und leer. Nur zwei Kutter waren zurückgeblieben und der „Pikker", der den Militärrat hinaus zur „Kirow" bringen sollte. Der Minenleger „Amur" lag am Eingang des Hafens. Sobald alle Schiffe aus dem Hafen waren, sollte er versenkt werden, um die Einfahrt des Hafens zu blockieren.

An die 23.000 Menschen waren auf die Evakuierungsschiffe verfrachtet worden und mehr als 66.000 Tonnen Kriegsgerät. Gegen vier Uhr früh verließ der Militärrat die Stadt und begab sich auf die „Kirow". Gegen sieben Uhr früh ging Admiral Pantelejew an Bord eines Kutters und fuhr zur „Minsk".

Russische Matrosen der Baltischen Flotte im Fronteinsatz vor Tallinn.

Die Schiffe versammelten sich vor der Reede, und gegen Mittag des 28. August begann die Fahrt nach Kronstadt. Es gab weder einen Luftschirm, noch war irgendeine Hilfe durch Flugzeuge zu erwarten, bis sich die Schiffe in der Nähe von Kronstadt befanden.

Admiral Pantelejew beobachtete von der „Minsk" aus den Verlauf der Fahrt. Zuerst kam der Geleitzug Nr. 1 – neun Transporter einschließlich der „Wirona" und eine Eskorte von drei U-Booten, fünf Schleppern, fünf Minensuchern und fünf Kuttern. Als nächster kam der Geleitzug Nr. 2, zu dem das große Transportschiff „Kasachstan" gehörte. Insgesamt gab es vier Geleitzüge. Nr. 3 war der größte, er umfaßte die Transportschiffe „Luga", „Tobol", „Lucerne", „Balkash" und die „Wtoraja Pjatiletka".

Die „Minsk", die an der Spitze einer Abteilung von 21 Kriegsschiffen fuhr, startete um 17.15 Uhr, die Nachhut von 13 Schiffen um 21.15 Uhr. Die Linie der Schiffe erstreckte sich über 25 Kilometer. Der Abendhimmel war hell, und es dauerte nicht lange, bis die deutschen Bomber kamen. Das erste Schiff, das versank, war der Transporter „Ella".

Zwischen 21 und 22 Uhr sank die „Wirona" im Bombenhagel deutscher Flugzeuge. Admiral Pantelejew beobachtete die Tragödie, er sah, wie das Schiff Schlagseite bekam und schwarzer Rauch aufstieg. Das Rettungsschiff „Saturn" wollte zu Hilfe eilen, lief aber auf eine Mine auf und sank. Dann gingen die „Wirona" unter und ebenso der Transporter „Alew" und zwei weitere Transportschiffe. Das Kanonenboot „Sneg" nahm Dutzende von den Überlebenden auf. Ein Kommissar an Bord der „Sneg" sagte voll Bitterkeit: „Habt ihr euch das jemals vorstellen können, daß wir ertrinken würden wie blinde Katzen in einer Lacke? Wo sind denn unsere Flugzeuge?" Er wußte nicht, daß es keine Flugzeuge mehr gab, die genug Reichweite hatten, um den Exodus aus Tallinn zu decken.

Der Poet Juri Inge beobachtete das Sinken der „Wirona". Er befand sich an Bord des Eisbrechers „Woldemars". Er schrieb in sein Notizbuch seine Eindrücke für ein Gedicht, das in seiner Vorstellung schon Gestalt annahm. Ein Freund hörte, wie er ausrief: „Die Schurken!" Dann wurde die „Woldemars" versenkt, und Juri Inge starb mit ihr.

Es war eine Nacht des Entsetzens. Um 21 Uhr lief das U-Boot S 5, das die „Kirow" eskortierte, auf eine Mine und sank. Dann erwischte das Minenfanggerät der „Kirow" eine Mine und begann sie an Bord zu ziehen. Matrosen gelang es noch im letzten Moment, sie loszuschneiden. Der Minenleger „Gordi" explodierte um 21.36 Uhr. Dann sank das Transportschiff „Jakov Swerdlow", das einen auf die „Kirow" gezielten Torpedo aufgefangen hatte. Küstenbatterien eröffneten das Feuer, und ein deutsches Torpedoboot griff die „Kirow" an, wurde aber von den schweren Geschützen des Kreuzers zurückgeschlagen.

Das Minenauffanggerät des Zerstörerführers „Minsk" zog um 21.40 Uhr eine Mine an Bord. Sie explodierte, und Vizeadmiral Pantelejew schätzte, daß das Schiff 650 Tonnen Wasser aufnahm. Der Minenschlepper „Skori" und ein Schleppschiff nahmen die „Minsk" in Schlepp, liefen aber selbst auf Minen auf und sanken. Die „Minsk" lag unbeweglich im Wasser und konnte erst wieder Fahrt aufnehmen, als es am nächsten Tag hell geworden war. Die Nachhut wurde buchstäblich ausgelöscht. „Sneg" und „Tsiklon" wurden um 22 Uhr versenkt, dann ging der Flottillenführer „Kalinin" verloren, dem die Minenleger „Artem" und „Wolodarski" auf Grund folgten. Die Transportschiffe „Luga", „Eweritis" und „Jarvamara" wurden versenkt.

Die Fahrt nach Kronstadt war wie eine Fahrt durch Dantes Hölle: Von den 29 großen Transportschiffen gingen 25 verloren, drei mußten auf Strand gesetzt werden, und nur ein einziges erreichte Leningrad. Insgesamt gingen 38 zivile Schiffe verloren und mit ihnen mehr als 10.000 Menschenleben. Dazu noch zehn Kriegsschiffe, meistens Kanonenboote, Minensucher und kleinere Schiffe. Die größeren Verluste waren der „Iwan Papanin" mit 3000 Mann an Bord, die „Wtoraja Pjatiletka" mit ebenfalls 3000 Mann, die „Luga" mit 3500, die „Balkash" und die „Tobol", die jede ei-

nige hundert Mann an Bord hatten. Von 67 nicht zur Marine gehörenden Schiffen gingen 34 verloren, von mehr als 100 Schiffen der Kriegsmarine wurden 87,5 Prozent mit 18.000 Mann in den Hafen gebracht.

Das russische Dünkirchen war tödlicher als sein britisches Gegenstück. Die britische Operation war weit umfangreicher; sie führte zu der sicheren Evakuierung von 338.226 Mann, bei Verlusten zwischen 9000 und 10.000. Die Engländer hatten 1084 Schiffe zur Evakuierung eingesetzt, die meisten davon waren sehr klein; sie verloren 108. Die Entfernung betrug 60 bis 80 Kilometer, verglichen mit den mehr als 300 Kilometern der Strecke Tallinn–Kronstadt. Die Engländer besaßen dazu noch die See- und Luftherrschaft.

Die Verluste der Russen waren mit der Ankunft der Schiffe in Kronstadt noch nicht zu Ende. Erwähnenswert ist noch der Fall des Kapitäns Wjatscheslaw Kalitajew, der den Transporter „Kasachstan" befehligte. Dieses Schiff hatte mehr als 3600 Soldaten an Bord. Kalitajew war einer der erfahrensten Seeleute auf der Ostsee. Die „Kasachstan" zog sehr schnell die Aufmerksamkeit der deutschen Bomber auf sich. Welle auf Welle von Ju-88 griff das Schiff an, Kalitajew stand auf der Brücke, als eine Bombe dort einschlug, die Brücke zerstörte, den Flak-Offizier und alle, die sich auf der oberen Brücke befanden, tötete. Die „Kasachstan" war nun ohne Kommandant. Sie verlor Geschwindigkeit und scherte aus dem Geleitzug aus. Brände wüteten im Innenschiff. Schließlich gelang es einem Matrosen, die „Kasachstan" auf einer Sandbank auf Grund zu setzen, etwa 25 Kilometer vor der Küste. Dort wurden die Passagiere ausgeschifft, und die sieben überlebenden Angehörigen der Besatzung brachten es zuwege, die „Kasachstan" am 12. September nach Kronstadt zu bringen. Jedermann nahm an, daß Kapitän Kalitajew tot sei, aber er war es nicht. Er war bewußtlos ins Wasser gestürzt und hatte das Glück, von dem Unterseeboot S 322 aufgenommen und zurück nach Kronstadt gebracht zu werden, noch bevor die „Kasachstan" dort eintraf. Sofort wurde eine Untersuchung eingeleitet, um zu klären, warum Kalitajew sein Schiff „verlassen" hatte. Die überlebenden Mannschaftsangehörigen berichteten, wie er von der Brücke weggesprengt worden sei, aber die argwöhnischen Untersuchungsrichter der Militärpolizei waren damit nicht zufrieden. Sie fanden ein paar Passagiere, die beschworen, daß Kalitajew ins Wasser gesprungen sei, um sein Leben zu retten. 17 Tage nachdem die sieben überlebenden Mitglieder der Mannschaft Medaillen für ihre Tapferkeit erhalten hatten, wurde Kalitajew erschossen.

Erst am 27. Januar 1962 wurde Kalitajew von dem Leningrader Distriktsmilitärgericht rehabilitiert. Es war das teilweise das Ergebnis unermüdlicher Nachforschungen des Marinekorrespondenten und Theaterschriftstellers Aleksander Zonin, der auf der „Kasachstan" als Passagier gefahren war. Solange er lebte, gelang es Zonin nicht, seinen Bericht über diese Katastrophe veröffentlicht zu sehen; im Gegenteil, er selbst wurde aus der Kommunistischen Partei ausgeschlossen und 1949 eingesperrt. Er starb, kurz nachdem er nach Stalins Tod 1953 entlassen worden war. Zwei andere Korrespondenten, Wladimir Rudni und Georgi Bregman, nahmen sich des Falles an. Die Witwe Kalitajews, die Schauspielerin Vera Tutschewa, wurde schließlich offiziell davon informiert, daß die Anklage unbegründet gewesen sei. Dies geschah allerdings zwanzig Jahre nach der Erschießung ihres Mannes.

Die Verluste bei der Evakuierung von Tallinn führten dazu, daß die Baltische Flotte von einer Atmosphäre des Argwohns und der Feindseligkeit umgeben war. Man suchte nach Sündenböcken. Admiral Pantelejew berichtete, daß ein hoher Offizier – wahrscheinlich der Polizeichef Beria – ihn gestellt habe und von ihm zu wissen verlangte: „Warum hat unsere Flotte nicht gekämpft? Warum sind die Faschisten zu kämpfen imstande und wir nicht?"

Pantelejew versuchte, die schwierige Situation bei Tallinn zu erklären.

Aber „der hohe Offizier" ließ sich darauf nicht ein: „Es ist nicht die Aufgabe des Stabes, sich mit derartigen Dingen zu beschäftigen. Er muß aktive Unternehmen ausarbeiten, kämpfen und angreifen." Pantelejew schloß daraus, daß der Stab der Flotte sehr nahe daran war, von diesem hohen Offizier für schuldig an der Tragödie, die sich ereignet hatte, befunden zu werden.

Sowjetischer Geleitzug vor Tallinn.

Leningrader, getötet durch deutsche Granaten auf dem Newski-Prospekt, im Hintergrund ein Granateinschlag.

VI. Leningrad in Gefahr

Nirgends in Rußland mochte man weniger an die Tragödie des Krieges glauben als in Leningrad, dieser großartigen Hauptstadt, die Peter der Große im 18. Jahrhundert am Finnischen Meerbusen erbaut hatte, um sein Land mit einem – wie man das nannte – „Fenster nach dem Westen" auszustatten.

Die Stadt war zu Ehren ihres großen Begründers St. Petersburg getauft worden. Stets war sie verschieden vom übrigen Rußland gewesen, kosmopolitischer, europäischer, eine Mischung nicht-slawischer Völker aus Deutschen, Schweden, Holländern, Franzosen und Italienern. Es zog Ausländer in die neue russische Hauptstadt, um dem Zaren zu dienen, um dort Geschäfte zu machen und Handel zu betreiben. „Piter", wie man die Stadt zärtlich nannte, war Rußlands künstlerisches und kulturelles Zentrum, die Stadt eines Puschkin, des größten Dichters Rußlands, des brillanten und düsteren Dostojewski, des Balletts, der Musik, aber auch der Revolutionäre und Aristokraten, des Zaren Nikolaus II. und schließlich des Wladimir Uljanow, besser bekannt als Lenin.

1941 war Leningrad nicht mehr die Hauptstadt Rußlands. Der Name der Stadt war zu Beginn des Ersten Weltkrieges in Petrograd geändert worden, weil Zar Nikolaus meinte, daß „Petersburg" zu deutsch klinge. Dann hatte Lenin im Jahre 1918 die Hauptstadt nach Moskau verlegt, weil er fürchtete, die Deutschen könnten die Stadt besetzen. Als Lenin 1924 starb, gab man der nördlichen Hauptstadt an der Newa seinen Namen, dieser Stadt mit ihren kilometerlangen Boulevards, mit großen, düsteren Palästen, großartigen Ausblicken, der Peter-und-Pauls-Festung, der St.-Isaaks-Kathedrale, der Kasan-Kathedrale, dem Winterpalais und den großartigen Gebäuden der Eremitage. Der Kriegsausbruch am 22. Juni hatte Leningrad auf dem Höhepunkt seiner sommerlichen Festzeit getroffen. In diesen Junitagen ging die Sonne in Leningrad niemals unter. Es ist die Zeit der „weißen Nächte", wenn die Menschen in der Stadt die ganze Nacht aufbleiben, in der junge Männer und Frauen singend und händehaltend durch die Straßen ziehen. Damals schien der Gedanke an den Krieg völlig unglaublich, aber er war nur zu wahr. Leningrad, wie das übrige Rußland, war für einen Angriff der Deutschen schlecht vorbereitet. Andrej Schdanow, der mächtige Parteichef von Leningrad, befand sich nicht einmal in der Stadt, er machte am Schwarzen Meer Urlaub. Der Oberbefehlshaber des Militärdistrikts von Leningrad, Generalleutnant M. M. Popow, war ebenfalls nicht in der Stadt. Er befand sich auf einer Inspektionsreise durch seinen Verteidigungsbezirk, die ihn bis nach Murmansk am Polarkreis führte. Nach Leningrad kehrte er erst am Tag nach Kriegsbeginn zurück.

Natürlich hatte man in Leningrad den deutschen Angriff ebensowenig erwartet wie im Kreml. Noch besaß man dort, als der Angriff tatsächlich kam, realistisches Verständnis für das Geschehen. Erster Parteisekretär Schdanow (als er nach Leningrad zurückkam), General Popow und General Kiril Meretskow, der als Vertreter des Oberkommandos in Leningrad eintraf, waren zunächst der Ansicht, in Leningrad befinde sich alles in großartigem Zustand. Die Grenze gegenüber den Finnen im Norden war seit dem Winterkrieg 1939/40 sehr günstig vorverlegt worden, um Leningrad eine Sicherheitszone von etwa 150 Kilometer zu geben; außerdem hatten die Sowjets die Hangö-Halbinsel als Schutz ihrer Marinebasis in Kronstadt besetzt. Im Westen hatte die Einverleibung der baltischen Staaten die Grenze sogar mehr als 600 Kilometer nach Westen vorverlegt. Was sollte man sich da also Sorgen machen?

Allerdings waren die Zugänge nach Leningrad vom Südwesten her nicht allzu sicher. Es wurde daher angeordnet, die Arbeit an der befestigten Zone von Pskow

DIE SCHLACHT UM LENINGRAD

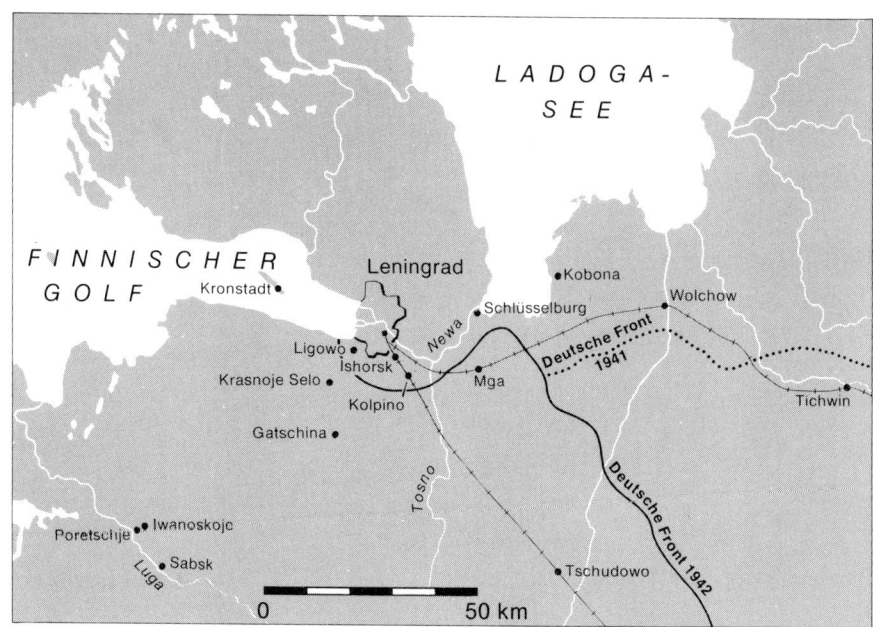

(Pleskau) – Ostrow entlang des Flusses Welikaja zu beschleunigen, ferner eine neue, zweite Verteidigungslinie entlang des Luga-Flusses zu beginnen, etwa 200 Kilometer südwestlich der Stadt. Ferner Verteidigungsanlagen rund um Wolchow, südöstlich der Stadt, zu errichten.

Natürlich strömten Freiwillige zu den Fahnen. Es waren am ersten Tag 100.000 und mehr als 200.000, bevor die Woche zu Ende ging. Mehr als die Rote Armee in Ruhe aufnehmen konnte. Aber die große Sorge der ersten Tage betraf nicht die Kämpfe zu Lande. Jedermann war ganz zuversichtlich, daß die Rote Armee die Deutschen Hunderte von Kilometern vor Leningrad aufhalten könne. Was dagegen jedermann fürchtete, waren die Luftangriffe. Die Bombardements in Westeuropa, von Madrid, von Rotterdam, von Coventry, hatten einen weiten Schatten der Angst geworfen. Leningrad fürchtete deutsche Bomben, und seine erste Sorge waren daher die Kinder. Die Behörden entschlossen sich, etwa 400.000 Kinder aus der Stadt zu evakuieren. In einer Woche brachte man dann in der Tat mehr als 212.000 Kinder nach auswärts, meist allerdings in die nahe liegende Umgebung, und dadurch wurden, wie sich später herausstellen sollte, viele davon direkt den vormarschierenden Deutschen entgegengeschickt. Aber an diese Gefahr dachte Anfang Juli niemand ernsthaft.

Eine Gefahr, der man sich eben in Moskau sogleich bewußt wurde, betraf die große Rüstungsindustrie in Leningrad. In Leningrad lebten drei Millionen Menschen, davon waren 780.000 Arbeiter, die in 520 Fabriken tätig waren. Dort war der Standort eines beträchtlichen Teils der modernen Maschinenbauindustrie und der Feinmechanikindustrie. Dazu kamen viele Rüstungsfabriken, wie etwa die großen „Kirow"-Stahlwerke, die den 60-Tonnen-KW-Panzer erzeugten, der allen deutschen Panzern überlegen war und von dessen Existenz die Deutschen nicht die geringste Ahnung hatten. Der Direktor der „Kirow"-Fabrik flog schon am zweiten Kriegstag in den Ural, um die Möglichkeit der Verlegung der KW-Produktion nach Tscheljabinsk zu prüfen. Er berichtete, daß es möglich war, empfahl aber, den Schritt noch aufzuschieben. Moskau entsprach seiner Empfehlung und ordnete an, daß der KW in Serienproduktion gehen solle. Im Juli wurde die KW-Produktion verdoppelt. Aber die Verzögerung in der Überführung der Fabriken in den Ural sollte die Sowjets noch teuer zu stehen kommen.

Eine große Anzahl Betriebe in Leningrad wurde rasch auf Kriegsproduktion umgestellt, und schon Anfang Juli waren fünf neue Fabriken soweit, Geschütze zu produzieren. Elf weitere erzeugten Mörser, einschließlich des berühmten Katjuscha-Raketenwerfers, und weitere zwölf stellten Panzer und gepanzerte Fahrzeuge her. Die

Leningrader Destillerien stellten die Produktion von Wodka ein und begannen, Molotow-Cocktails herzustellen: Flaschen, gefüllt mit Alkohol oder Benzin, die man dann als Brandbomben auf deutsche Panzer werfen wollte.

Sehr rasch begriff man in Leningrad, daß erwartet wurde, die Stadt werde ihren militärischen Bedarf selbst decken. Oberst B. W. Bitschewski vom Pionierdienst entdeckte, daß es zuwenig Minen und Sprengstoff gab. Er verlangte von Moskau neuen Nachschub. Moskau erklärte: „Es gibt wichtigere Fronten. Nützen Sie Ihre örtlichen Möglichkeiten." Die Aufgabe wurde nun Michael Basow vom Industriedepartment des Leningrader Stadtparteikomitees übertragen. Er bekam von den „Aurora"-Werken 40.000 Minen und 60.000 vom holzverarbeitenden Trust und fand außerdem auch noch eine Menge Sprengstoff bei den Bautenabteilungen der Stadt. Zivile Bauten wurden eingestellt, einschließlich der Arbeiten an einer Untergrundbahn, und die Arbeiter wurden zum Bau von Befestigungen eingesetzt.

Ein Gutes hatte die Entscheidung, die KW-Produktion nicht nach Tscheljabinsk zu transferieren: Der aus 31 Lastwaggons bestehende Zug, der mit Maschinengewehren und Panzerwagen geschützt war und den Transport der Panzerproduktion hätte bewerkstelligen sollen, wurde nun dem Eremitage-Museum zugeteilt, und so gelang es, 50.000 Kunstobjekte, darunter Rembrandts „Heilige Familie" und „Rückkehr des verlorenen Sohnes", ferner Gemälde von Tizian, Giorgione, Rubens, van Dyck, Murillo, da Vincis „Madonna Litta" und „Madonna Benois" sowie Raffaels „Madonna Alta", ferner Sammlungen griechischer Marmorstatuen und einen skythischen Goldschatz wegzuschaffen. Die Kunstschätze wurden in den Ural gebracht und dort für die Dauer des Krieges gesichert untergebracht. Später kam noch eine zweite Zugsladung dazu, aber eine dritte kam niemals zustande.

Doch wurde immerhin ein großer Teil der Schwerindustrie aus Leningrad fortgeschafft. So etwa am 1. August die Newski-Maschinenbaufabrik, dann ein Teil der Kirow- und Ishorsk-Werke etwa zur selben Zeit. Bis zum 27. August hatte man nahezu 60.000 Frachtwaggons mit Maschinen weggeschickt, und bis zum 1. September waren 92 große Fabriken evakuiert worden, wenn auch manche von ihnen nur teilweise.

Das war ein Teil der außerordentlichen Anstrengung, die während des Sommers 1941 immer mehr an Tempo gewonnen hatte, um lebenswichtige Fabriken und Institutionen vor den Deutschen zu retten. Diese Aufgabe war erst spät und etwas ungewiß in Angriff genommen worden, aber sie wurde durch die Energie und die Tatkraft von Alexej Kossygin beschleunigt, der im Juli als Koordinator dieser Verlagerung eingesetzt wurde. Große Fabriken wie Sery und Molot, Elektrostahl und die erste staatliche Kugellagerfabrik wurden aus Moskau nach Magnitogorsk und Nischi-Tagil im Ural gebracht. Die Moskauer Staats-Autofabrik wurde nach Uljanowsk an der Wolga und zwei andere Städte im Ural verlagert. Die Evakuierung von Weißrußland kam erst zuspät in Gang, und so mußte der Großteil der Industrie von Minsk zurückgelassen werden. Einige Installationen, wie die großen Dnjepropetrowsk-Wasserkraftwerke, konnten nicht verlegt werden. Der Damm des Kraftwerkes wurde gesprengt, um den Deutschen die Benützung unmöglich zu machen. Nicht weniger als 2593 einzelne Fabriken, manche groß, manche klein, wurden 1941 nach dem Osten verlegt. So schwierig diese Aufgabe auch sein mochte, so hielt doch die Produktion aus diesen verlagerten Stahlwerken, Maschinen- und Waffenfabriken in ihren neuen Aufstellungsorten tief im fernen Ural und in den sibirischen Industriestädten die Rote Armee kampffähig.

Nicht alle Entscheidungen der ersten Zeit erwiesen sich als weise. Die Traktorenfabrik von Charkow wurde nach Stalingrad verlegt und ist dann dort ein Jahr später zusammen mit der dortigen Traktorenfabrik selbst in eine der größten Schlachten dieses Krieges hineingeraten.

Als die Deutschen in den baltischen Staaten vordrangen, waren ganze Eisenbahnzüge mit Lebensmitteln und Treibstoff auf den sowjetischen Bahnen zu Ausladesta-

Ein Fabriksarbeiter im Begriffe, eine Brandbombe zu löschen.

tionen unterwegs, die entweder schon oder sehr bald in den Händen der Deutschen waren.

Anastas Mikojan, der verantwortlich für die Versorgung mit Lebensmitteln und Treibstoff war, versuchte, die Züge nach Leningrad umzudirigieren, der einzigen Großstadt, wo es Möglichkeiten gab, um Überschußgüter zu speichern. Aber Schdanow, der Parteichef von Leningrad, protestierte bei Stalin heftig dagegen. Leningrad habe selbst genug zu tun, ohne daß man es noch damit belasten solle, irgendwelche Lagermöglichkeiten für überflüssige Lebensmittel, die es nicht brauche, bereitzustellen. So wurden die Eisenbahnzüge anderwärts hindirigiert. Schdanow sollte seine hastige Entscheidung noch auf das bitterste bedauern.

Ein anderes Problem in Leningrad bereitete später noch der Stadt ernsten Kummer. Es gab ein Programm, um Erwachsene, die für den Kriegseinsatz wichtig waren, zu evakuieren. Aber die Leningrader wollten nicht fortgehen. Sie sahen auch keine Notwendigkeit dafür, sie wollten bleiben und für ihre Stadt kämpfen. Bis zum 11. August hatte man etwa 467.000 Menschen aus der Stadt geschickt, und es wurde entschieden, noch weitere 400.000 zu evakuieren. Die Zahl wurde ein paar Tage später noch auf 700.000 erhöht, aber ebensoschnell, wie man im Juli und August die Leute aus der Stadt hinausgeschickt hatte, so rasch kamen wieder Flüchtlinge aus den baltischen Staaten, die vor dem deutschen Ansturm flohen.

Der Sommer war schon weit fortgeschritten, bevor irgend jemand an Lebensmittelvorräte zu denken begann. In den letzten zwei oder drei Jahren hatte es in Leningrad, ebenso wie im übrigen Rußland, Lebensmittel in Hülle und Fülle gegeben. Bei Kriegsausbruch war zwar ein Sturm auf Lebensmittelgeschäfte ausgebrochen, aber nach ein paar Tagen war alles wieder zum Normalen zurückgekehrt. Während des ersten Kriegsmonats gab es keine Rationierung. Dann, am 18. Juli, wurde in der gesamten Sowjetunion die Lebensmittelrationierung eingeführt: 800 Gramm Brot pro Tag und Kopf, 2200 Gramm Fleisch pro Monat für Werktätige und 750 Gramm für Kinder und Unbeschäftigte. Die Zuteilungen an Getreide, Nahrungsmitteln, Fett und Zucker waren für den Normalverbrauch ausreichend. Das russische Grundernährungsmittel ist Brot, und die am 18. Juli zugestandenen Mengen entsprachen dem normalen Verbrauch. Es gab also keinen Grund zur Sorge. Als Leningrad seine Kinder evakuierte, schickte man ausreichend Lebensmittel, vor allem Fleisch, Butter und Käse, mit, damit es ihnen an nichts fehlen sollte. In den sogenannten kommerziellen Geschäften konnte man für hohe Preise alles, was man wollte, kaufen, auch ohne Lebensmittelmarken. In Restaurants wurde ohne Markenabgabe serviert. Die Lage in Leningrad im Juli war in keiner Weise mit der sehr knappen Rationierung und den Entbehrungen zu vergleichen, die England während des Frühjahrs 1940 zu erleiden hatte. Die Leningrader verspürten weder Angst, noch merkten sie, wie nahe der Feind ihrer Stadt schon war.

Die Deutschen kamen näher und näher. Die Heeresgruppe des Generalfeldmarschalls von Leeb umfaßte 21 bis 23 Divisionen, die Spitze bildete die 4. Panzerarmee unter General Hoth, insgesamt etwa 340.000 Mann. Leeb verfügte über 326 Panzer und 6000 Geschütze, die ihm am 10. Juli eine Überlegenheit gegenüber den sowjetischen Verteidigungskräften von 2 : 4 bei der Infanterie, von 4 : 1 bei der Artillerie, von 1,2 : 1 bei den Panzern gab. Er verfügte über etwa 1000 Flugzeuge, die russischen Verteidiger nur etwa über 100.

Die deutsche Stahlfaust pulverisierte jede Verteidigungsstellung, die die Rote Armee errichtete. Nun näherte sich von Leeb schon der in Eile errichteten Lugalinie, die nur halb fertig und auch nur halb bemannt war. Marschall Woroschilow, einer der erfahrensten Offiziere der Sowjets, ein Veteran des Bürgerkriegs und ein alter Kampfgenosse Stalins, war mit dem Oberbefehl über die Nordwestfront, die Leningrad schützen sollte, beauftragt. Sein Problem war dasselbe, dem sich alle sowjetischen Befehlshaber seit dem 22. Juni gegenübergesehen hatten: Wie sollte es ihm gelingen, das Vordringen der Deutschen zu verlangsamen. Man hatte große Hoffnun-

Leningrader bauen Panzergräben außerhalb der Stadt, Juli 1941.

gen auf die Luga-Befestigungslinie gesetzt. Oberst Bitschewski, der Pionierspezialist, arbeitete 24 Stunden am Tag, um die improvisierten Befestigungen zu verstärken. Er ließ gewaltige Landminen unter den Gebäuden von Strugni Krasnie, Gorodischtsche und Nikolajewo anbringen, da er annahm, daß die Deutschen diese Gebäude besetzen würden. Am 13. Juli zündete er sie von Gatschina aus elektronisch, wodurch er den Deutschen schwerste Verluste zufügte. An diesem Abend wurde nach einer erregten Konferenz im Smolni-Institut – einst eine Internatsschule für junge adelige Damen und nun Hauptquartier der Kommunistischen Partei – angeordnet, daß vier Guerillabataillone hinter die Front der Deutschen einsickern sollten, um deren Vorrücken zu sabotieren. Die Konferenz fand in einer Atmosphäre der Verzweiflung statt. Ein paar Stunden später erhielt Titschewski einen aufgeregten Anruf: Die 41. Panzerdivision der Deutschen hatte die Luga-Linie bei Poretschje durchbrochen und innerhalb des sowjetischen Verteidigungssystems bei Iwanowskoje einen Brückenkopf gebildet. Ein ähnlicher Versuch bei Sabsk war mit Mühe und Not gerade noch abgewiesen worden.

Die Deutschen wurden bei Iwanowskoje von Freiwilligen aus Leningrad aufgehalten, die aus ihren Frachtwaggons direkt in den Kampf stürmten. Gelang es den Deutschen, hier durchzubrechen, dann lag vor ihnen eine offene, wohlasphaltierte Landstraße, die geradewegs bis nach Leningrad führte, ohne daß dazwischen irgendeine einzige organisierte Einheit oder eine Verteidigungsstellung bestanden hätte, um sie aufzuhalten, bevor sie das Winterpalais erreichten.

Bitschewski unterstellte sich eine Kompanie Pioniere, nahm 1000 Minen mit und schlug eine Umgehungsroute ein, um den deutschen Bombern zu entgehen. Bei Iwanowskoje fand er Marschall Woroschilow und General Popow auf einem Hügel, die beobachteten, wie die Freiwilligen von einem erfolglosen Gegenangriff zurückströmten. Die Sowjetartillerie beschoß das Zentrum des Ortes und setzte die Bauernhäuser in Brand. Deutsche Panzer waren zu sehen, die am Ortseingang manövrierten. Granaten explodierten, Splitter pfiffen durch die Luft. Woroschilow stand dort wie ein Standbild. Während Bitschewski zusah, sprang General Popow in einen Panzer und raste auf das Dorf zu. „Was zum Teufel", brüllte Woroschilow, und versuchte vergeblich, den General aufzuhalten. Aber bald wurde dessen Panzer von einer Granate getroffen, Popow blieb jedoch unverletzt, kletterte heraus und kehrte wieder zu Woroschilow zurück.

Nachdem Woroschilow und Popow angeordnet hatten, daß die Deutschen über die Luga zurückzudrängen seien – ein Befehl, dessen Ausführung den Freiwilligen nicht möglich war –, fuhren sie weiter. Bei Sredneje, ein paar Kilometer entfernt, traf Woroschilow Soldaten der Roten Armee, die in Unordnung zurückwichen. Er sprang aus seinem Wagen, brachte mit der Pistole in der Hand die Leute zum Stehen und führte sie zu einem Angriff, mit dem es gelang, die Deutschen aufzuhalten. Persönliche Tapferkeit war aber keine Antwort auf die deutschen Panzer. Die deutschen Kräfte konnten über die Luga einfach nicht mehr zurückgedrängt werden. In dieser Nacht bestimmte Moskau, für jede Division, die Leningrad verteidigte, drei bis fünf Panzer freizugeben. Schdanow und Woroschilow erließen eine feierliche Proklamation:

„Der Stadt Lenins, der Wiege der proletarischen Revolution, droht die furchtbare Gefahr des eindringenden Feindes."

Ein sowjetischer Gegenangriff trieb die Vorhut der Deutschen im Nordosten von Nowgorod um etwa 50 Kilometer zurück. Für den Augenblick war damit die unmittelbare Gefahr für Leningrad etwas verringert. Von Manstein – der Befehlshaber des LVI. Panzerkorps – schrieb in sein Tagebuch: „Die Position der Korps in diesem Augenblick ist keineswegs sehr beneidenswert. Die letzten paar Tage waren kritisch, und der Feind hat mit aller Kraft versucht, den Einschließungsring zu durchbrechen."

Aber die Verschnaufpause der Sowjets war nur kurz. Anfang August ging von Leeb wieder zum Angriff über. Er verfügte über 29 Divisionen, die zu 80 bis 90 Prozent ihrer Sollstärke besaßen. Ihm gegenüber standen die Russen mit 15 schwachen Divisionen. Der Generalstabschef Halder schrieb am 3. August in sein Tagebuch:

„Die Armeegruppe Nord sollte sich keinen unüberwindlichen Schwierigkeiten gegenübersehen."

Von Leeb stieß am 7. und 8. August weiter vor. Die Überreste der Luga-Linie brachen sofort zusammen. Wsewolod Kotschetow, ein sowjetischer Kriegskorrespondent, kam in dieser Nacht in der Nähe von Opolje an die Front. Er nächtigte auf einem Friedhof inmitten von Grabsteinen. Es war eine schöne, warme Nacht, aber er wurde durch ein Ereignis geweckt, das ihm wie der Ausbruch eines Vulkans erschien. Die Erde schien sich aufzubäumen, blendende Helligkeit erfüllte den Himmel. Schließlich begriff er: es war das Feuer deutscher Eisenbahnartillerie. Kotschetow suchte das Hauptquartier und fand die Straßen verstopft: Bauern, die Kühe und Schweine vor sich hertrieben, Karren, mit Haushaltsgegenständen beladen, und dazwischen Lastwagen mit Soldaten, erschöpft und schmutzbedeckt, zu Fuß, ohne Gewehre, mit Verbänden über dem Kopf und den Augen, manche von Kameraden gestützt; Soldaten, hoffnungslos, mit gesenkten Häuptern und abgewandtem Gesicht dahinstolpernd. Kotschetow hatte niemals etwas so Erschreckendes gesehen.

In einem Tagesbefehl von Leebs hieß es: „Soldaten, ihr seht vor euch nicht nur die Überreste der bolschewistischen Armee, sondern auch die letzten Einwohner von Leningrad. Die Stadt ist verlassen, ein letzter Stoß, und die Armeegruppe Nord wird den Sieg erringen.

An dieser Behauptung von Leebs war einiges wahr. Es gab keine sowjetischen Reserven mehr. Die Einheiten an der Front waren ausgeblutet und geschwächt; viele besaßen nur noch Bruchteile ihrer Sollstärke. Der Stabschef Nikischew berichtete am 13. August nach Moskau: „Selbst der kleinste Durchbruch kann nur mehr durch eiligste Improvisation der einen oder der anderen Einheit aufgehalten werden."

Die Leningrader Führung war sehr großzügig mit dem Einsatz von Menschen gewesen. In der dritten Juliwoche hatte Schdanow 100.000 Mann zur Arbeit an den Luga-Befestigungen geschickt. Weitere 87.000 sollten die befestigte Zone von Gatschina in den Leningrader Vororten verstärken. Weitere 500.000 Menschen, auch Frauen und Kinder zwischen 14 und 15 Jahren, wurden mobilisiert, um Gräben auszuheben. Die Kuratoren des Eremitagemuseums schaufelten ebenso wie die Schauspieler der Leningrader Theater. Sieben Divisionen wurden aus Freiwilligen gebildet, jede etwa 15.000 Mann stark. Rund 90.000 Angehörige der Komsomolzen-Organisation, KP-Jugend sowie Parteimitglieder gingen im Sommer 1941 vor Leningrad an die Front. Aber es gab nicht genug Waffen, um alle damit auszurüsten. Manche hatten Gewehre, die zuletzt im Krieg von 1914 gegen die Armeen Österreich-Ungarns und Deutschlands abgefeuert worden waren, aber manche hatten überhaupt keine Gewehre.

Mitte August wurde eine massive Umstrukturierung der Streitkräfte angeordnet. Tausende sowjetische Soldaten wurden von der verhältnismäßig ruhigen Front gegen Finnland – nördlich von Leningrad – abgezogen und an die gefährdeten Zugänge der Stadt im Westen und Südwesten gestellt. Es war das eine schlecht geplante und außerdem auch zu spät angeordnete Umgruppierung. Eine Woche hindurch war buchstäblich jede Einheit, die Leningrad zu verteidigen hatte, irgendwie unterwegs.

Es gab nur noch wenige Menschen in Leningrad, die nicht begriffen hätten, wie groß die Gefahr war. Am Sonntag, dem 24. Juli, wurde in einer Versammlung des Leningrader Parteiaktivs den Parteimitgliedern klargemacht, wie die Dinge standen. Auf Schdanows Aufforderung hin schworen alle einen Eid, „zu sterben, bevor sie die Stadt Lenins übergeben würden". Danach wurde die Internationale gesungen.

Trotz der Entschlossenheit Schdanows und trotz dieses Masseneides, trotz der verzweifelten Arbeit Hunderttausender Zivilisten und der Tapferkeit der Freiwilligen stießen die Deutschen weiter vor. Am 16. August rief Schdanow wieder die Spitzen der Partei in das Smolni-Institut zu einer offenen Aussprache.

A. K. Koslowski, ein Parteiaktivist, notierte seine Eindrücke:

„Heute nahm ich an der Sitzung des engeren Aktivs teil. Bericht von Marschall Woroschilow. Dann sprach Genosse Schdanow. Er erklärte in der aktivsten und direktesten Art die Situation an der Leningrader Front...

Die Rote Armee wird den Feind nicht in die Stadt eindringen lassen. Heute beginnen wir auf der Basis der Fabriken neue Arbeitereinheiten zu bilden. Die Stadt wird von einem Kranz von Befestigungen umgeben sein."

Hitler hatte von Leeb weitere Panzer zugeteilt. Er war sicher, daß der Fall Leningrads unmittelbar bevorstand. Der deutsche Rundfunk berichtete, die Marinebasis von Kronstadt stehe in Flammen. Es gab bereits deutsche Erlaubnisscheine für Kraftfahrzeuge, die in die Stadt fahren sollten, und man hatte auch schon Einladungen für ein Siegesbankett im Winterpalais gedruckt. Flugblätter warnten die Leningrader: „Ihr werdet in den Trümmern von Leningrad zugrundegehen... Wir werden Leningrad und Kronstadt völlig zerstören."

Der Berliner Sender meldete: „Nur Stunden trennen uns vom Fall Leningrads."

Vier Tage später proklamierte Schdanow nach einer Aktivversammlung im Smolni-Institut: „Der Feind steht vor den Toren. Es geht um Leben oder Tod." Leningrad, so prophezeite Schdanow, werde das Grab der Deutschen werden. Die Stadt verwandelte sich mehr und mehr in eine Festung. Frauen und Männer gruben 720 Kilometer lange Panzergräben. Sie hoben 28.000 km Schützengräben aus, bauten 15.000 Stahlbetonbunker und 35 Kilometer an Barrikaden. Leningrad bereitete sich für den Kampf gegen die Deutschen Straße um Straße, Häuserblock um Häuserblock, Gebäude um Gebäude vor, so wie es Madrid im Bürgerkrieg getan hatte. Eine Ausgangssperre wurde verhängt. Die Sicherheitsmaßnahmen wurden verschärft. Luftangriffe begannen.

Rotarmisten vor den großen „Kirow"-Stahlwerken in Leningrad.

Hinter der Szene gab es Streitigkeiten, Verwirrung und vielleicht sogar eine Verschwörung. Im Verlauf des August oder vielleicht sogar noch vorher geriet die Führung der Leningrader Verteidigung bei Stalin in Verdacht. In einem Telefongespräch mit Marschall Woroschilow und Parteichef Schdanow wurde Stalin querulantisch und bösartig. Er verfolgte mit ungewöhnlicher Sorgfalt die Einzelheiten der Verteidigungsmaßnahmen, änderte oder erhob häufig Einspruch gegen die Vorschläge der Leningrader Führung. Am 21. August bekam er einen Wutanfall – es war der Tag, an dem in den Straßen von Leningrad Plakate mit der Aufschrift: „Der Feind steht vor den Toren" angeschlagen wurden. Er lehnte ein neues Verteidigungskommando ab, das Schdanow und Woroschilow, ohne ihn zu fragen, für die Stadt eingesetzt hatten. Vielleicht glaubte er, daß die beiden die Verantwortung für den Fall Leningrads von sich abschieben wollten. Vielleicht fürchtete er auch eine Verschwörung, die die Stadt übergeben wollte. Möglicherweise hatten auch Mitarbeiter Stalins, angesichts des Vordringens der Deutschen, Kritik an Schdanow und Woroschilow geäußert. Auf jeden Fall warf Stalin den Führern in Leningrad vor, in Panik verfallen zu sein. Er nannte Schdanow und Woroschilow „Spezialisten im Rückzug". Er änderte und lehnte deren Dispositionen über die Truppen ab und erteilte ihnen eine formelle Rüge.

Aber Stalin ließ es dabei nicht bewenden. Sein Denken war erfüllt von Argwohn und Sorge. Er schickte eine mit allen Vollmachten ausgestattete Untersuchungskommission nach Leningrad, den Außenminister Molotow, Parteisekretär Georgi Malenkow (ein geschworener Feind Schdanows), Marinekommissar Admiral Kusnetsow, Luftmarschall P. W. Schigarew, Artilleriemarschall Woronow und Alexej Kossygin, den Chef der Evakuierungsplanung.

Diese Gruppe flog nach Tscherepowets (die Hauptbahnverbindung mit Leningrad war schon unterbrochen) und fuhr von dort mit dem Zug nach Norden über Wolchow in die kleine Station Mga, etwa 40 Kilometer südöstlich von Leningrad. Es war die Nacht zum 28. August. Ein Luftangriff war gerade im Gange. Die hohen Funktionäre verließen den Zug und gingen dann die Eisenbahnstrecke entlang bis zu einem Punkt, wo sie einen Stadtbahnzug bestiegen. Etwas später kamen ihnen dann Limousinen entgegen, die Schdanow gesandt hatte.

Mga war kein Name, den einer von ihnen vorher gehört hatte, aber er sollte lange im Gedächtnis des Volkes von Leningrad lebendig bleiben. Zwei Tage später, am 30. August, eroberte eine deutsche Einheit Mga und schnitt damit auch die letzte Bahnverbindung zwischen Leningrad und dem übrigen Rußland ab. Von da an durch nahezu 900 Tage mußte Leningrad mit der Blockade leben.

53

Leningrader in der Stadtmitte nach einem schweren Bombardement durch die deutsche Luftwaffe.

VII. Der Kreis schließt sich

Die Schlacht um Mga war eines jener zufälligen Ereignisse des Krieges, deren Konsequenzen sich nicht voraussehen ließen. Niemand, weder Deutsche noch Russen, hatte die Absicht, bei Mga eine Schlacht zu schlagen. Es war eine unbekannte Eisenbahnstation, ein kleiner Güterumschlagplatz südöstlich von Leningrad. Es lag nicht an der Hauptverbindungslinie Moskau–Leningrad, sondern an einer nördlichen Seitenstrecke, die eine Verbindung mit Moskau erst bei Wologda – 500 Kilometer östlich von Leningrad – herstellte. Mga war von Bedeutung geworden, nachdem die 20. deutsche Panzerdivision die Luga-Linie durchbrochen, Chudowo erobert und auf diese Weise die Hauptverbindungslinie Moskau–Leningrad durchschnitten hatte. Eine Linie, die man, im Gedenken an die Revolution von 1917, die Oktoberlinie nannte. Die Deutschen drängten nun weiter nach Nordosten, entlang des Tosna-Flusses, in Richtung auf den Ladoga-See.

Eigentlich wollte die 20. Panzerdivision nach Norden auf Leningrad vorstoßen, aber eine Abteilung von Arbeitern aus Ishorsk hatte sie südlich der Stadt abgelenkt, und so war die Panzerdivision der Linie des geringsten Widerstandes folgend nach Mga vorgestoßen. Vor den Panzern her floh die zerschlagene sowjetische 48. Armee, jetzt kaum mehr in Divisionsstärke, nach dem Osten. Sie hatte alle Kampfkraft verloren. Die Deutschen stießen am 30. August durch Mga, ohne nennenswerte Gegenwehr, und erreichten das Ufer der Newa. Die erste Nachricht von dem Durchbruch erhielt das Leningrader Oberkommando durch ein junges Mädchen, das die deutschen Panzer gesehen hatte. Der Marinekommissar Admiral Kusnetsow saß zufällig allein im Büro des Admiral Isakow im Hauptquartier des Smolni-Instituts, als dort das Telefon läutete. Er nahm den Hörer ab: Ein Mädchen auf der anderen Seite der Leitung behauptete aufgeregt, daß die Deutschen das Ufer der Newa erreicht hätten. Kusnetsow meldete dies dem Oberbefehlshaber von Leningrad, General Popow, aber der hatte nichts dergleichen gehört, hielt das Mädchen für hysterisch und ließ es dabei bewenden.

Durch ein paar Tage versuchte das Leningrader Oberkommando den Verlust von Mga zu verschweigen, während Sowjettruppen verzweifelt versuchten, den Ort zurückzuerobern. Aber die Angriffe schlugen fehl, und die Deutschen blieben bis zum Jahre 1943 an der Newa. Stalins Mißtrauen gegenüber den Befehlshabern in Leningrad wurde noch dadurch gesteigert, daß sie den Verlust von Mga nicht meldeten. Seine mit allen Vollmachten ausgerüstete Kommission, geführt von Molotow und Malenkow, prüfte unterdessen in der Stadt alle Pläne für die Verteidigung, stimmte Maßnahmen zur Evakuierung einer Million Leningrader zu, sorgte – oder so dachten sie zumindest – für die Evakuierung wissenschaftlicher Institutionen und Rüstungsindustrien, kontrollierten die Anlage von Straßenbefestigungen und die Maßnahmen zur Verteidigung des Stadtkerns, wechselten Kommandeure aus und änderten Kompetenzen.

Nur widerstrebend gab Stalin eine Viertagesproduktion der Leningrader Panzererzeugung für die Verteidigung der Stadt frei, und zwar sowohl 60-Tonnen-KW als auch die bekannten T 34, und befahl, daß zehn Schützenbataillone, etwa 10.000 Mann, die angeschlagenen Verteidigungskräfte verstärken sollten.

Es wurden auch noch andere Maßnahmen gesetzt. Eine neue 54. Armee war unter dem Befehl von Marschall G. Kulik im Raum Wochow östlich von Leningrad aufgestellt worden. Aufgabe Kuliks war es, die Eisenbahn Leningrad–Wologda zu schützen (einschließlich Mga), ferner den deutschen Druck auf Leningrad zu verringern und eine Einschließung der Stadt zu verhindern. Eine schlechtere Wahl für die Rolle des Retters von Leningrad als Kulik läßt sich kaum vorstellen. Kulik war ein Polizeigeneral, der aus der Geheimpolizei kam und von Stalin für fragwürdige Aufgaben verwendet wurde. Wenn er an irgendeiner Front erschien, so bedeutete dies stets Unheil für die Befehlshaber der Roten Armee. Immer witterte er irgendwo Verrat und berichtete dementsprechend auch prompt an den Kreml. Ein Befehlshaber nach dem anderen wurde abgesetzt und häufig auf seinen Befehl erschossen. Als militärischer Führer erwies er sich als vollkommen unfähig. Noch nach 30 Jahren beginnen Offiziere der Roten Armee bei der Nennung seines Namens zu fluchen.

Das war aber der Mann, dem Stalin die Aufgabe anvertraute, die gefährdete Stadt zu retten. Die Ergebnisse waren dementsprechend. Viele sowjetische Militärschriftsteller machen Kulik direkt für den Verlust von Mga verantwortlich und besonders dafür, daß es der Roten Armee nicht gelang, die Eisenbahnlinie wieder zu erobern. Daher wurde Leningrad eingeschlossen. Kulik war demnach auch für all die Schrecken, die darauf folgten, verantwortlich. Anastas Mikojan hat jedenfalls 1977 in einem Buch Kulik die volle Verantwortung für diese Katastrophe zugeschrieben. Kulik hatte den Auftrag erhalten, der Leningrader Front eine oder zwei Divisionen zur Verfügung zu stellen, um die Eisenbahn zu schützen. Aber er hatte nichts dergleichen getan. Dies war jedoch nur eine der vielen Katastrophen, die auf Kulik zurückzuführen waren. Schließlich wurde es – wie Nikita Chruschtschow erzählt – sogar Stalin zuviel. Kulik wurde abgesetzt und erschossen.

Aber wie immer sich auch Kuliks Zukunft gestalten mochte, in der Tragödie Leningrads spielte er jedenfalls eine bedeutende Rolle. Freilich sind immer noch, nach 35 Jahren, Ereignisse, die die Einschließung Leningrads herbeiführten, einigermaßen rätselhaft.

Bis heute ist nicht ganz klar, welchen Auftrag jene Kommission hatte, die Stalin Ende August nach Leningrad geschickt hatte. Hoffte Stalin, Leningrad zu retten? Oder bereitete er sich darauf vor, aus dem Verlust das Bestmögliche zu machen und jenen die Schuld daran zu geben, die die Verteidigung der Stadt leiteten? Georgi Malenkow, der Parteisekretär, war ein entschiedener politischer Gegner von Andrej Schdanow, dem Leningrader Parteichef. Versuchte Malenkow die Stadt zu retten, oder wollte er nur den Sturz seines Rivalen vorbereiten? Versuchte er nur alles aus Leningrad herauszuholen, was vor dem tödlichen letzten Akt noch gerettet werden konnte?

Es ist schwierig, Beweise für diese Dinge zu finden. Noch viele Jahre nach dem Ende des Zweiten Weltkrieges wurde der Mission Molotows und Malenkows nach Leningrad ein prominenter Platz in der Sowjetgeschichte und auch in den Biographien der beiden Männer, besonders jener Malenkows, eingeräumt. Zur Zeit, als die meisten dieser Lobpreisungen veröffentlicht wurden, war Schdanow schon tot: Er starb im Jahre 1948 an einer Herzattacke. Die meisten seiner Mitarbeiter waren im Zuge der sogenannten „Leningrader Affäre" verhaftet und erschossen worden. So ist niemand da, der die Sache der Verteidiger von Leningrad vertreten könnte. Wenn überhaupt, so ist nur sehr wenig Material aus den Archiven veröffentlicht worden. Die heutigen Sowjetberichte allerdings erwähnen weder Molotow noch Malenkow, die ja schon zu Chruschtschows Zeiten zu „Unpersonen" geworden waren.

Es gibt aber ein paar Hinweise auf das, was wirklich geschah. Es scheint die Hauptbeschäftigung der Kommission gewesen zu sein, Material aus Leningrad herauszubekommen, statt Verstärkung dorthin zu führen. Damit, daß die Einschließung Tatsache wurde, noch bevor die Kommission Leningrad verließ, hatte niemand gerechnet. Leute wie Kossygin waren Spezialisten in der Evakuierung. Marschall Woronow, der Artilleriespezialist, hatte Vorbereitungen für den Abtransport schwerer Geschütze und Munition aus Leningrad getroffen, um anderen hart bedrängten Frontabschnitten, besonders jenem von Moskau, zu helfen.

Es gibt jedoch einen erstaunlichen Hinweis auf die Absichten Stalins. Admiral Kusnetsow, der später als seine Kollegen Leningrad verließ, kam nach einem sehr ge-

Fünf Sowjetführer. Von links: Molotow, Stalin, Woroschilow, Malenkow und Beria.

fährlichen Flug in niedriger Höhe über den Ladoga-See, um den deutschen Jägern zu entgehen, nach Moskau und erschien am 13. September zu Mittag im Kreml, einer für Stalin ungewöhnlichen Stunde. Normalerweise wurde man von Stalin in der Nacht empfangen. Kusnetsow bemerkte, daß Stalin außerordentlich nervös und unruhig war. Er stellte eine Fülle von Fragen, die sich alle auf die außerordentlich ernste Situation in Leningrad bezogen. „Es ist möglich, daß es aufgegeben werden muß", sagte Stalin. Er befahl Kusnetsow, die Ostseeflotte für die Selbstversenkung vorzubereiten. Nicht ein einziges Kriegsschiff durfte in die Hände der Deutschen fallen, ansonsten würden jene, die daran Schuld trugen, strengstens bestraft. Das heißt, man würde sie erschießen. Stalin befahl Kusnetsow, sofort entsprechende Anweisungen an die Flotte und auch an die Küsteninstallationen zu senden, um alles für die Zerstörung vorzubereiten. Zum Erstaunen Stalins weigerte sich Kusnetsow. Ein solcher Befehl, so sagte er, müsse von Stalin selbst unterzeichnet werden. Stalin wies nun Kusnetsow an, den Befehl gemeinsam mit Marschall Boris Schaposchnikow, dem Generalstabschef, zu unterschreiben. Kusnetsow und Schaposchnikow kamen aber überein, daß sie eine solche Weisung nicht unterschreiben würden. Statt dessen entwarfen sie einen entsprechenden Befehl und schickten ihn Stalin zur Unterschrift. Stalin zögerte kurze Zeit, erteilte aber schließlich doch selbst den Befehl. Ein Jahr später konnte sich Kusnetsow zu seiner Vorsicht gratulieren. Der Polizeichef Beria sandte nämlich einen Bericht an Stalin, in dem er Admiral Tributs wegen dessen Vorbereitungen zur Versenkung der Flotte der „Panik" anklagte. Kusnetsow erinnerte nun Stalin daran, daß es sein eigener Befehl gewesen sei, auf Grund dessen Tributs gehandelt hatte.

Diese und andere Umstände überzeugten Kusnetsow, daß Stalin darauf vorbereitet war, Leningrad aufzugeben. Nicht, weil der Sowjetführer die nördliche Hauptstadt aufgeben wollte, sondern weil er eine solche Entscheidung für unvermeidlich hielt.

Sollte Leningrad fallen, so hatte Stalin schon die entsprechenden Sündenböcke bereit: Woroschilow und Schdanow, möglicherweise auch noch Kusnetsow, Tributs und Schaposchnikow.

Es war gewiß eine Zeit unerträglicher Spannung. Die Tragödie von Kiew ging ihrem unvermeidlichen und schrecklichen Ende entgegen. Selbst wenn Stalin sich dessen in den ersten Septembertagen noch nicht klar war, so mußte er das doch binnen einer Woche erkannt haben. Die Deutschen waren im Begriff, zwei der alten Hauptstädte Rußlands einzunehmen, die Hauptstadt des alten Rus, Kiew, und die Hauptstadt Peters des Großen, Leningrad. Jeden Augenblick aber konnte Moskau selbst erneut bedroht werden. All dies erst zehn Wochen nach Kriegsbeginn.

Vielleicht ist der beste Maßstab für die wirklichen Gefühle Stalins eine Botschaft, die er am 4. September seinem alten Feind Winston Churchill geschickt hatte. Rußland, so sagte er darin, stehe einer „tödlichen Bedrohung" gegenüber.

Er bat Churchill, eine zweite Front in Frankreich oder am Balkan zu eröffnen, die imstande sei, 30 bis 40 Divisionen an sich zu ziehen. Er forderte bis zum 1. Oktober die Lieferung von 30.000 Tonnen Aluminium, 400 Flugzeugen und 500 Panzern.

„Ohne diese beiden Formen der Hilfe", so sagte er, „wird die Sowjetunion entweder eine Niederlage erleiden oder so geschwächt werden, daß sie lange Zeit die Fähigkeit, ihrerseits ihren Alliierten Hilfe zu leisten, verlieren wird.

Ich bin mir klar, daß diese Botschaft Eurer Exzellenz Kummer bereiten wird. Aber es geht nicht anders. Die Erfahrung hat mich gelehrt, den Tatsachen ins Auge zu blicken, so unangenehm sie auch sein mögen, und keine Angst davor zu haben, die Wahrheit zu sagen, so unwillkommen sie auch sein mag."

Die Botschaft wurde Churchill von Botschafter Iwan Maiski überreicht. Der britische Premier gelangte zu der Ansicht, in Stalins Zeilen und in der melodramatischen Art, wie Maiski die Botschaft überbrachte, seien Hinweise enthalten, wonach Stalin die Möglichkeit eines Separatfriedens erwäge.

Elf Tage später forderte Stalin auf das dringendste von Churchill, er möge 25 oder 30 Divisionen nach Archangelsk oder auf dem Weg über den Iran nach Südrußland entsenden. Ob nun Stalin oder Churchill sich der in dieser Forderung enthaltenen Ironie bewußt war, ist ungewiß. Jedenfalls war Archangelsk jener russische Hafen, in dem 1918 auf Drängen Churchills britische Streitkräfte gelandet wurden, um das junge bolschewistische Regime Wladimir Lenins zu stürzen.

Churchill antwortete auf die Bitten Stalins sehr taktvoll und versuchte ihm die Unmöglichkeit zu erklären, sogleich eine zweite Front zu errichten. Er versprach aber alles nur irgend mögliche an Hilfe, was Kriegsmaterial anlangte. Er versprach ferner, daß die Engländer, sollte Stalin gezwungen sein, Leningrad und die Baltische Flotte aufzugeben, zumindest teilweise die russischen Verluste an Kriegsschiffen ersetzen würden. Stalin antwortete darauf mit beißender Ironie, er werde – falls er seine Flotte verlieren sollte – die Rechnung dafür den Deutschen präsentieren.

Die Lage Leningrads verschlechterte sich. Am 6. September – die Mitglieder der Kommission befanden sich noch in der Stadt – wurde klar, daß die Einschließung Wirklichkeit geworden war. Bürgermeister Peter S. Popkow begriff, daß Leningrad in Kürze keine Nahrungsmittelvorräte mehr haben würde. Das Staatsverteidigungskomitee hatte am 27. August festgestellt, daß Leningrad noch für 17 Tage Mehl, für 29 Tage Hülsenfrüchte, für 16 Tage Fisch, für 25 Tage Fleisch und für 28 Tage Butter habe. Es wurde beschlossen, genügend Lebensmittel nach Leningrad zu transportieren, um einen Vorrat für 25 Tage zu sichern. Täglich wurden acht Züge mit Lebensmitteln in die Stadt entsandt; man begann damit am 31. August, dem Tag, an dem die letzte Eisenbahnverbindung Leningrads von den Deutschen abgeschnitten worden war. Irgendwie sollten nun die Vorräte – entweder mit Lastkähnen, mit Flußdampfern oder mit Flößen – über den Ladogasee in die Stadt gebracht werden.

Die Wirklichkeit brach nun über die Stadt herein. Am 2. September wurden die Rationen in Leningrad auf die Hälfte herabgesetzt. 450 Gramm Brot pro Tag für Arbeiter und 225 Gramm für Kinder und Nichtwerktätige. Alle Lebensmittel, einschließlich der Mahlzeiten in Gasthäusern und Werkskantinen, durften nur noch auf Lebensmittelmarken ausgegeben werden.

Am 6. September jedoch entdeckte Popkow, daß selbst mit den gekürzten Rationen die Stadt am Rande des Hungers stand. Es gab nur noch für 14 Tage Vorräte an Mehl, für 23 Tage an Hülsenfrüchten, für 19 Tage Fleisch, für 21 Tage Fett, aber Zucker und Süßwaren für etwa 48 Tage. Zu Ende des Monats würden die Leningrader, falls sie dann noch irgend etwas äßen, sich von Kuchen und Süßigkeiten ernähren.

Leningrad war bis dahin von deutschen Luftangriffen auffallend verschont geblieben. Nun aber begannen die Flugzeuge aufzutauchen. Am 4. September schlugen die ersten Granaten aus deutschen Ferngeschützen in die Stadt ein. Der 8. September war ein schöner Tag, es herrschte warmes Herbstwetter, der Abend versprach ebenso schön zu werden. Die Schriftstellerin Vera Inber ging an diesem Abend in das Operettentheater, um „Die Fledermaus" zu sehen. Es gab zwar einen Luftalarm, aber das Stück wurde trotzdem gespielt. Die Zuschauer konnten die Schüsse der Luftabwehrgeschütze hören. Als Vera Inber und ihre Freunde aus dem Theater kamen, sahen sie den Nachthimmel unheimlich gerötet: Es war der Reflex des Brandes, der die Badajew-Lebensmittel-Lagerhäuser im Südwesten der Stadt vernichtete. Eine Säule aus Flammen und Rauch stieg Tausende Meter empor. Als das Feuer vorüber war, waren Leningrads hauptsächlichste Lebensmittelvorräte vernichtet. Der scharfe Gestank des verbrannten Zuckers, die schweren Rauchwolken des brennenden Öls und des Getreides, der Geruch des verbrannten Fleisches durchzogen die Stadt.

Nach diesem Ereignis konnte niemand im Zweifel sein, welche Gefahr Leningrad drohte: wenn es nicht die Deutschen waren, dann der Hunger. Zwei Tage später traf ein Beamter aus dem Moskauer Ernährungsministerium in Leningrad ein, um zu sehen, was man tun könne, um eine Hungersnot zu verhindern.

Er hieß Dimitri W. Pawlow, und seine harten, realistischen und sogar brutalen Entscheidungen sollten Leben und Tod der Leningrader in den kommenden Monaten beherrschen.

Feuerwehr versucht nach Artilleriebeschuß, den Brand eines Leningrader Kraftwerks zu löschen.

Dies war der Augenblick, in dem Stalin handelte. Feldmarschall von Leeb wollte der Sache ein Ende machen. Seine Kommandeure konnten mit Feldstechern die Türme der Leningrader Admiralität sehen, den Dom von St. Isaak und den Turm der Peter-und-Paul-Kirche. Von Leeb befehligte 20 ausgezeichnete Divisionen. Er drang vom Südwesten her auf Leningrad vor und gelangte bis in die Vorstädte von Krasnoje Selo und Ligowo in Richtung auf die Kirow-Werke. Seine Truppen gingen entlang der Moskau-Leningrad-Hauptstraße jenseits von Iskorsk und Kolpino vor.

Um die Deutschen abzuwehren, hatte Woroschilow kaum etwas anderes als schon angeschlagene Einheiten. Die letzten Reserven waren ins Feuer geworfen worden. Er selbst war von Stalin wie noch nie zuvor gerügt worden. Er hatte versucht, den Verlust von Mga zu verheimlichen, und war dabei ertappt worden. Dasselbe passierte, als die Festung Schlüsselburg an der Einmündung der Newa in den Ladogasee fiel. Er versuchte, den Verlust geheimzuhalten, und hoffte, Schlüsselburg zurückzuerobern, aber es gelang ihm nicht, und Stalin fand natürlich alles heraus.

Schließlich ging der alte Kavallerist selbst bei Krasnoje Selo an die Front. Er hatte dort eine Abteilung Matrosen in ihren traditionellen langen schwarzen Mänteln im Unterholz in Deckung gehen lassen. Über ihnen war ein heftiger Luftkampf zwischen sowjetischen und deutschen Flugzeugen im Gang. Oberst Bitschewski kam gerade rechtzeitig, um mitzuerleben, wie sich Woroschilow an die Spitze der jungen Matrosen stellte und sie aufforderte, für ihr Land, für ihre Partei und für ihre Ehre als Matrosen zu kämpfen. Schließlich sagte Woroschilow einfach: „Gehen wir." Die jungen Soldaten liefen mit Hurra-Rufen direkt auf die deutschen Stellungen zu. Woroschilow marschierte entschlossen voran. Sie überquerten eine Straße und drängten die Deutschen aus der kleinen Ortschaft Koltselewo. Einen deutschen Gegenangriff wehrten die Matrosen ab. Sie griffen wieder und wieder an, aber die Deutschen waren zu stark. Schließlich mußten sich die Matrosen zurückziehen, und Krasnoje Selo war verloren.

Die Nachricht von Woroschilows Unternehmen verbreitete sich an der Front. War es ein Akt reinen Heldentums gewesen? Oder erwartete der alte Haudegen – und hoffte es vielleicht –, im Feuer der Deutschen zu sterben? Besser als in Ungnade zu fallen und womöglich hingerichtet zu werden, was so häufig das Schicksal von Befehlshabern war, deren Verhalten Stalin mißfiel?

Wann genau Stalin seine letzte Entscheidung bezüglich Leningrad traf, ist, wie so häufig bei kritischen Augenblicken der Sowjetgeschichte, unklar. Entweder am 8. oder am 9. September wurde Marschall Schukow aus Jesnja südlich von Smolensk, wo er die bis dahin erfolgreichste Gegenoffensive der Russen gegen die Deutschen geführt hatte, in den Kreml berufen.

Russische Flüchtlinge.

Schukow kam gegen Abend in Stalins Büro und fand ihn beim Abendessen mit den Politbüromitgliedern Molotow, Malenkow und Aleksander Schtscherbakow, Parteivorsitzender von Moskau. Stalin begrüßte Schukow auf das wärmste. Als der General das letztemal bei Stalin gewesen war, hatte dieser ihn buchstäblich hinausgeworfen, weil er erklärte, daß man Kiew räumen werde müssen.

Stalin sagte nun Schukow, er wolle ihn an eine andere Front schicken, und zwar soll er sich sogleich nach Leningrad aufmachen.

Schukow erinnerte sich, daß Stalin sagte, „die Lage ist nahezu hoffnungslos. Die Deutschen können – nach der Einnahme von Leningrad und der Vereinigung mit den Finnen – vom Nordosten her auf Moskau vorgehen, und dann wird die Situation noch kritischer werden".

Stalin gab Schukow ein Blatt Papier: „Geben Sie das Woroschilow", sagte er, „der Befehl, mit dem Sie zum Oberbefehlshaber ernannt werden, wird ausgegeben, sobald Sie in Leningrad sind."

Auf dem Blatt Papier stand: „Übergeben Sie den Befehl der Front an Schukow, und fliegen Sie sofort nach Moskau zurück."

Stalin fügte hinzu, die Lage bei Kiew sei sehr schlecht und Timoschenko werde im Kommando der Südwestfront Budjonni ersetzen. Schukow empfahl, daß Marschall Konjew nun die Stelle Timoschenkos als Befehlshaber der Westfront erhalten solle, und machte Stalin noch einmal darauf aufmerksam, daß man die Truppen aus Kiew herausholen müsse, solange dazu noch Zeit sei. Kiew werde übergeben werden müssen. Es gebe keine andere Alternative. Stalin sagte, er werde die Kiewer Situation mit Timoschenko noch einmal besprechen. Schukow ging, um einen kleinen Stab zusammenzustellen. Er wählte Generalleutnant M. S. Chosin, Generalmajor I. I. Fedjuninski als seine Hauptmitarbeiter und flog am nächsten Tag nach Leningrad. Schukows Maschine flog im Tiefflug, um Angriffe durch deutsche Jäger zu vermeiden. In Leningrad ging Schukow direkt zum Smolni-Institut. Dort ließen ihn die Wachen nicht ein, und er mußte vor dem Tor an die 15 Minuten warten, bis man ihn und seine Begleitung identifiziert hatte. Als Schukow dann eingelassen wurde, fand er Woroschilow, Parteisekretär Schdanow und Admiral Kusnetsow mitten in einer Debatte, ob die Industriebetriebe und anderen Objekte gesprengt werden sollten, falls Leningrad aufgegeben werden müsse.

Schukow übergab Woroschilow Stalins Schreiben. Der alte Kavallerist wurde blaß. Schukow verlangte die Lagekarten, und Woroschilow übergab sie ihm. Schukow unterzeichnete eine Empfangsbestätigung und rief dann über die direkte Telefonlinie das Hauptquartier in Moskau an. Dort meldete sich Marschall Wassilewski: „Ich habe den Befehl übernommen", sagte Schukow kurz. „Berichten Sie dem Oberkommando, daß ich beabsichtige, aktiver vorzugehen als mein Vorgänger." Das war alles. Woroschilow telefonierte nicht mit Moskau. Er verließ wortlos das Zimmer.

„Sie haben mich ins Hauptquartier zurückberufen", sagte Woroschilow draußen gebrochen zu seinen Offiziers-Kameraden. „Nun gut, ich bin alt, und so muß es eben sein!"

Innerhalb einer Stunde waren Woroschilow und sein Stab auf dem Weg nach Moskau. Sie sahen einer möglichen Exekution entgegen. In den Händen Schukows lag nun das Schicksal der Zitadelle der bolschewistischen Revolution.

VIII. Die Krise verschärft sich

Im September beginnen in Rußland die Tage rasch kürzer zu werden. Der Herbst, mit dem Winter in Aussicht, kommt rasch. Aber der September von 1941 war eine Ausnahme. Niemals noch war das Wetter so schön gewesen: sonnige Tage, blauer Himmel, kühle Nächte. Der Duft von Sonnenblumen und Kornblumen entlang der staubigen Straßen, der Geruch der Feuer von Torf und Birkenholz in den Herden der strohgedeckten Hütten der Bauern am Abend, die Gruppen von Frauen, die an den Dorfbrunnen plauderten. Freilich gab es nur wenig Männer. In Moskau waren die Straßen voll mit senffarbenen Lastwagen und Soldaten in braungrauen Uniformen. Der Geruch von schlechtem Benzin mischte sich mit dem Duft der Lindenbäume auf den Boulevards, deren schon fallende Blätter die Gehsteige bedeckten. Nur ein paar „Babuschki" mit ihren Kinderwagen saßen auf den Parkbänken. Überall strebten Menschen irgendwelchen Zielen zu, doch immer wachsam das Ohr gespitzt für die Luftalarmsirenen, die nun schon öfter und öfter ertönten. Es war ein September, wie ihn Rußland nur selten gekannt hatte. Aber für die Männer im Kreml war es ein Monat, der kein Ende zu nehmen schien. Jeden Tag gab es tausend Alarme, jeden Tag gab es weniger Möglichkeiten, ihnen zu begegnen. Das tödliche Netz rund um Kiew und die Sowjetarmeen im Süden war gezogen. Die Stadt, die Ukraine und viele hunderttausend Kämpfer waren verloren. Wann hatte ein Land je solche Verluste erleiden müssen? Wie konnte man die Deutschen davon abhalten, die gesamte Ukraine zu überrennen, die Gegend am Don, den Kuban, ja sogar den Kaukasus, die Reichtümer seiner Ölfelder, die vor ihnen lagen, mit dem Blick nach Persien und Indien, die gar nicht mehr so weit entfernt waren?

Im Norden war um Leningrad die furchtbarste Schlacht, die es in diesem Krieg bisher gegeben hatte, entbrannt. Schukow wurde ein Mann des Terrors, der forderte, daß niemand zurückgehen dürfe, der Kommandeure hinauswarf, wenn sie auch nur einen Fußbreit Boden aufgaben, der 24 Stunden im Tag arbeitete, ein Mann, der nicht menschlich schien, dessen harte Stimme Soldaten und Offiziere an die Front peitschte. Mögen sie sterben. Aber haltet die Deutschen auf. Daß die Deutschen aufgehalten werden konnten, glaubte niemand, mit Ausnahme vielleicht von Schukow und Schdanow. Die Männer und Frauen von Leningrad kämpften und kämpften und kämpften. Sie fuhren mit der Straßenbahn an die Front. Denn der Krieg wurde schon knapp jenseits der Kirow-Stahlwerke geführt. Jedermann befand sich in der vordersten Linie, selbst der Komponist Schostakowitsch, der damals seine 7. (Leningrad-) Symphonie schrieb. Russen und Deutsche kämpften auf den Hügeln, auf denen sich das Pulkowo-Observatorium befand. Sie kämpften um die Gebäude, in denen Pawlow seine berühmten Versuche mit Hunden durchgeführt hatte. Sie kämpften die ganze Nacht hindurch und den nächsten Tag und den Tag danach. Eine Eisenbahnstation in der Vorstadt wechselte fünfmal innerhalb von zwei Tagen den Besitzer, und der Kampf ging immer noch weiter.

Aber es schien nur wenig Hoffnung zu geben. Wurden die zu Tode erschöpften Verteidiger Leningrads verwundet oder getötet, wer sollte dann ihren Platz einnehmen? Und woher sollte die Munition kommen? Ganz abgesehen davon, daß die Nahrungsmittelvorräte dahinschmolzen, sosehr sich auch Dimitri Pawlow, der Kommissar für Ernährung, anstrengte.

Aber vielleicht gab es doch einen ganz kleinen Hoffnungsstrahl. Das Tempo des deutschen Vormarsches hatte sich seit der Ankunft Schukows verlangsamt. Durch die unerhörte Härte des Generals, seine unerbittlichen Forderungen und seine absolute Ablehnung, den Verteidigern zu gestatten, etwas anderes zu tun als zu kämpfen, so hart der Kampf auch war, so erschöpft sie auch sein mochten. Wie viele Befehlshaber degradiert, wie viele vor die Erschießungskommando gestellt wurden, wird man niemals wissen, aber es war eine erkleckliche Anzahl. Es war eine schreckliche Taktik. Doch was hätte anderes getan werden können?

Dennoch konnte Stalin keineswegs sicher sein, daß Leningrad sich halten werde. Alle notwendigen Vorbereitungen waren getroffen worden, um die Stadt in die Luft zu sprengen. Die großen Gebäude waren alle mit Sprengladungen versehen, die Kriegsschiffe zur völligen Zerstörung vorbereitet worden. Alles, was er tun konnte,

war abzuwarten. Währenddessen lief die Uhr für Kiew ab. Schließlich mußte – Wochen zu spät – Befehl für den Rückzug gegeben werden. Stalin blieb nur übrig, das Ausmaß der Katastrophe vor der Außenwelt durch mutige Worte und intensive Sicherheitsmaßnahmen zu verbergen. Selbst viele seiner engsten Mitarbeiter wußten nicht, wie hoch der Preis der Katastrophe von Kiew war.

Stalin hatte nur noch eine einzige Trumpfkarte in der Hand, war aber keineswegs sicher, ob er sie ausspielen konnte. Trotz der Katastrophe der ersten drei Kriegsmonate hatte er seine Reserven nur äußerst sparsam eingesetzt. Nicht einmal Marschälle wie Schukow, Timoschenko und Wassilewski waren über die Zahl der Divisionen oder über die Zahl der Panzer und schweren Geschütze voll informiert, die das Oberkommando als Reserve zurückhielt. Zusätzlich konnte Stalin auch noch über die Fernostarmee verfügen, nämlich 40 Divisionen, die aus ausgezeichnet ausgebildeten und ausgerüsteten Truppen bestanden. Nur ein oder zwei Gruppen waren nach dem Westen verlegt worden, weil Stalin meinte, er müsse eine Art Gegengewicht zu einem möglichen Eintritt Japans in den Krieg besitzen. Nun aber hatte er durch seinen Spion Richard Sorge in Tokio unbezweifelbare Beweise erhalten, daß die Japaner trotz aller deutschen Bemühungen nicht in den Krieg gegen Rußland eintreten würden. Ihr Interesse war völlig auf Südostasien und den Pazifik konzentriert. Sollte es zum Schlimmsten kommen – und es sah ganz so aus –, so konnte Stalin in einer letzten Anstrengung noch eine Wende herbeiführen, indem er die Fernostarmee einsetzte.

Sowjetische Artillerieeinheit im Einsatz.

Es gab aber nun deutliche Anzeichen dafür, daß nun auch an der Front vor Moskau der Gegner aktiv würde. Hitlers bester Panzergeneral Guderian spielte weiterhin Katz und Maus mit General Jeremenko und dessen Brjansk-Front. Viele militärische Berater Stalins – einschließlich Schukow – hatten ihn vor einer deutschen Offensive zu einem plötzlichen Durchbruch in der Richtung auf Brjansk gewarnt.

Hitler hatte am 6. September die „Weisung Nr. 35" erlassen, die die „Operation Taifun" in Kraft setzte, ein Plan, um Moskau zu erobern, die Sowjets zu vernichten und damit – so hoffte man – den Krieg zu beenden.

Hitler erklärte seinen Soldaten: „Nach dreieinhalb Monaten des Kampfes habt ihr die notwendigen Voraussetzungen geschaffen, um den letzten kraftvollen Schlag zu führen, der den Feind noch an der Schwelle des Winters vernichten wird. Alle menschenmöglichen Vorbereitungen sind getroffen worden... Heute beginnt die letzte Entscheidungsschlacht des Jahres."

Hitler hatte unter Generalfeldmarschall von Bock außergewöhnlich starke Kräfte versammelt. Von Bock verfügte über 77 Divisionen (das heißt mehr als eine Million Mann), 1700 Panzer, 4000 Geschütze und 950 Flugzeuge. Die deutschen Truppen waren in drei Armeegruppen organisiert, jede mit einem Panzerkorps an der Spitze. Im Norden die 9. Armee unter Strauß und die Panzergruppe 3 unter Hoth (insgesamt 23 Divisionen, davon 3 Panzer- und 2 motorisierte) würde nördlich von Smolensk etwa 550 Kilometer von Moskau entfernt zu einer Zangenbewegung in Richtung auf Wjasma, etwa 200 Kilometer östlich von Moskau, ansetzen. Den Südflügel bildete die 4. Armee Generalfeldmarschalles von Kluge und die 4. Panzergruppe Generaloberst Hoepners (22 Divisionen, davon 5 Panzer-, 2 motorisierte). Sie sollten von Roslawl aus südlich von Smolensk vorstoßen und Wjasma umgehen. Man erwartete, daß sich diese Zange rund um die Hauptverteidigungskräfte Moskaus schließen werde. Guderians 2. Panzerarmee und die 2. Armee des Generaloberst von Weichs (Guderian: 15½ Divisionen, davon 5 Panzer- und 4 motorisierte; Weich: 8 Divisionen [Angaben laut OKW-Kriegstagebuch]) würden nach Nordosten von Gluchow aus in Richtung auf Orel und Tula vorstoßen, in dem Versuch, die Front Jeremenkos bei Brjansk zu spalten und den Weg nach Moskau vom Südwesten her zu öffnen.

Es war ein recht einfacher Plan, und die Deutschen hatten allen Grund zu erwarten, daß er erfolgreich sein werde. Sie rechneten damit, daß die Russen nicht mehr als 70 bis 100 schlecht ausgerüstete, keineswegs in voller Stärke sich befindende Divisionen aufbringen konnten. Laut Marschall Wassilewski war jedoch die tatsächliche

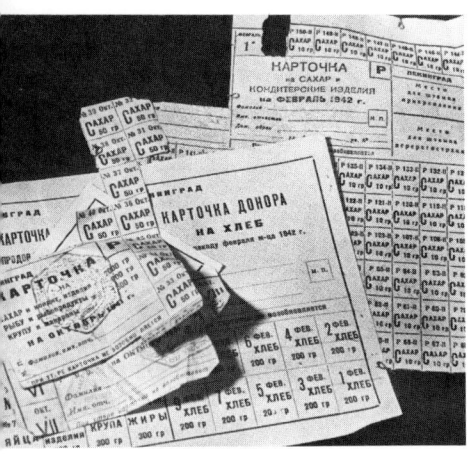

Lebensmittelkarten aus der Zeit der Belagerung Leningrads.

Stärke der sowjetischen Truppen 800.000 Mann, 6800 Geschütze, 782 Panzer und 545 Flugzeuge.

Einer der deutschen Generalfeldmarschälle war über Hitlers Plan sehr ungehalten. Es war von Leeb. Es war ihm immer noch nicht gelungen, Leningrad einzunehmen. Er war sicher, daß ein wenig mehr Druck ihn befähigen würde, die Stadt einzunehmen. Das Oberkommando hatte schon begonnen, den bevorstehenden Fall der Stadt in seinen Berichten zu erwähnen. Goebbels hielt in Berlin eigens eine Pressekonferenz ab, in der er ankündigte, daß die gesamten Verteidigungskräfte Leningrads nun eingeschlossen seien. Entweder würden sie verhungern oder umgebracht werden, es mache für die Deutschen keinen Unterschied. „Das Schicksal Leningrads ist besiegelt", proklamierte der deutsche Rundfunk. Aber schon hatte von Leeb den Befehl erhalten, seine Panzer an die Heeresgruppe Mitte für den Angriff auf Moskau abzugeben. Er machte gegenüber dem Generalstabschef Halder Einwendungen, der ihm die Panzer auch auf einer Von-Tag-zu-Tag-Basis noch beließ. Die Deutschen standen so nahe an Leningrad, direkt an den Stadtgrenzen, daß die Kreuzer „Gorki" und „Petropawlowsk" in der Newa auf die deutschen Linien feuern konnten. Auch die „Marat" und die „Maxim Gorki", die im Handelshafen und in Kronstadt stationiert waren, nahmen an der Beschießung teil. Die Deutschen warfen Flugblätter ab: „Rettet euer Leben, erschlagt die politischen Kommissare, schmeißt ihnen einen Ziegel in die Schnauze!" Halder kam nun zu der Ansicht, daß Leningrad fallen werde. Er meldete am 12. September „sehr gute Fortschritte" und ließ von Leeb die Panzer noch ein paar Tage behalten. Aber die Zeit ging zu Ende. Die Panzer mußten auf Moskau vorstoßen. Am 17. September kam der Befehl: Die Panzer mußten zur Heeresgruppe Mitte. Die 4. Panzergruppe Hoepners mußte ausschwenken und im Süden an dem Angriff auf Moskau teilnehmen.

An diesem Tag schrieb Halder in sein Tagebuch, es werde eine ständige Belastung der deutschen Streitkräfte vor Leningrad geben, denn der Feind habe dort starke Kräfte konzentriert und große Mengen von Material angehäuft. Die Stituation werde schwierig werden bis zu dem Zeitpunkt, in dem der Hunger als Verbündeter der Deutschen seine Wirkung tue.

Im geheimen stimmte Hitler einer politischen Deklaration zu: „Als Anfang werden wir Leningrad hermetisch blockieren und die Stadt, wenn möglich, durch Artillerie und Luftwaffe zerstören. Wenn der Terror und Hunger in der Stadt ihre Arbeit getan haben, können wir ein einzelnes Tor öffnen und unbewaffneten Menschen gestatten, herauszukommen. Im Frühjahr werden wir in die Stadt eindringen (wir haben keinen Einwand, sollten die Finnen das vor uns tun) und alle, die am Leben geblieben sind, entweder in das Innere Rußlands schicken oder sie als Kriegsgefangene behandeln. Wir werden Leningrad von Grund auf zerstören und das Gebiet nördlich der Newa Finnland übergeben."

Es dauerte einige Tage, bevor die Verteidiger Leningrads die Veränderungen beim Gegner bemerkten. Dann sahen sie, daß die deutschen Truppen sich eingruben. Nun kamen auch Nachrichten von Agenten hinter den deutschen Linien: Die Panzer waren nach Süden abgezogen. Leningrad war vor der Einnahme durch die Deutschen gerettet worden. Aber eine andere Tragödie begann erst.

Am 27. September warf der britische Kreuzer „London" an der Mündung der Dwina, 30 Kilometer von Archangelsk, Anker. Er brachte eine anglo-amerikanische Mission nach Rußland, die mit Stalin verhandeln sollte. Der Leiter der Amerikaner war W. Averell Harriman, der persönliche Vertreter Präsident Roosevelts. Der Führer der britischen Gruppe war Lord Beaverbrook. Es hatte einige Auseinandersetzungen zwischen Harriman und Beaverbrook darüber gegeben, wieviel und wie rasch Hilfe für Rußland kommen sollte, aber im wesentlichen waren beide Männer und auch ihre Chefs, Roosevelt und Churchill, der Meinung, daß alle nur mögliche Hilfe geleistet werden sollte. Sie wollten sich Rußland als Verbündeten im Krieg erhalten, und obwohl sie nicht wußten, wie schlimm es um die Russen stand, so wußten sie doch, daß es schlimm genug war.

Außenminister Molotow empfing die Gruppe in Archangelsk, und nach einem großen Festessen mit viel Wodka und Trinksprüchen auf den kommenden Sieg flogen die Anglo-Amerikaner nach Moskau, wo sie am 28. September eintrafen. Die letzten Kilometer flogen sie nur noch in wenigen hundert Meter Höhe. Als sie sich dem Moskauer Zentralflughafen näherten, eröffneten sowjetische Luftabwehrbatterien das Feuer. Die Abschüsse der sowjetischen Geschützte blitzten am Horizont auf. Es herrschte totale Verdunkelung und der Kreml war völlig getarnt.

Harriman erfuhr bald, daß die meisten Amerikaner in der Botschaft der Meinung waren, der Fall Moskaus stehe bald bevor. Weder der britische noch der amerikanische Botschafter zeigte hinsichtlich der Chancen der Russen Optimismus. Aber im Kreml war die Atmosphäre anders. Stalin gab sich zwar förmlich, aber doch auch offen. Er werde Moskau um jeden Preis halten; es könnte sein, daß er sich in den Ural zurückziehen müsse, aber er werde weiterkämpfen. Hitler habe, so sagte er, einen katastrophalen Irrtum begangen, als er seine Kräfte in drei Gruppen teilte: Hätte er sie auf Moskau konzentriert, so würde er die Stadt im Ansturm der ersten Welle überrannt haben. Stalin ging über seine eigenen Fehleinschätzungen der Absichten Hitlers rasch hinweg. Er sagte nur, hätte Hitler ihm noch ein halbes Jahr Zeit gelassen, hätten die Dinge sich anders gestaltet. Er behauptete, die Deutschen besäßen doppelt so viele Flugzeuge als er und drei- oder viermal so viele Panzer. Dann zählte er seinen kolossalen Bedarf auf: 1100 Panzer pro Monat, 4000 Tonnen Stacheldraht, 5000 Jeeps, 8000 bis 10.000 Lastwagen und so viele tausend Tonnen Panzerplatten, als die Vereinigten Staaten nur erübrigen konnten; Hunderte von Flugzeugen und so weiter. Er war bereit, dem Einsatz britischer Truppen auf russischem Boden zuzustimmen, wo immer sie nur landen konnten.

Stalin verteidigte die Unterzeichnung des Paktes mit Hitler vom August 1939. Er betonte, daß Ministerpräsident Neville Chamberlain in Wirklichkeit nicht mehr daran interessiert gewesen sei, daß Hitler sich gegen Rußland wende, als ein System der echten kollektiven Sicherheit zu begründen. Als die Chance kam, mit Hitler ein Geschäft zu machen, habe er sie ergriffen, weil er glaubte, daß dies in Rußlands bestem Interesse liege.

Zur militärischen Lage meinte Stalin, die Russen könnten Leningrad halten (das war am 1. Oktober, als schon Meldungen vorlagen, daß die Deutschen ihre Panzer von Leningrad abgezogen hatten und an der Hauptfront gegen Moskau einsetzten). Er erwartete auch, daß die sowjetischen Truppen die Krim halten würden, und zwar mit Hilfe der Streitkräfte rund um Odessa. Er verschwieg aber, daß der Abzug von 80.000 Mann aus Odessa und auch der Exodus von nahezu 350.000 Zivilisten schon begonnen hatten. Odessa ergab sich den Deutschen am 16. Oktober.

Stalin machte auch eine sehr interessante Bemerkung über die Ukraine. Er sagte, die Situation dort sei schwierig (Kiew war am 20. September verlorengegangen), und die russischen Streitkräfte kämpften auf einem Territorium, das den Sowjets nicht unbedingt freundlich gegenüberstehe. Es war eine Anspielung darauf, daß viele Ukrainer die Sowjetherrschaft seit 1920 ablehnten und die Deutschen willkommen geheißen hatten. Manchmal begrüßten die Dorfbewohner sogar die deutschen Soldaten mit dem traditionellen „Kleb i sol", Brot und Salz.

Am Morgen des 3. Oktober 1941 flogen Hariman und Beaverbrook wieder nach Archangelsk zurück und gingen an Bord des Kreuzers „London". Man hatte ihnen im Kreml Galabankette gegeben, Trinksprüche mit Wodka ausgebracht, endlos viele Gänge gespeist mit Bergen von Kaviar, Fischen, Spanferkeln, Fasanen, Hühnern, Eiscreme und frischen Früchten, die aus dem Kreml herbeigeflogen worden waren. Die Atmosphäre im Kreml schien voll Zuversicht und Entschlußkraft zu sein. Und selten hatte Harriman solchen Luxus gesehen wie bei diesen Festbanketten im Kreml. Nur an einem Abend hatte Stalin nervös gewirkt; er war streitsüchtig gewesen, hatte eine Zigarette nach der anderen geraucht. In der übrigen Zeit wirkte er offenherzig, jovial und geduldig. Er rauchte seine Pfeife und sprach wie ein Staatsmann. Stalin war rasch mit Zahlen bei der Hand und verhandelte eher hart. Doch er schien ein Realist zu sein, der nicht nur sein Land beherrschte, sondern auch mit den schwierigen Problemen des Krieges fertig wurde.

Harriman erkrankte an Bord der „London" an einer schweren Grippe und mußte fünf Tage ins Bett. Als er schließlich am 7. und 8. Oktober wieder unter Menschen ging, fragte er General Ismay, den Führer der britischen Militärdelegation, was er vom russischen Kriegsschauplatz halte. Ismay sagte voraus, daß die Russen sich noch drei Wochen halten würden. Harriman schrieb in sein Tagebuch, daß die Engländer in einer Sache konsequent seien: Sie hätten während der letzten dreieinhalb Monate stets gesagt, daß die Russen jeweils die nächsten drei Wochen noch durchhalten würden.

Bis zu diesem Zeitpunkt hatten die deutschen Kriegsverluste 550.000 Mann (laut OKW-Kriegstagebuch vom 22. Juni 1941 bis 1. Dezember 1941: 162.314 Gefallene, 33.334 Vermißte und 571.767 Verwundete [24 Prozent der Gesamtstärke der im Osten eingesetzten Verbände]) betragen. Die Verluste der Sowjets an Toten und Gefangenen betrugen 3 Millionen.

Geschoßleuchtspuren über dem Kreml während eines deutschen Luftangriffs zu Kriegsbeginn (Foto Margaret Bourke-White).

IX. Die Schlacht um Moskau

An dem nebeligen Morgen des 5. Oktober, kurz nach sechs Uhr früh, starteten zwei Flieger, Major G. P. Karpenko und Major D. M. Gorschkow, in einem P-2-Jäger vom Luberts-Flugplatz außerhalb Moskaus zu ihrem üblichen morgendlichen Patrouillenflug. Ihre Aufgabe war es, täglich entlang der Straße Moskau–Warschau nach Westen zu fliegen und ihre Beobachtungen zu berichten. Sie flogen diese Route alle paar Stunden und meldeten an Generalleutnant P. A. Artemow, den Befehlshaber des Moskauer Militärdistrikts.

Artemow hatte, als die Deutschen Ende September näher gegen Moskau vorgedrungen waren, diese Flüge als Vorsichtsmaßnahme angeordnet. Die beiden Beobachter flogen etwa 400 bis 500 Kilometer nach Westen und musterten den Boden nach irgendwelchen Zeichen von feindlichen Bewegungen.

Das Wetter besserte sich, je weiter das Flugzeug nach Westen flog. Als die Sonne aufging, verschwand der Nebel. Die ersten 160 Kilometer, bis etwa Medin, schien alles normal. Nach weiteren 50 Kilometern, bei Juchnow, wo die Landstraße den Ugra-Fluß übersetzt, sahen sie ein paar Militäreinheiten und einige Bauern mit ihren Karren, wahrscheinlich Flüchtlinge. Als die Flieger aber über die Gegend von Spas-Demensk kamen – 300 Kilometer westlich von Moskau –, entdeckten sie zwei Kolonnen Panzer, Mannschaftstransporter, Geschütze und gepanzerte Fahrzeuge, die auf der Landstraße auf einer Länge von 30 Kilometern nach Osten fuhren. Die Flieger konnten deutlich die deutschen Kreuze auf den Panzern sehen.

Die beiden Beobachter flogen eilends nach Moskau zurück. Für sie schien die Situation beängstigend klar. Gestern waren die Deutschen noch bei Roslawl, etwa 400 Kilometer südwestlich von Moskau, gestanden. Nun war ihnen offenbar der Durchbruch gelungen, denn sie befanden sich hundert Kilometer östlich ihrer zuletzt beobachteten Position.

Gegen 10 Uhr erreichte die Meldung der Flieger den Oberst N. A. Sbitow vom Moskauer Luftkommando. Er konnte den Bericht nicht glauben. Wenn das stimmte, dann standen die Deutschen ja nur 280 Kilometer vor Moskau auf einer nahezu offenen Straße.

Der deutsche Angriff hatte am 30. September begonnen. Zu diesem Zeitpunkt war die Konferenz mit den Engländern und Amerikanern in vollem Gange. Offenbar war diese Tatsache, die Stalin sorgfältig vor seinen Besuchern verbarg, der Grund für seine gelegentliche Nervosität und Geistesabwesenheit. Das Vordringen der Deutschen ließ auf den Einsatz besonders starker Kräfte schließen. Guderians 2. Panzerarmee drang aus Positionen östlich des Desna-Flusses und genau südlich von Jeremenkos kampfstarker Brjansk-Front in rascher Bewegung und bei gutem Wetter am ersten Tag 80 Kilometer vor. Am nächsten Tag kam er fast ebensoweit und näherte sich nun Orel, einer Schlüsselstellung, etwa 300 Kilometer südwestlich von Moskau. Wiederum war die Brjansk-Front den rasch beweglichen deutschen Panzerspezialisten nicht gewachsen gewesen.

Spätabends am 1. Oktober (nachdem Stalin noch ein großartiges Bankett für Harriman und Beaverbrook gegeben hatte) berief er einen seiner besten Panzergeneräle zu sich, nämlich Dimitri Leljuschenko. Stalin sagte ihm, Guderian habe die Brjansk-Front durchbrochen und bedrohe Orel. Leljuschenko erhielt den Auftrag, eine eben zusammengestellte Panzereinheit zu übernehmen und mit ihr Guderian aufzuhalten. Die Panzergruppe sollte in drei bis vier Tagen für den Einsatz bereit sein. Die Befehle Leljuschenkos lauteten, er müsse die Einnahme Orels durch Guderian verhindern.

Kaum hatte Leljuschenko begonnen, seinen Stab zusammenzustellen, als er wiederum in den Kreml gerufen wurde. Es war schon sehr spät in der Nacht. Bei Stalin befanden sich Woroschilow, Mikojan und Marschall Schaposchnikow. Schaposchnikow sagte: „Die Situation hat sich geändert. Guderian steht schon knapp vor Orel. Sie und General Schigarew (der Befehlshaber der Luftwaffe) müssen sofort nach Orel gehen und dort an Ort und Stelle nach dem Rechten sehen."

Stalin erklärte: „Ihr dürft sie nicht weiter als bis Mtsensk kommen lassen." Und nahm einen roten Bleistift, mit dem er auf der Karte eine Linie beim Fluß Suscha, wo er durch Mtsensk fließt, einzeichnete. Im Morgengrauen fuhr Leljuschenko an der Spitze eines Motorradregiments auf der Südweststraße nach Orel.

Am Vormittag des 2. Oktober kam Leljuschenko in Tula an, einer berühmten alten russischen Waffenschmiede, etwa 150 Kilometer südlich von Moskau und ebenso weit entfernt von Orel. Dort stießen neue Streitkräfte zu ihm. 24 Stunden später langte er mit seinen Truppen bei Mtsensk ein. Guderian hatte unterdessen Orel bereits eingenommen, und seine Vorhut stand bei Mtsensk.

Guderians Durchbruch war außerordentlich gefährlich. Die Aufmerksamkeit des Oberkommandos und Stalins konzentrierte sich fast ausschließlich auf diese Situation. Dieses Vordringen der Deutschen mußte aufgehalten werden, sollten sie nicht innerhalb drei oder vier Tagen in den Vorstädten von Moskau stehen. Marschall Schaposchnikow entsandte, so rasch er sie nur sammeln konnte, Panzertruppen und gemischte Brigaden zu Leljuschenko. Am 4. Oktober telefonierte er mit ihm und versprach, daß er am nächsten Tag zwei Divisionen von Katjuscha-Raketenwerfern schicken werde. Die Waffe war noch so geheim, daß Leljuschenko nicht einmal wußte, wie er sie einsetzen sollte.

„Seien Sie vorsichtig, und verlieren Sie sie nicht", sagte Schaposchnikow, „wenn Ihnen das passiert, werden Sie mit ihrem Kopf dafür büßen müssen. Das jedenfalls sagt das Oberkommando (Stalin)!" Schaposchnikow versprach aber, er werde Spezialisten schicken, um Leljuschenkos Truppen für den Einsatz der neuen Waffen zu schulen. Indessen hatte der Kampf mit Guderians Vorhut schon begonnen. Für den 5. Oktober war eine große Schlacht zu erwarten.

Daß sich die Aufmerksamkeit Stalins und des Oberkommandos auf Guderian und auf den Durchbruch bei Brjansk konzentrierte, bewirkte eine gewisse Nachlässigkeit, eine gewisse Skepsis gegenüber der Nachricht vom Erscheinen einer gepanzerten Kolonne auf der Straße bei Spas-Demensk. Sbitow, der erste Stabsoffizier, der davon hörte, entschloß sich, seinen Chef, Generalmajor K. F. Telegin, zu konsultieren.

Telegin befand sich in einer schwierigen Lage: Er befehligte eine Etappeneinheit, er hatte nur sehr wenig Verbindung zum Oberkommando. Er sollte mit Nachrichten vom Oberkommando versorgt werden, nicht umgekehrt. Tatsächlich hatte er selbst Aufklärungsflüge unternehmen lassen, weil die Informationen von der Brjansk-Front sehr spärlich waren. Jeremenko hatte in Wahrheit die Verbindung mit Moskau schon verloren und war praktisch bereits eingeschlossen. Das war aber weder ihm selbst noch dem Oberkommando bewußt. Doch auch die Verbindungen des Oberkommandos mit der wichtigen Westfront und mit den Kommandostellen der Reservefront waren recht schlecht.

Telegin hatte von einem Kameraden an diesem Morgen gehört, daß die Deutschen behaupteten, im Zuge einer gewaltigen Operation gegen die russische Front einen großen Durchbruch erzielt zu haben. Er hatte auch Berichte gehört, wonach einige Einheiten der 43. Armee von Militärpolizei in Malojaroslawets zum Stehen gebracht worden waren: nur 110 Kilometer westlich von Moskau und weit östlich von jener Zone, die sie hätten verteidigen sollen. Telegin grübelte, wie dies alles zusammenpassen mochte. In den Meldungen des Oberkommandos war kein Wort über einen größeren Durchbruch zu finden. Telegin und Sbitow entschlossen sich daher, ein weiteres Aufklärungsflugzeug auszuschicken und zu sehen, ob der frühere Bericht sich verifizieren ließe. Gegen Mittag kehrte das zweite Flugzeug mit der Meldung zurück,

Deutscher Soldat im Angriff: Er hat eben eine Handgranate geworfen. Der Rauch im Hintergrund steigt von einer brennenden sowjetischen Stadt auf.

die Panzerkolonne nähere sich nun Juchnow, etwa 80 Kilometer östlich von Spas-Demensk.

Telegin zögerte immer noch, das Oberkommando zu alarmieren. In jenen Tagen ließ Stalin „Panikmacher" in Strafbataillone stecken oder sogar erschießen. Telegin rief den diensthabenden Offizier im Hauptquartier an, der meldete, es gäbe keine besonderen Neuigkeiten von der Front. Nun rief Telegin Marschall Schaposchnikow an, der sagte: „Alles ist ruhig, wenn man einen Krieg ruhig nennen kann." Verblüfft und vorsichtig befahl nun Telegin einen dritten Aufklärungsflug; unterdessen begann er damit, eine Liste aller Einheiten zusammenzustellen, die er aufbieten konnte, falls es wahr war, daß die Deutschen auf der Hauptstraße von Warschau her auf Moskau losstürmten.

Um 14 Uhr, so berichtete Sbitow, seien drei Jäger zurückgekommen, die in schweres Flakfeuer geraten waren. Die Spitze der deutschen Panzerkolonne stand 10 bis 15 Kilometer westlich von Juchnow.

Telegin rief noch einmal Schaposchnikow an und erhielt eine recht scharfe Antwort. Er sandte daraufhin einen vierten Aufklärer aus. Gegen 15 Uhr war das Flugzeug wieder da. Die Deutschen standen bei Juchnow.

Telegin nahm nun seinen ganzen Mut zusammen und rief wieder Schaposchnikow an. Der Marschall wollte die Nachricht nicht glauben. Sie widersprach allem, was ihm an Informationen vorlag. Ein paar Minuten später rief Poskrebischew, Stalins Kabinettschef, an. Der nächste war Stalin selbst. Er hörte Telegin zu und sagte dann, er solle alles zusammenkratzen, was er an Kräften nur finden konnte, um die sogenannte Moshaisk-Verteidigungslinie zu halten, 80 bis 90 Kilometer westlich von Moskau, wenigstens für fünf bis sieben Tage.

Bevor Telegin an die Arbeit gehen konnte, rief Lawrenti P. Beria, der Polizeichef, an. Er behauptete, Telegins Information komme von Provokateuren, und fragte, woher Telegin denn seinen Bericht habe. Telegin nannte Sbitow. Ein wenig später fand Telegin heraus, daß ein Stellvertreter Berias Sbitow eingeschüchtert und gezwungen hatte, seinen Kommandoposten aufzugeben. Es gelang Telegin aber, Sbitow aus den Klauen der Polizei zu befreien und immerhin einige Einheiten aufzubieten, die die Deutschen aufhalten sollten.

An diesem Abend erhielt General Schukow in seinem Hauptquartier in Leningrad über den Baudot-Telegraf einen Anruf von Stalin, der fragte, wie die Lage in Leningrad sei. Schukow berichtete, daß die Deutschen ihre Angriffe eingestellt hätten und offensichtlich ihre Panzerkräfte auf Moskau umdirigierten.

Stalin hörte zu und meinte dann, Schukow solle sofort nach Moskau kommen. Es sei an der Moskauer Front eine kritische Situation entstanden, insbesondere im Sektor der Westfront und bei Juchnow.

Schukow erklärte sich bereit, am nächsten Morgen abzureisen. Jedoch wurde er dann einen ganzen Tag aufgehalten, da inzwischen bei der 54. Armee eine Krise entstanden war. Unterdessen verschlechterte sich die Lage immer mehr. Nicht nur war Jeremenko vollkommen eingeschlossen und besaß keinerlei Verbindung mehr mit Moskau, sondern es waren auch die Hauptkräfte der Westfront in der Gegend von Wjasma in die Falle der Deutschen gegangen, so wie es Hitlers Oberkommando bei der Erarbeitung der Operation „Taifun" beabsichtigt hatte.

Am Abend des 6. Oktober wurde Marschall A. J. Golowanow in den Kreml berufen, Stalin war allein in seinem Büro. Er saß an seinem Schreibtisch, vor sich eine unberührte Mahlzeit. Als Golowanow eintrat, gab Stalin durch nichts zu erkennen, daß er ihn gesehen hatte. Golowanow begriff, daß irgend etwas sehr Ernstes geschehen sei, und wagte es daher nicht, das Schweigen zu brechen. Schließlich begann Stalin: „Wir sind in großen Schwierigkeiten", sagte er langsam. „Die Deutschen haben unsere Verteidigungsstellungen bei Wjasma durchbrochen, 16 unserer Divisionen sind eingeschlossen."

Golowanow stand schweigend da. Dann sprach Stalin wieder, fast mehr zu sich selbst als zum Luftmarschall: „Was sollen wir tun, was sollen wir tun?"

Oben: Deutsche Panzer auf dem Vormarsch. Im Hintergrund ein brennendes Dorf. Rechts: Bewohner von Moskau heben am Stadtrand Panzergräben aus.

In der Morgendämmerung des 7. Oktober landete Schukow auf dem Moskauer Zentralflughafen. Er wurde sofort zu Stalin gebracht, der sich in seiner Datscha außerhalb von Moskau aufhielt und an einer Grippe litt. Als Schukow eintrat, stand Stalin jedoch auf und ging zu einer Karte.

„Die Westfront ist in ernsten Schwierigkeiten", sagte er. „Eine sehr gefährliche Situation ist entstanden. Ich erhalte keine genauen Berichte über die wirkliche Lage der Dinge. Begeben Sie sich sofort zur Westfront, ich warte auf Ihren Anruf."

Schukow ging nun zu Marschall Schaposchnikow, der eine Lagekarte für ihn vorbereitet hatte. Schaposchnikow sagte ihm, das Westfront-Hauptquartier befinde sich bei Krasnowidow, in der Nähe des alten Schlachtfeldes von Borodino, etwa 80 bis 90 Kilometer westlich von Moskau. Dort hatte noch einige Wochen vorher während der Gegenoffensive von Jelnja Schukow sein eigenes Hauptquartier. Schukow und Schaposchnikow tranken miteinander Tee. Beide waren erschöpft. Dann fuhr Schukow hinaus in die pechschwarze Nacht, um das belagerte Hauptquartier zu finden. Er studierte mit Hilfe einer Taschenlampe die Lagekarte und ließ von Zeit zu Zeit sein Fahrzeug anhalten und ging eine Weile zu Fuß, um den Schlaf zu vertreiben.

Früh am Morgen des 8. Oktober traf Schukow im Hauptquartier der Westfront ein. Dort befanden sich General I. S. Konjew, der Oberbefehlshaber der Front, Marschall Nikolai A. Bulganin, damals politischer Kommissar Konjews, ferner General Malandin, der Stabschef, und Marschall Sokolowski, der Vertreter des Oberkommandos in Moskau. Der kleine Raum des Hauptquartiers war von Bergmannsleuchten erhellt. Alle Anwesenden sahen erschöpft und müde aus.

Bulganin berichtete, er habe gerade mit Stalin gesprochen, ihm aber keine genauen Informationen geben können, weil sie selbst noch nicht wußten, wie es um die zehntausend Soldaten stand, die rund um Wjasma eingeschlossen waren.

Es ist schwierig, den komplizierten Lauf der Ereignisse zu rekonstruieren, der durch das Unternehmen „Taifun" in Gang gesetzt worden war. Die Aufgabe wird noch erschwert durch die Streitigkeiten zwischen den sowjetischen Befehlshabern über die Verantwortung für die Katastrophe von Wjasma, die wahrscheinlich die zweitschwerste des Krieges war. Konjew – der im Februar 1944 zum Marschall befördert wurde – hat sich in seinen Memoiren sehr zu beweisen bemüht, daß er nicht der Schuldtragende war. Er betont, daß er Stalin vor einem unmittelbar bevorstehenden deutschen Angriff gewarnt habe (genauso wie Stalin seinerseits ihn gewarnt hatte). Trotz der bedrohlichen Situation habe ihn ein Befehl Stalins, unmittelbar bevor der Angriff begann, gezwungen, zwei kampfstarke Divisionen an die Hauptquartierreserve abzugeben.

Als die Gefahr der Einschließung durch die Deutschen sichtbar geworden war, hatte Konjew am 4. Oktober mit Stalin telefoniert und ihn auf die Wahrscheinlichkeit eines deutschen Durchbruchs in den Rücken seiner 19., 16. und 20. Armee aufmerksam gemacht. Stalin aber habe nichts unternommen. Konjew räumte ein, daß die Telefonverbindung während dieses Gespräches unterbrochen worden war, behauptete aber, später Marschall Schaposchnikow im Hauptquartier erreicht und diesem vorgeschlagen zu haben, seine Kräfte bis zur Gshatsk-Linie am Fluß Wop zurückzunehmen. Schaposchnikow habe sich bereit erklärt, den Vorschlag Konjews an Stalin weiterzugeben; aber bis zum nächsten Tag, als es schon zu spät war, habe er nichts mehr von Moskau gehört.

Konjew räumt in seinen Memoiren ein, daß er in den Archiven des obersten Kommandos keinerlei Unterlagen über diese Gespräche finden konnte, weder über jenes mit Stalin noch über jenes mit Schaposchnikow. Ein merkwürdiger Umstand, denn die Archive des obersten Kommandos scheinen bemerkenswert komplett zu sein.

Nach dem Zweiten Weltkrieg kam es zu einer heftigen Auseinandersetzung zwischen den Marschällen Konjew und Rokossowski wegen der Frage der Verantwortung für Wjasma. Zur Zeit der Einschließung führte Rokossowski die 16. Armee unter dem Oberbefehl Konjews. Aus Gründen, die bis heute nicht klar sind, befahl

Ein Luftbeobachter am Roten Platz von Moskau, Winter 1941.

Konjew telegrafisch am 5. Oktober Rokossowski, sein Kommando General Jereschakow zu übergeben, der bis dahin die benachbarte 20. Armee befehligt hatte. Rokossowski hatte sich mit einem Stab nach Wjasma zu begeben und dort den Befehl über eine Gruppe eingeschlossener Divisionen zu übernehmen, den Vorstoß der Deutschen auf Wjasma aufzuhalten (die Deutschen hatten diesen Ort bereits eingenommen) und die deutsche Offensive gegen Juchnow zu verhindern (zu diesem Zeitpunkt war die Offensive schon in vollem Gange).

Dieser Befehl war so merkwürdig, daß Rokossowski und sein Stab ihren Augen nicht trauen wollten. Sie bestanden auf einem schriftlichen Befehl, Konjew entsprach diesem Wunsch und sandte mit einem Flugzeug eine Befehlsausfertigung, die von ihm und von seinem politischen Kommissar Marschall Bulganin unterzeichnet war.

Erst nach Erhalt dieses signierten Befehls sammelte Rokossowski seinen Stab um sich und begann sich den unmöglichen Aufgaben zu widmen. Das Ergebnis war Null, abgesehen davon, daß die Truppen der 16. Armee weiter verwirrt wurden und nun ohne irgendeine klare Weisung umherirrten. Als Rokossowski nach Wjasma kam, fand er dort keine Truppen vor und hatte selbst große Schwierigkeiten, aus dem Einschließungsring wieder zu entkommen.

Entsprechend einem Bericht, den Konjew aber bestreitet, habe dieser sofort Rokossowski angeklagt, er habe seine eigene Haut retten wollen, indem er mit seinem Stab durch die Frontlinien geschlüpft sei, aber die 16. Armee zurückgelassen habe.

Rokossowski rettete sich, indem er die von Konjew und Bulganin unterzeichnete Befehlsausfertigung Marschall Woroschilow vorlegte, der dazu nur murrte: „Merkwürdig..." Die Anklage gegen Rokossowski hätte außerordentlich ernst werden können, denn er gehörte zu jenen Offizieren der Roten Armee, die man vier Jahre zuvor in Konzentrationslager geschickt hatte und erst gerade rechtzeitig entließ, damit sie zu Beginn des Zweiten Weltkrieges ihren Dienst wieder antreten konnten. Konjew erklärte in seinen Memoiren als Grund für die Katastrophen von Wjasma das Fehlen rechtzeitiger Rückzugsbefehle. Er betont, am 5. Oktober seinen Streitkräften Befehle zum Rückzug erteilt zu haben, obwohl er nicht dazu autorisiert gewesen sei. Aber da sie im „Rückzugsgefecht" nicht geübt gewesen seien, wurde das Unternehmen nicht ordentlich ausgeführt. Er nennt den 4. Oktober „den verantwortungsvollsten" Tag seiner ganzen Kriegsdienstzeit, wobei er wahrscheinlich meint, daß es der schicksalhafteste Tag gewesen sei.

Die Frage der Verantwortlichkeit für die Katastrophe von Wjasma ist immer noch ungeklärt. Schukow legt sich zwar in den verschiedenen Versionen seiner Memoiren ziemlich große Reserve auf, lastet aber doch einen beträchtlichen Teil der Schuld Konjew an. In Wirklichkeit war natürlich der deutsche Angriff so stark und wurde so sorgfältig ausgeführt, daß die schwachen sowjetischen Streitkräfte durch kein wie immer geartetes Manöver Erfolg hätten haben können.

Um 2.30 Uhr am 5. Oktober telefonierte Schukow mit Stalin von Konjews Hauptquartier aus und erklärte, daß der gefährdetste Punkt die Hauptstraße von Moshaisk nach Moskau sei. Alle verfügbaren Kräfte sollten dort konzentriert werden, um einen deutschen Durchbruch zu verhindern. Stalin fragte ihn nach der Lage bei der 16., 19. und 20. Armee und der Stoßtruppen des Generals Boldin von der Westfront sowie der 24. und 32. Armee, der sogenannten „Reservefront", befehligt von Marschall Budjonni. Schukow sagte darauf, daß alle diese Armeen westlich und nordwestlich von Wjasma schon eingeschlossen seien.

Der amerikanische Botschafter Lawrence Steinhardt (rechts) begrüßt Harry Hopkins, den Sonderbeauftragten Roosevelts für Rußland, auf dem Moskauer Flugplatz, Juli 1941.

„Was planen Sie nun zu tun?" fragte Stalin.
„Ich war gerade im Begriff, Marschall Budjonni aufzusuchen."
„Wissen Sie, wo sein Hauptquartier ist?"
„Nein, aber ich werde mich in der Nähe von Malojaroslawets umsehen."
„Gut, rufen Sie mich an, wenn Sie dort angekommen sind."

Schukow fuhr hinaus in die nebelige Nacht. In der Morgendämmerung sah er bei der Eisenbahnstation von Obniskoje etwa 100 Kilometer von Moskau entfernt zwei Nachrichtensoldaten, die ein Kabel über den Protwa-Fluß spannten. Die Soldaten zeigten Schukow, nachdem er sich ausgewiesen hatte, einen Hügel, der sich links von der Brücke in einem Wald befand. Dort fand Schukow Budjonnis politischen Kommissar L. S. Mechlis, der gerade am Telefon irgend jemanden beschimpfte. Mechlis war einer jener Polizeigeneräle, deren Größenwahn, Rachsucht und Unfähigkeit jedes ihrer Unternehmen charakterisierte.

Mechlis hatte keine Ahnung, was aus Marschall Budjonni geworden war. Er war am Tag zuvor zur 43. Armee gefahren und seither nicht mehr gesehen worden. Suchabteilungen waren nicht imstande gewesen, ihn aufzufinden. Weder Mechlis noch Generalmajor A. F. Anisow, Budjonnis Stabschef, konnte Schukow irgendeine Information darüber geben, wo sich die Truppen der Reservearmee befanden.

„Sie können selbst sehen, in was für einer Situation wir uns befinden", sagte Mechlis.

Schukow entschloß sich, durch Malojaroslawets und Medin nach Juchnow zu fahren, in der Hoffnung, Budjonni und dessen Truppen zu finden. Die Gegend war Schukow bekannt, er war in dem nahe gelegenen Dorf Strelkowka aufgewachsen, seine Mutter, seine Schwester und deren vier Kinder lebten noch dort. Er war natürlich auch in Sorge, daß die Deutschen seine Angehörigen gefangennehmen könnten. (Drei Tage später gelang es ihm, sie nach Moskau zu evakuieren.) Schukow fand Malojaroslawets verlassen vor, entdeckte aber zwei leichte Kettenfahrzeuge vor dem Rathaus. Als er hineinging, fand er dort Budjonni, der ihm berichtete, er habe seit zwei Tagen keinerlei Verbindung mit Konjew. Sein eigenes Hauptquartier sei verlegt worden, aber er wisse nicht, wohin. Schukow sagte ihm, daß er es neben der Eisen-

DIE SCHLACHT UM MOSKAU

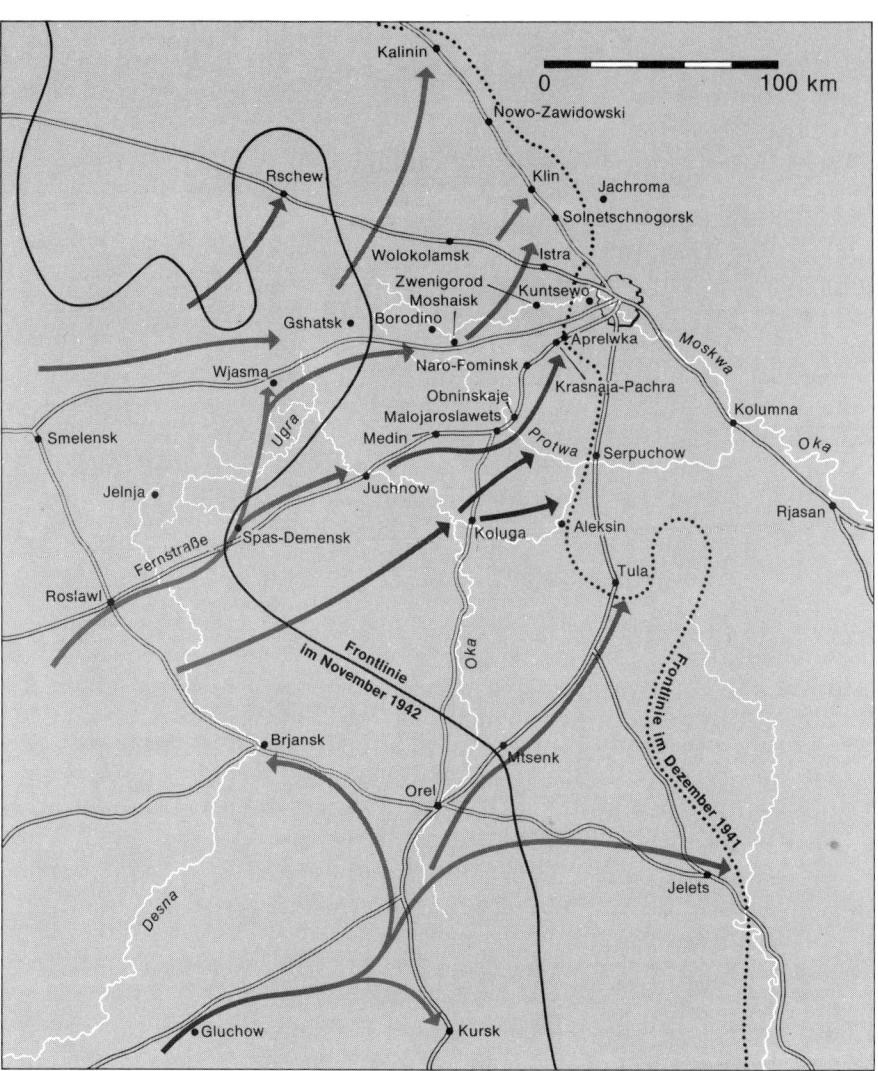

bahnbrücke des Protwa-Flusses, 100 Kilometer vor Moskau, finden werde, und berichtete ihm über die Einschließung bei Wjasma.

„Hier stehen die Dinge nicht besser", sagte Budjonni. „Die 24. und die 32. Armee sind abgeschnitten worden. Wir haben keine Verteidigungsfront mehr. Gestern wäre ich beinahe dem Feind in die Hände gefallen."

„Wer hält Juchnow?"

„Ich weiß es nicht. Wir haben eine kleine Abteilung an der Ugra, zwei Infanterieregimenter, aber keine Artillerie. Ich glaube, der Feind ist in Juchnow."

„Wer deckt dann die Straße von Juchnow nach Malojaroslawets?"

„Als ich dort durchfuhr, sah ich nur drei Polizisten bei Medin."

In Medin fand Schukow überhaupt niemanden, außer einer alten Frau, die in den Trümmern ihres Hauses herumräumte. Schukow versuchte, mit ihr zu sprechen, aber sie grub weiter. Eine andere Frau erschien und sagte, die alte Frau habe das Haus mit ihrem Enkel und ihrer Enkelin bewohnt. Eine Bombe habe es am Tag zuvor getroffen, und die Kinder seien unter den Trümmern begraben. Die Frau sei wahnsinnig vor Kummer.

Schukow fuhr weiter in Richtung Juchnow, traf aber bald eine sowjetische Panzerbrigade. Die Deutschen hatten Juchnow besetzt und die Ugra überquert. Schwere Kämpfe waren in der Nähe von Kaluga ausgebrochen, aber der Ort selbst war noch in russischen Händen.

Schukow fuhr weiter nach Kaluga, wo ihn am nächsten Tag ein Stabsoffizier endlich erreichte und ihm eine Nachricht von Schaposchnikow überbrachte, in der es hieß, Stalin wolle, daß er wieder ins Hauptquartier der Westfront komme.

In Konjews Hauptquartier war eine Untersuchungskommission erschienen. Sie bestand aus Außenminister Molotow, Georgi Malenkow, Marschall Woroschilow (der also keineswegs wegen seiner Führung der Verteidigung von Leningrad erschossen worden war) und Marschall Wassilewski. Molotow hatte Konjew bereits Stalins Befehl übermittelt, fünf oder sechs Divisionen zur Verteidigung von Moshaisk abzugeben. Konjew hielt den Befehl für völlig unrealistisch. Es war unmöglich, auch nur eine einzige Einheit aus den heftigen Kämpfen, die im Gange waren, herauszuziehen.

Als Schukow am 10. Oktober im Hauptquartier der Westfront ankam, hatte sich Stalin entschlossen, ihm das Kommando dort zu übertragen. Schukow bekam den Befehl von Stalin persönlich über Telefon. Konjew sollte sein Stellvertreter sein. Laut Konjew traf Stalin diese Entscheidung auf Empfehlung der Kommission hin und mit voller Zustimmung Konjews selbst. In Wirklichkeit hatte sich Stalin wahrscheinlich schon zu dieser Änderung entschlossen, als er Schukow aus Leningrad zurückholte. Der Befehl war ab dem 11. Oktober 18 Uhr gültig.

Schukow ging mit seiner ganzen Energie und Konzentration, wie es seine Art war, an die Arbeit. Konjew wurde sofort beauftragt, eine neue Verteidigungslinie bei Kalinin, etwa 150 Kilometer nordnordwestlich von Moskau aufzubauen. Dann machte sich Schukow an die Aufgabe, eine stabile Verteidigungslinie zu schaffen, die von Kalinin nach Süden durch Wokolamsk, Moshaisk, Naro, Fominsk, Serpuchow und Tula führte.

Obwohl Schukow völlig überzeugt war, die Hauptstadt retten zu können, gab es zu diesem Zeitpunkt doch keinerlei vernünftige Gründe dafür, daß dieser Erfolg auch wirklich eintreten sollte. Alle früheren Verteidigungslinien waren entweder von den hart angreifenden deutschen Panzern vernichtet oder die Verteidiger eingeschlossen worden. Stalin erklärte sich bereit, Schukows Streitkräfte durch die Reservearmee zu konsolidieren. Schukow forderte so rasch als möglich ausreichende Verstärkungen. Es war zu erwarten, daß die Deutschen ihr Vordringen eher verstärken als abschwächen würden. Schukow setzte an jedem der kritischen Punkte erfahrene Befehlshaber ein. Rokossowski bei Wolokolams, Leljuschenko in Moshaisk und –

Deutscher Vormarsch in den Kaukasus, 1942.

Bilder aus Moskau. Oben: Die Schauspieler des Moskauer Künstlertheaters bilden eine Volksverteidigungsliga. Daneben: Sandsäcke zum Schutz der Gebäude in einer der Hauptstraßen. Ein Fesselballon, der Tiefflieger über dem Puschkin-Platz abwehren soll. Ein Sperrballon im Begriff, über dem Bolschoitheater aufgelassen zu werden. Unten: Ein zerstörtes Wohngebäude nach deutschem Luftangriff. Rechts unten: Frauen und Kinder, die in der Majakowski-Untergrundbahn Zuflucht vor einem Luftangriff suchen.

nach dessen Verwundung – den General Goworow. Im Sektor von Malojaroslawets den General Golubew und für den Raum Serpuchow den General Sacharin.

Schukows Hauptaufgabe bestand darin, neue Kräfte heranzuführen und sie in der Tiefe zu staffeln. Die Moshaisk-Linie war ihres Geländes wegen stark. Sie war durch eine Reihe von Flüssen geschützt, nämlich Lama, Moskwa, Koltscha, Luscha und Suchodrew; kleine Flüsse, aber immerhin Flüsse mit steilen Ufern. Schukow hatte sein Hauptquartier bei Albino, nahe von Moshaisk aufgeschlagen. Das Wetter begann schon den Winter ahnen zu lassen. Der erste Schnee fiel am 9. Oktober, am 13. Oktober verwandelten schwere Regen und Schneematsch die Schlachtfelder in Schlammwüsten. Der Belag der Fernstraße von Warschau und Moshaisk begann unter dem Gewicht der schweren deutschen Panzer und Geschütze zu zerbrechen.

Aber die Bedrohung wurde nicht geringer. Die Deutschen stießen weiter vor. Am 13. Oktober fiel Kaluga, 130 Kilometer südlich von Moskau. Am 14. Oktober mußte Kalinin – ungefähr 130 Kilometer nordwestlich – aufgegeben werden. Wenn es den deutschen Vorhuten gelang, weiter nach Osten vorzudringen, dann konnte Moskau leicht von einem ausgedehnten Einschließungsring umgeben werden, genauso wie es mit Kiew geschehen war. Hitler glaubte schon, daß Moskau ihm gehöre. Goebbels proklamierte, die Vernichtung der sowjetischen Armeen bei Wjasma habe den „Krieg endgültig zu einem Abschluß gebracht".

Deutsche Panzerspähwagen brachen durch die Verteidigungslinie und drangen in die Vorstädte Moskaus ein. Ein leichter Panzer drang bis zur Straße neben der Khimki-Station an der Moskwa durch, innerhalb der Stadtgrenze. Seine ausgebrannte Ruine lag dort bis Kriegsende neben der Straße als Beweis für die Gefahr, in der sich Moskau befunden hatte. Die Partei organisierte die Stadt für die Verteidigung. Hunderttausende Moskauer arbeiteten an den Panzergräben, Straßensperren aus Straßenbahnschienen, schützten alle Zugänge.

In Moskau liefen die wildesten Gerüchte um: die Deutschen seien im Begriffe, in die Stadt einzudringen; die Stadt werde aufgegeben, und „die Juden verlassen die Stadt". Plötzlich waren die Eisenbahnstationen mit Menschen überfüllt, die versuchten, aus Moskau hinauszukommen. Am 13. Oktober wurden von Parteisekretär A. S. Schtscherbakow die Spitzen der Parteiorganisation der Stadt zusammengerufen und informiert, daß Moskau sich in schwerster Gefahr befinde. Am nächsten Abend

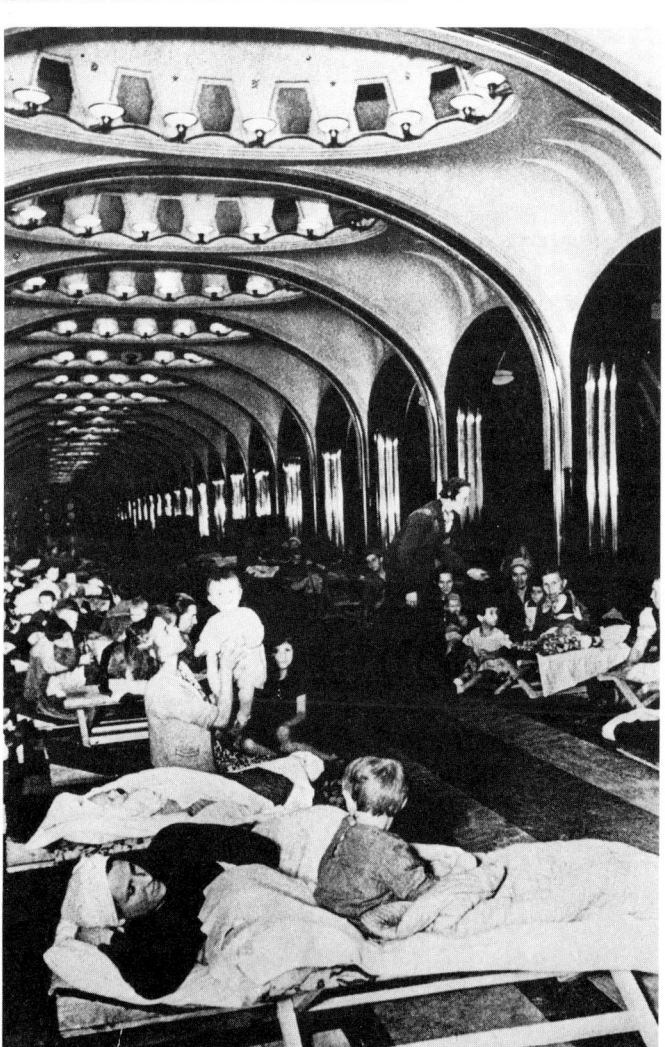

Die schweren Regenfälle im November 1941 bereiteten den deutschen motorisierten Truppen große Schwierigkeiten. Die russischen Straßen verwandelten sich alsbald in Schlamm und kurz darauf in Schnee und Eis.

entschloß sich Stalin – nachdem er die Nachricht vom Fall von Kalinin erhalten hatte –, die Regierung aus der Stadt zu evakuieren. Die entsprechenden Weisungen wurden noch vor dem Morgengrauen des 15. erteilt. Alle wichtigen Institutionen des Staates und der Partei, alle Ministerien, der größte Teil der Moskauer Parteiorganisation wurden aus der Stadt verlegt, aber ein Teil des Politbüros, des Staatsverteidigungskomitees (GKO – „Gosudarstwemuj Komitet Oboroni") und das Generalstabshauptquartier, auch Oberstes Kommando (Stawka – „Werchownij Komandujuschtij"; ihm unterstand direkt der Generalstab) genannt, sollten zurückbleiben.

Das Diplomatische Corps wurde nach Kuibischew an der Wolga eingewiesen. In der Botschaft der USA gab es so etwas wie eine Panik. Der US-Militärattaché glaubte, die Russen seien nun erledigt. Major Iwan Yeaton glaubte, es werde nur mehr ein paar Tage dauern. Oberst Philip Faymonville meinte, es werde sogar schon in ein paar Stunden vorbei sein. In den Straßen war keine Miliz (die Polizei) mehr zu sehen. Da traf eine Nachricht ein: Botschafter Lawrence Steinhardt wurde in den Kreml gerufen. Dort fand er bereits den britischen Botschafter Sir Stafford Cripps vor. Außenminister Molotow teilte ihnen mit, daß sie sofort nach Kuibischew evakuiert würden. Er und Stalin würden in ein oder zwei Tagen nachkommen. Die Schlacht um Moskau gehe weiter.

Marschall I. T. Peresipkin wurde am 15. Oktober in den Kreml zu Stalin gerufen. Er traf dort eine Gruppe von Parteisekretären, die Anfang Oktober zu einer Tagung des Zentralkomitees einberufen worden waren. Aber die Sitzung fand wegen der schweren militärischen Krise niemals statt.
Peresipkin erhielt von Stalin den Befehl, Nachrichtenverbindungen mit dem neuen Standort des Obersten Kommandos herzustellen, allerdings war dieser Standort jetzt noch nicht ausgewählt worden. Peresipkin schlug Kuibischew vor, weil die Verbindungen dorthin ausgezeichnet seien. Stalin lehnte das aber ab. Es werde in Kuibischew viel zu viele Ausländer geben, meinte er. Darauf schlug Peresipkin dann Kasan vor, das ebenfalls an der Wolga liegt. Aber Stalin war auch damit nicht einverstanden und nannte eine dritte Stadt, deren Name aber bis heute von den sowjetischen Zensoren nicht freigegeben worden ist. Es handelte sich um eine kleine Provinzstadt, die nicht einmal an einer Haupteisenbahnlinie lag. Peresipkin war verzweifelt. Die Verbindungen dorthin waren keineswegs gut. Nichtsdestoweniger machte sich der Generalstab, geführt von Marschall Schaposchnikow, am 17. Oktober dorthin auf den Weg und ließ nur eine kleine Gruppe, geführt von Marschall Wassilewski, in Moskau zurück. Peresipkin richtete nun ein Nachrichtenzentrum in zwei Eisenbahn-Nachrichtenzügen ein und nannte es in der Hoffnung auf den kommenden Sieg: Viktoria!

Überall herrschte Verwirrung. Die Eisenbahnen waren belagert, deutsche Flugblätter waren überall zu sehen. Gerüchte über die Juden verbreiteten sich in der Stadt. Manche sagten, daß Parteimitglieder diese Gerüchte verbreiteten, andere meinten, die Deutschen seien dafür verantwortlich. Wie immer es gewesen sein mag, die Parteiorganisation gab schließlich über das Radio förmliche Dementis aus. Rauch drang aus den Kaminen des Lubjanka-Hauptquartiers der Geheimpolizei, wo Tausende von Akten verbrannt wurden. Manche Leute fanden ihre eigenen Dossiers, die halb verbrannt durch die Luft flogen. Auf den Straßen nach dem Osten entstanden gewaltige Verkehrsstockungen. Die Polizei- und Militärabteilungen versuchten, durch dieses Wirrwarr einen Weg zu bahnen, indem sie einfach die Autos in die Gräben warfen oder von der Straße wegführten, so daß die Geleitzüge durchkommen konnten. Manchmal erschossen sie auch Wagenlenker, deren Lastwagen oder Autos zusammengebrochen waren.

Am Morgen des 16. Oktober verkehrte die Untergrundbahn in Moskau nicht, auch die Straßenbahnen blieben stehen, die Bäckereien und die Lebensmittelgeschäfte hatten geschlossen. Arbeiter fanden in vielen Fällen die Tore ihrer Fabriken geschlossen, die Büros leer. Viele hatten kein Geld, weil die Zahlstellen gesperrt waren. In den Banken war das Papiergeld ausgegangen, und Finanzminister Zwerew

Russische Jäger auf Patrouille über Moskau.

war nach Kuibischew geflogen. Diese Lage wurde Stalin bei einer Sondersitzung im Kreml gemeldet. „Was macht das!" sagte er. „Ich glaube, es wird noch schlimmer werden!" Jedenfalls gab er aber Befehl, die Lebensmittelgeschäfte und Verpflegungsstellen zu öffnen und die Verkehrsmittel der Stadt wieder in Gang zu bringen. Er befahl auch, daß die Spitäler und Kliniken in Betrieb bleiben sollten, und wies die Parteisekretäre an, sich über das Radio an die Bevölkerung zu wenden, um die Panik zu unterdrücken.

Niemand weiß, ob Stalin in Moskau blieb. Er schickte seinen Sohn Wassili und seine Tochter Swetlana nach Kuibischew. Besucher des Büros von Stalin im Kreml erinnerten sich, daß alle Möbel entfernt worden waren, selbst die Gemälde waren von den Wänden genommen. Er befand sich jedenfalls in der Nacht vom 15. auf den 16. Oktober in Moskau, denn er besuchte damals den verwundeten General Jeremenko im Spital von Serebrjanski Pereulok im Herzen Moskaus. Am 19. Oktober aber wird der Kreml in einem Bericht als „dunkel und leer" beschrieben.

Stalin blieb jedenfalls nicht lange fern von Moskau. Am 19. Oktober fand eine Sitzung des Staatsverteidigungskomitees statt, bei der es zwar heiß zuging, aber dafür gestimmt wurde, die Verteidigung der Stadt fortzusetzen. Ein Dekret über die Verhängung des Belagerungszustandes wurde beschlossen und entsprechende Plakate am 20. Oktober angeschlagen. Am 19. gab Stalin Schukow die Erlaubnis, die Truppen auf eine neue innere Verteidigungslinie zurückzuziehen, die an einigen Stellen nur noch einige Kilometer von Moskau entfernt waren. Diese Linie verlief von Nowo-Sawidowki über Klin, das Istra-Reservoir, die Stadt Istra, Sharworonki, Krasnaja Pachra – ein beliebtes Ausflugsziel der Moskauer – schließlich über Serpuchow nach Aleksin.

Die Schreckensmeldungen nahmen kein Ende. Die Verteidigungslinie hielt nur mit Mühe und gab an einigen Stellen auch nach. Aber im ganzen hielt sie: denn die sowjetischen Streitkräfte waren nun konzentriert. Sie kämpften mit dem Rücken zur Hauptstadt. Vorräte und Nachrichtenverbindungen bedeuteten keine Schwierigkeiten. Auch die Befehlshierarchie war vereinfacht. Tula, diese alte Waffenschmiede, wurde der südliche Drehpunkt. Während die Deutschen im Norden noch einiges an Boden dazugewannen und der Druck sich keineswegs verringerte, so verwandelte sich ihr rascher Vormarsch doch nur in ein langsames Kriechen.

Am 1. November berief Stalin Schukow zu sich in den Kreml. Konnte man es wagen, die traditionelle 7.-November-Parade auf dem Roten Platz abzuhalten? Schukow dachte ein wenig nach und sagte dann: „Ja." Die Deutschen waren nicht in der Lage, sogleich ihre Offensive zu erneuern, aber, so meinte er, es müsse einen ausreichenden Luftschirm geben.

Am 7. November wurde die Parade abgehalten. Es schneite ein wenig. Vor dem Lenin-Mausoleum auf dem Roten Platz nahm Marschall Budjonni die Parade ab. Panzer fuhren vom Vorbeimarsch direkt an die Front zurück. Stalin hielt am Vorabend seine traditionelle 7.-November-Rede in der Majakowski-Station der Moskauer Untergrundbahn.

Russische Truppen paradieren zum Jahrestag der Bolschewistischen Revolution am 7. November 1941 über den Roten Platz.

Moskau hatte standgehalten, aber für wie lange noch? Schukow wußte, daß die Deutschen Kräfte für einen letzten Ansturm sammelten. Es gelang ihm, Stalin weitere 100.000 Mann abzuringen, ferner 300 Panzer und 2000 Geschütze, darunter einige, die aus dem belagerten Leningrad herausgeflogen wurden.

Hitler hatte sich am 7. November entschlossen, den Angriff auf Moskau fortzusetzen. Ob er nun die Stadt einnehmen konnte oder nicht, jedenfalls hoffte er, die Verbindungen Moskaus mit Sibirien in dessen Rücken abzuschneiden. Generalstabschef Halder hielt eine Besprechung der höchsten Kommandeure am 15. November in Orscha ab und legte dort die Ziele des Angriffes fest. Die Befehlshaber sollten versuchen, bis nach Gorki, 350 Kilometer östlich an der Wolga, vorzustoßen. Die deutschen Kommandeure hörten diese Nachricht nicht gerade mit Enthusiasmus an, aber keiner scheint sich darüber beschwert zu haben. Generalfeldmarschall Guderian sagte später, daß er damals nervös zu werden begann. Er hatte gehört, daß die Russen an seiner südöstlichen Flanke bei Rjasan und Kolumna neue Divisionen aus Sibirien massierten.

Schließlich brachen die Deutschen bei Klin durch und zwangen Rokossowski, sich mit der 16. Armee auf das Istra-Reservoir und den Fluß Istra zurückzuziehen. Über Rokossowskis Rückzug gab es heftigen Streit. Er war von Schukow angewiesen worden, die Stellungen zu halten, mißachtete aber diesen Befehl, überging auch Schukow persönlich und ließ sich den Befehl zum Rückzug von Marschall Schaposchnikow vom Obersten Kommando erteilen. Dies rief den Einspruch Schukows hervor: „Ich befehlige hier die Truppen an dieser Front! Sie haben sich nicht einen Schritt zurückzuziehen!"

Am 19. November, dem Tag, nachdem die zweite deutsche Offensive gegen Moskau begonnen hatte, rief Stalin Schukow an:

„Sind Sie sicher, daß Sie imstande sein werden, Moskau zu halten?" fragte er. „Ich stelle diese Frage schweren Herzens. Sagen Sie es mir aufrichtig, als ein Parteimitglied."

„Es steht außer Frage, daß wir imstande sein werden, Moskau zu halten", erwiderte Schukow. „Aber wir werden mindestens noch zwei weitere Armeen und zweihundert Panzer brauchen."

„Ich bin froh, daß Sie so sicher sind!" sagte Stalin. „Rufen Sie Schaposchnikow an, und sagen Sie ihm, wo Sie die beiden Reservearmeen konzentriert haben wollen; sie werden gegen Ende November bereitstehen, aber wir haben gegenwärtig keine Panzer."

Schukow rief Schaposchnikow an und besprach mit ihm, daß die 1. Stoßarmee, die damals gebildet wurde, in das Gebiet von Jachroma geschickt werden sollte und die 10. Armee in die Gegend von Rjasan.

In manchen Augenblicken schien die deutsche Offensive außerordentlich bedrohlich. Aber trotz allem Blitz und Donner, so gefährlich auch die deutschen Angriffe waren, so begann der Druck doch langsam schwächer zu werden.

Die Deutschen griffen im Gebiet von Tula noch einmal an und wurden zurückgeschlagen. Am 29. November drang eine deutsche Einheit über den Moskau-Wolga-Kanal nordwestlich von Moskau vor und nahm eine Brücke in der Nähe von Jachroma. Am 1. Dezember griffen die Deutschen entlang der Hauptstraße Minsk–Moskau heftig an und drangen bis Akulowo und Golitsino vor, wo man sie schließlich aufhalten konnte, nachdem sie 50 Panzer und 10.000 Mann an Toten verloren hatten. Am 2. Dezember stießen die Deutschen zu einem Punkt, 8 Kilometer nordöstlich von Swenigorod, vor, einer nordwestlichen Vorstadt von Moskau. Bei einem Durchbruch nach Aprelewka wurde am 1. Dezember im Naro-Fominsk-Abschnitt von den Deutschen ein kleiner Geländegewinn erzielt.

In den 20 Tagen der zweiten Offensive gegen Moskau verloren die Deutschen etwa 155.000 Mann an Toten und Verwundeten, 800 Panzer, 300 Geschütze und 1500 Flugzeuge.

Am 5. Dezember schrieb General Guderian in sein Tagebuch: „Die Offensive gegen Moskau ist zu Ende. Alle Opfer und Anstrengungen unserer großartigen Truppen waren vergeblich. Wir haben eine schwere Niederlage erlitten."

X. Das belagerte Leningrad

Ein hungernder Mann mit seiner Tagesration an Lebensmitteln.

An einem Tag Mitte Oktober ging Wsewolod Kotschetow, ein Zeitungsreporter, mit seiner Frau Vera den Leningrader Newskiprospekt entlang. Unweit der Büros der „Leningradskaja Prawda", wo Kotschetow arbeitete. Neben dem Eingang einer Apotheke bemerkten sie einen auf dem Gehsteig liegenden alten Mann. Sein Hut lag auf dem Boden, und langes, wirres Haar fiel ihm über die Schultern. Sie versuchten, den Mann auf die Beine zu bringen, aber er protestierte schwach. Kotschetow ging in die Apotheke und bat um Hilfe. Der Apotheker zeigte sich ärgerlich.

„Was glauben Sie, junger Mann", sagte er, „daß das hier eine Erste-Hilfe-Station ist? Hunger ist eine schreckliche Geschichte; Ihr alter Mann ist vor Hunger zusammengebrochen." Kotschetow begriff zum erstenmal, daß er ein Opfer des Hungers vor sich hatte. Er suchte einen Polizisten, damit dieser ihm helfe, aber inzwischen war der alte Mann schon tot.

Die Wirkung des Hungers zeigte sich in Leningrad rasch. D. W. Pawlow, der Lebensmitteldiktator, hatte die Rationen drastisch gekürzt. Im Oktober erhielten Nichtwerktätige und Kinder als Ration nur 150 Gramm Brot schlechter Qualität pro Tag. Sie bekamen 450 Gramm Fleisch im Monat plus 675 Gramm Hülsenfrüchte, 337,5 Gramm Sonnenblumenöl und 1350 Gramm Kuchen oder Süßwaren. Sonst nichts. Meist erhielt man diese Rationen gar nicht, oder es wurde Ersatz ausgegeben: Fisch statt Fleisch, billige Zuckerwaren statt Fett und Öl. In das Brot kamen mehr und mehr Ersatzstoffe, Zellulose, Stroh und Gott weiß was. Neue Lebensmittelkarten wurden ausgegeben, insgesamt für 2,421.000 Menschen. Alle Sonderrationen wurden eingestellt. Wer die Rationierungsverordnungen übertrat, dem drohte Erschießung.

Pawlow trieb Nahrungsmittel auf, wo immer es nur möglich war. Er plünderte die Vororte und brachte etwa 10.000 Tonnen Kartoffeln und Gemüse auf, bevor noch die Felder zufroren. Er rettete 8000 Tonnen Malz aus den Brauereien und 5000 Tonnen Hafer aus den Lagerhäusern der Armee. Pferde wurden geschlachtet, Zweige wurden gesammelt und gekocht, Baumwollkuchen und Knochenmehl wurden verwendet, Fichtenholzmehl wurde verarbeitet und dem Brot zugesetzt. Verschimmeltes Getreide wurde aus gesunkenen Frachtschiffen geborgen und aus den Frachträumen der Schiffe herausgekratzt. Bald enthielt das Brot in Leningrad 10 Prozent Baumwollkuchen, der bearbeitet worden war, um Giftstoffe zu entfernen. 500 Tonnen Getreide oder Mehl wurden aufgebracht, indem man alte Lagerhäuser auskehrte.

Es wurde kälter. Mitte Oktober fiel Schnee. Im September hatte es eine Petroleumration von 7 Litern gegeben, im Oktober dagegen nichts und ebensowenig in den folgenden Monaten. Die Leute begannen abzumagern, wurden immer dünner und immer gelber. Manche begannen wie Tiere auszusehen, sie kämpften um jede Brotkruste. Bomben und Granaten regneten auf sie herab. Im Oktober waren es 7500 Granaten, 991 Bomben und 31.398 Brandbomben, im November 11.230 Granaten, 7500 Bomben, im Dezember 6000 Granaten und 2000 Bomben. Die Gebäude brannten nieder, Menschen wurden unter den Trümmern begraben. Immer häufiger konnte man sie nicht mehr herausholen.

Aber der Kampfgeist der Stadt erlosch nicht. Am 25. Oktober gab die Leningrader Philharmonie ein Konzert. Die Zuhörer saßen in ihren Mänteln, denn es gab keine Heizung. Die Leningrader Buchhandlungen – manche von ihnen hundert Jahre alt und mehr – hielten offen. Professor Orbeli, der Direktor des großen Eremitage-Museums hielt zum 100. Jahrestag des Geburtstages von Nisami, des Nationaldichters von Aserbeidschan, eine große Feier ab. Das berühmte Observatorium von Pulkowo befand sich in der Frontlinie unter Artilleriefeuer der Deutschen. Die Professoren A. N. Deich und N. N. Pawlow unternahmen nächtliche Expeditionen zu den zerstörten Gebäuden. Sie krochen im Feuer der Deutschen hinaus, um kostbare wissenschaftliche Unterlagen zu retten.

Im November begann die Hungersnot erst richtig. Die Menschen rissen Tapeten von den Wänden und kratzten den trockenen Klebstoff ab, weil sie glaubten, er sei aus Kartoffelmehl gemacht. Sie kauten das Papier, und manche aßen sogar den Verputz, zumindest, so sagten sie, fülle es ihre Mägen. Meerschweinchen, weiße Mäuse und Kaninchen verschwanden aus den Laboratorien, ebenso die Katzen und Hunde auf den Straßen.

„Heute ist es so einfach zu sterben", schrieb Jelena Skrjabina in ihr Tagebuch. „Man beginnt einfach das Interesse zu verlieren, dann liegt man im Bett und steht nicht mehr wieder auf."

Die Lebensmittelrationen wurden wieder und wieder gekürzt, aber die Lage der Stadt besserte sich nicht. Alle Anstrengungen, den Belagerungsring zu sprengen, schlugen fehl. Statt dessen eroberten die Deutschen in einem plötzlichen Vorstoß den Eisenbahnknotenpunkt Tichwin, etwa 200 Kilometer südöstlich von Leningrad. Tichwin fiel am 8. November. Es war eine der wichtigsten Stationen der nördlichsten Eisenbahnlinie nach Wologda. Sein Fall vernichtete die Hoffnungen, größere Mengen von Lebensmitteln über den Ladogasee nach Leningrad bringen zu können. Nachschub war schon bisher nur sehr langsam in die Stadt gekommen. Jetzt würde man – falls es nicht gelang, Tichwin zurückzuerobern – eine 350 Kilometer lange Straße durch die Wildnis an das äußerste Ufer des Ladogasees bauen müssen. Hitlers Erwartung, Leningrad durch Hunger zur Unterwerfung zu zwingen, schien sich zu erfüllen. Die Zahl der Hungertoten begann zu steigen. Im November waren 11.000 verzeichnet worden, verglichen mit 12.500 Toten von September bis November durch Granatbeschuß oder Luftbombardement. Ein schwarzer Markt für Lebensmittel florierte. Man gab einen Diamantring für ein Pfund grobes Schwarzbrot. Diebe schlugen alte Frauen nieder und stahlen ihre Lebensmittelkarten – es wurde gefährlich, sich bei Nacht in den Straßen von Leningrad zu bewegen, und für Schwache, Alte und Hungrige war es sogar bei vollem Tageslicht gefährlich. Der Geschlechtstrieb verschwand bei der hungernden Bevölkerung. Die Geburtenrate fiel nahezu auf den Nullpunkt.

Für Leningrad schien die letzte Stunde geschlagen zu haben. Über den rasch zufrierenden Ladogasee kamen nur wenig Lebensmittel herein. Flugzeuge konnten nur kleine Ladungen der wichtigsten Medikamente bringen, Anstrengungen waren unternommen worden, um Leute aus Leningrad zu Schiff herauszubringen, aber die deutschen Sturzkampfbomber versenkten die Schiffe. Das Kanonenboot „Konstruktor" sank auf dem See, dabei ertranken 204 Menschen, meist Frauen und Kinder. Der See fror am 16. November gänzlich zu, aber nur 25.000 Tonnen an Lebensmitteln waren seit September auf dem „Seeweg" hereingebracht worden, Lebensmittel für 20 Tage für die Stadt, die aber 65 Tage gebraucht hatten, um geliefert zu werden. Anfang November besaß Leningrad nur mehr für knapp zwei Wochen Lebensmittelvorräte.

Der deutsche Rundfunk erklärte: „Leningrad wird früher oder später fallen. Niemand kann es befreien. Niemand kann den Belagerungsring sprengen. Leningrad ist dem Untergang durch Hunger geweiht."

Man konnte Hitler kaum der Lüge zeihen. Wie sollte sich die Stadt halten? An dem Tag, an dem Tichwin fiel, hatte Leningrad nur noch für 7 Tage Mehl, für 8 Tage Hülsenfrüchte, für 14 Tage Fett und für 22 Tage Zucker. Kein Fleisch.

Der nächste Punkt, an den Eisenbahnzüge herankommen konnten, war nun die kleine Eisenbahnstation von Saborje, 170 Kilometer von Wolchow entfernt. Die Entfernung von Saborje zum Ladogasee betrug 350 Kilometer, und es gab dorthin keine Straße.

Wieder wurden die Lebensmittelrationen gekürzt, obwohl dies die Bevölkerung zu noch rascherem Verhungern verurteilte. Arbeiter erhielten 300 Gramm Brot pro Tag, alle anderen nur die Hälfte. Die Soldaten erhielten 600 Gramm Brot und 125 Gramm Fleisch.

Die einzige Hoffnung war, daß das Eis auf dem Ladogasee fest genug werden würde, um Lebensmittel über den zugefrorenen See transportieren zu können. Aber das Eis bildete sich nur langsam. Am 20. November wurde die Lebensmittelration wieder gekürzt: 250 Gramm Brot für Fabriksarbeiter und 125 Gramm für alle anderen. Die Truppen an der Front bekamen 500 Gramm.

Dies verminderte den Verbrauch an Mehl in Leningrad auf 510 Tonnen pro Tag bei einer Bevölkerung von ungefähr 2,5 Millionen. Nach einer Schätzung verurteilte das die Hälfte der Bevölkerung von Leningrad zum Hungertod, aber es gab keine Alternative. Das Produkt, das die Leningrader Brot nannten, enthielt von nun an 25 Prozent an „eßbarer Zellulose". Arbeiterkolonnen wurden in die Umgebung gesandt, um Fichten- und Tannenrinde zu sammeln. Jedem Bezirk der Stadt wurde vorgeschrieben, eine bestimmte Quote an eßbarem Sägemehl zu produzieren.

Die offizielle Geschichte von Leningrad erklärt: „November war der gefährlichste Monat der ganzen Blockade, nicht nur wegen der bestehenden Schwierigkeiten, sondern auch wegen der Ungewißheit. Krieg ist Krieg, und es war schwierig vorauszusagen, welchen Weg die Entwicklung rund um Leningrad nehmen würde. Die Faschisten konnten eine neue Offensive sowohl gegen Swirstroi als auch gegen Wologda führen. Eine solche Möglichkeit war nicht auszuschließen."

Am 1. Dezember ging die Schriftstellerin Vera Inber die Wolfstraße hinunter und sah etwas noch nie zuvor Gesehenes, nämlich eine Frau, die auf einem Kinderschlitten eine wie eine ägyptische Mumie in Tücher gewickelte Leiche hinter sich herzog. Dies sollte aber bald ein sehr häufiger Anblick werden, der niemandem auch nur besonders auffiel. Dieser Tag war der 92. der Blockade von Leningrad.

Eine Kolonne deutscher Kriegsgefangener bei Leningrad.

Ende September und Anfang Oktober hatte es einige schwächliche und erfolglose Versuche gegeben, die Blockade von Leningrad zu durchbrechen. Die 4. Armee, die die einzige Eisenbahnlinie, die zum Ladogasee führte, hätte schützen sollen, zog sich allmählich zurück und räumte am 8. November Tichwin.

Nun mußte etwas Radikales geschehen. Der Befehl über diese Armee wurde dem General K. A. Meretskow übertragen, der sich als Befehlshaber der 7. Spezialarmee in der Verteidigung des Swir-Flusses nordöstlich von Tichwin als befähigt und hart erwiesen hatte.

Meretskow flog nach Bolshoi Dwar, wo sich das Hauptquartier der 4. Armee befand. Dort brachte er zunächst den Stab „auf Vordermann". Zusammen mit General Fedjuninski, der die 54. Armee befehligte, wurde eine Offensive eingeleitet, um die Deutschen zurückzuwerfen. Sie begann schließlich am 5. Dezember, nicht ohne daß es zu einem heftigen Streit zwischen Meretskow und dem Polizeigeneral Kulik gekommen war, den Stalin abgesandt hatte, um die Angriffsvorbereitungen zu beschleunigen. Fedjuninski griff vom Norden an und setzte dabei die 60-Tonnen KW-Panzer ein, die irgendwie über das Eis des Ladogasees herangebracht worden waren.

Es gab heftige Kämpfe in der bitteren Kälte, und am 8. Dezember wurde Tichwin zurückerobert. Ohne diesen Sieg hätte Leningrad nicht überleben können. Schon am nächsten Tag, am 9. Dezember, mußte in Leningrad die Straßenbahn den Verkehr einstellen. Es gab keine Kohlen mehr, um das Kraftwerk zu betreiben. Die Stadt hatte fast keine Elektrizität, es gab weder Licht für die Bewohner noch Energie für die Fabriken.

Pawel Luknitski, ein Kriegsberichterstatter, schrieb am 11. Dezember in sein Tagebuch: „Eine dunkle Nacht... Tichwin ist gerade im letzten Moment befreit worden.... Schneetreiben in den Straßen... Menschen mit Gesichtern, in denen die Erschöpfung geschrieben steht, wandern langsam wie dunkle Schatten umher. Mehr und mehr Särge... Hunger und Kälte und Dunkelheit."

Generaloberst Franz Halder schrieb am 13. Dezember in sein Tagebuch: „Der Befehlshaber der Heeresgruppe neigt zu der Meinung, daß nach dem Fehlschlag aller Versuche des Feindes, unseren Brückenkopf an der Newa zu liquidieren, wir die vollkommene Aushungerung Leningrads abwarten können."

Die einzige Hoffnung für Leningrad war der Ladogasee. Niemand war sicher, ob eine Straße über das Eis gebaut werden könne, aber er war immerhin der größte See Europas, und wenn er zufror, dann war das Eis für gewöhnlich ein bis eineinhalb Meter dick. Im allgemeinen bildete sich das Eis gegen Ende November. Die Idee einer solchen Eisstraße war in Rußland nichts Neues. Die Russen hatten auf dem gefrorenen Finnischen Golf während des Bürgerkrieges Operationen durchgeführt, und während des Krieges von 1904 mit den Japanern war über den Baikalsee eine Eisenbahn über das Eis gebaut worden.

Anweisungen zur Errichtung dieser Straße wurden am 3. November erteilt, und die ersten Vermessungstrupps gingen am 17. November auf das Eis. Die Dicke des Eises betrug auf dem größten Teil der Strecke 10 bis 20 Zentimeter, und die „Poljnia", die großen offenen Wasserstellen, schrumpften rasch zusammen. Am 19. November fuhr General N. F. Lagunow, der mit der Herstellung der Eisstraße beauftragt war, über den See und wieder zurück. Das war einen Tag, bevor die Lebensmittelrationen in Leningrad auf 150 Gramm Brot pro Tag und Kopf vermindert worden waren.

Leningrader füllen aus einem gebrochenen Wasserrohr auf dem Newskiprospekt Wasser in Eimer.

Am nächsten Tag ging der erste Transport über das Eis. Es waren 350 von Pferden gezogene Schlitten. Die Kolonne erstreckte sich über 8 Kilometer. Sie erreichte gegen Abend Kobona am Westufer, lud dort ab und kehrte wieder zurück. In den frühen Morgenstunden des 21. November trafen die ersten Tonnen Lebensmittel, die über die Eisstraße nach Leningrad gebracht worden waren, in der Stadt ein. Am 23. November brachten 60 Lastwagen 33 Tonnen Mehl nach Leningrad. Am 25. November betrug die Lieferung 70 Tonnen, am 26. 154 Tonnen, am 30. November waren über die Eisstraße schon 800 Tonnen Mehl geliefert worden, zwei Tage Gesamtverbrauch bei Hungerrationen. Nach und nach verbesserte sich die Anlieferung, besonders nach der Wiedereroberung von Tichwin. Aber Dutzende von Lastwagen versanken durch offene Stellen des Eises im See. Deutsche Jäger beschossen die Straße, dennoch wurde die Nachschubversorgung aufrechterhalten. Die Lieferungen stiegen bis auf 700 Tonnen am 22. Dezember und 800 Tonnen am 23. An jenem Tag befahl der Parteichef Schdanow die Erhöhung der Ration der Leningrader um 100 Gramm für Arbeiter und 75 Gramm Brot für alle anderen. Zu den Gründen dieser Verfügung gehörte auch die Verringerung der Bevölkerung. Die Zahl der Toten in Leningrad im Dezember wurde auf 53.000 geschätzt, aber die Statistiken sind nicht verläßlich. Steifgefrorene Leichen begannen sich an den Eingängen der städtischen Leichenhallen, der Spitäler und Friedhöfe anzuhäufen.

Schdanows Rationserhöhung zu Weihnachten war ein Wagnis. Der Rundfunk sendete nicht mehr, weil es an Elektrizität fehlte, und die Parteifunktionäre hatten kaum mehr die Kraft, die gute Nachricht unter dem Volk zu verbreiten. Am 26. Dezember fand eine Versammlung des Schriftstellerverbandes statt. Die Romanautorin Vera Ketlinskaja sprach: Bald, so erklärte sie, würden die sowjetischen Truppen Mga zurückerobern, und der Belagerungsring werde durchbrochen werden. Tausende Tonnen von Lebensmitteln warteten jenseits des Einschließungsringes darauf, nach Leningrad gebracht zu werden. Vielleicht werde zum neuen Jahr das Schlimmste vorüber sein.

Die hungernden Soldaten der Roten Armee traten zwar zu einer schwächlichen Offensive an, konnten aber den Deutschen Mga nicht entreißen. Um Neujahr herum begannen die Lieferungen über den Ladogasee, die „Straße des Lebens", wie die Leningrader sie nannten, plötzlich geringer zu werden. Am 1. Januar 1942 hatte Leningrad nur noch für zwei Tage Mehl im Vorrat.

Eines Tages kam einer der Fahrer über den Ladogasee, Filip Saposchnikow, nachdem er seine Ladung Mehl abgeliefert hatte, spät in seine Unterkunft zurück. Er fand eine Nachricht: „Fahrer Saposchnikow, gestern haben durch Ihre Schuld 5000 Leningrader Frauen und Kinder wieder keine Brotration bekommen."

Die Temperatur auf der Straße über das Eis betrug zwischen 20 und 40 Grad unter Null. Der Nordwind wehte unaufhörlich. Parteichef Schdanow traf harte Maßnahmen, um die Lieferungen zu vergrößern, aber in der Leningrader offiziellen Geschichte heißt es: „Niemals hat Leningrad derartig tragische Tage erlitten; am Abend sank die Stadt in eine unbeschreibliche und undurchdringliche Finsternis, nur ein gelegentliches Aufflackern von Feuern und die roten Blitze der explodierenden Granaten durchdrangen die Dunkelheit. Der große Körper der Stadt war fast ohne Leben. Hunger machte sich immer stärker bemerkbar."

In den unterirdischen Kellern des Eremitage-Museums lebten Menschen, arbeiteten und starben. Die Räume waren nur von kleinen Kerzenstumpfen erleuchtet, Gelehrte wärmten Tinte durch ihren Atem, damit sie nicht einfror. In diesen Kellern lebten mehr als 2000 Menschen. In jenen Tagen der arktischen Kälte in Leningrad hielten sich Künstler am Leben, indem sie malten. Alexander Nikolski, der Chefarchitekt von Leningrad, veranstaltete in den Eremitagekellern eine Ausstellung. Er zeichnete Pläne für eine künftige Stadt, für einen Triumphbogen, für einen Park des Sieges. „Unsere Stadt aufzugeben ist unmöglich, es ist besser zu sterben als aufzugeben", schrieb er in sein Tagebuch. Kapitän A. F. Tripolski, ein U-Boot-Kommandant, besuchte Direktor Orbeli in dessen kaltem, dunklem Büro. Orbeli zündete zu Tripolskis Ehren eine Kerze an. Als Tripolski die Eremitage wieder verließ, ging er die Stufen am Newa-Ufer hinunter und hinaus auf das Eis, wo der „Polarstern", einst die Jacht des Zaren, eingefroren lag. Er besprach mit dem Chefelektriker, eine elektrische Leitung an Land zu führen, und bald hatte Orbeli in seinem Zimmer Licht und durch einen elektrischen Ofen Wärme.

Öfter und öfter wurde Orbeli um Särge ersucht. Die Eremitage hatte einen Vorrat an Packkisten und war damit fast die einzige Quelle in der Stadt für Särge. Schließlich mußte Orbeli diese Bitten ablehnen. Der Tischler der Eremitage war Hungers gestorben.

Die Leichenberge wuchsen so sehr, daß Pionierabteilungen eingesetzt werden mußten, um in die gefrorene Erde lange Gräben zu sprengen. Einer dieser großen Gräben wurde dann später zum Piskarew-Friedhof. Bagger wurden eingesetzt, Wsewolod Kotschetow sah sie eines Nachts bei der Arbeit. Er glaubte, daß neue Befestigungen gebaut würden.

Aber sein Fahrer korrigierte ihn: „Nein, sie graben Gräber, sehen Sie denn nicht die Leichen, das sind Tausende. Ich fahre jeden Tag vorbei, und jeden Tag heben sie einen neuen Graben aus."

„Niemals in der Geschichte der Welt", heißt es in der Leningrader offiziellen Geschichte, „gab es bisher eine Tragödie wie jene des Hungers in Leningrad."

Häufig blieben die Leute einfach in ihren Betten liegen, sie hörten auf, Essen zu sich zu nehmen. Wenn es dem Ende zuging, begannen sie unaufhörlich und in einem hohen Ton zu weinen, ihre zum Skelet abgemagerten Gesichter verzerrt. „Hungerpsychose", meinten die Ärzte.

Nikolai Markewitsch, ein Korrespondent der „Komsomolskaja Prawda", schrieb am 24. Januar in sein Tagebuch: „Die Stadt ist tot, es gibt keine Elektrizität. Ein warmes Zimmer gehört zu den größten Seltenheiten. Keine Straßenbahn, kein Wasser, fast die einzige Art des Transports sind Schlitten, die Leichen in offenen Särgen transportieren, meist nur mit Fetzen bedeckt oder halb bekleidet. Täglich sterben 6000 bis 8000."

Zu diesem Zeitpunkt begannen sich schreckliche Ereignisse zu mehren: Mörder, Kriminelle aller Art, ja selbst Kannibalen beherrschten die Stadt. Banden machten in den Straßen bei Nacht Jagd auf Kinder oder auch einzelne Fußgänger, besonders Frauen. Sie brachen in unbewachte Wohnungen ein. Manche beraubten die Leichenberge, die rund um die Spitäler angehäuft waren, und schnitten Arme und Beine ab. Euphemistisch nannte die hungernde Leningrader Polizei dies „eine neue Art des Verbrechens." Auf dem alten Heumarkt blühte der Schwarzhandel: Die Menschen kamen, um zu verkaufen und zu kaufen. Sie verkauften alle Wertsachen, die sie besaßen, um dafür Brot und andere Lebensmittel einzutauschen. Auf diesem Markt der Hungernden und Sterbenden gedieh eine besondere Art des Kaufmanns: wohlgenährt, hart, unbarmherzig und berechnend. Sie hatten Fleisch zu verkaufen, aber manchmal auch Faschiertes oder Würste. Fragen, woher das Fleisch komme, beantworteten sie nicht. Andere verkauften „Badajew-Erde", Gläser gefüllt mit Erde aus dem niedergebrannten Badajew-Lagerhaus. Die Erde war mit verbranntem oder geschmolzenem Zucker durchsetzt. Längst gab es in der Stadt keine Ratten und Mäuse mehr. Sie waren entweder verhungert oder gefangen und verzehrt worden. In der schlimmsten Periode der Belagerung, so erinnert sich ein Überlebender, war Leningrad in der Macht der Kannibalen. Gott allein weiß, was für fürchterliche Szenen sich hinter den Mauern mancher Wohnungen abspielten.

Im Leningrader Stadtmuseum werden herausgerissene Seiten aus dem Notizbuch eines Kindes aufbewahrt. Auf diesen sind folgende Eintragungen zu sehen:

„S. – Shenja starb am 28. Dezember um 12.30 Uhr, 1941.
B. – Babuschka starb am 25. Januar, 15 Uhr, 1942.
L. – Leka starb am 15. März, 5 Uhr, 1942.

Panzer aus den „Kirow"-Stahlwerken werden direkt an die Leningrader Front gebracht.

D. – Dedja Wasja starb am 13. April um 2 Uhr, 1942.
D. – Dedja Lescha, 10. Mai, 16 Uhr, 1942.
M. – Mama 13. Mai, 7.30 Uhr, 1942.
S. – Sawitschews starben, alle starben. Nur Tanja bleibt übrig."

Tanja Sawitschewa war ein elfjähriges Schulmädchen; das Notizbuch berichtet von dem Schicksal ihrer Familie, die im zweiten Trakt von Nummer 13 des Wassilewski-Blocks lebte. Tanja wurde im Frühjahr 1942 in ein Kinderheim in der Nähe von Gorki an der Wolga evakuiert. Sie litt an chronischer Dysenterie. Im Sommer 1942 starb auch sie.

Die Kämpfe zum Entsatz Leningrads zogen sich lustlos während des Winters in tiefen Wäldern und Sümpfen rund um Mga und Tichwin hin, aber die Sowjets hatten nur geringe Erfolge. Der Tod ging durch die Straßen Leningrads. Im Januar betrugen nach den konservativsten Schätzungen die Todesfälle 3500 bis 4000 pro Tag. Die Gesamtsumme für Januar und Februar wird vorsichtig auf etwa 200.000 geschätzt. Es gibt keine Parallelen für diese Zahlen in der modernen Geschichte. Am 1. Januar 1942 hatte Leningrad immer noch 2,282.000 Einwohner.

Nach und nach begann im Verlaufe des Januar der Transport über die Eisstraße besser zu funktionieren. In den ersten zehn Tagen kamen 10.300 Tonnen Lebensmittel herein, in den nächsten zehn Tagen 21.000, und die Menge stieg ständig. Energische Anstrengungen wurden unternommen, um Menschen aus Leningrad herauszubringen. Zum Winterende waren es 500.000 Tonnen. Die Lebensmittelrationen wurden am 24. Januar und wieder am 11. Februar angehoben, und zwar auf 500 Gramm Brot pro Tag für die Arbeiter, 400 für Angestellte, 300 für „Normalverbraucher" und Kinder.

Am 15. April waren über die Eisstraße 554.000 Menschen, einschließlich 25.000 Verwundeter, evakuiert worden.

Ende Februar unternahm Vera Inber die Fahrt über den Ladogasee. Es dauerte nur eineinhalb Stunden, um diese Ebene aus Eis zu überqueren, diese Fläche, die so verlassen schien wie der Nordpol, schneebedeckt und übersät mit Luftabwehrbatterien, den Trümmern ausgebrannter Lastautos und Verteidigungsstellungen. Die Opfer der Stadt waren nicht mehr zu zählen, aber am anderen Ufer des Sees trank Vera Inber doch mit General Fedjuninski: seine Truppen hatten geholfen, diese „Straße des Lebens" nach Leningrad offenzuhalten. Der Trinkspruch lautete: „Leben oder nicht leben, das ist nicht die Frage. Unser Leben gehört Leningrad." Als dann das Frühlingswetter die Schließung dieser Straße des Lebens erzwang, waren über sie von November bis April 24,272.000 Tonnen Lebensmittel, 32.000 Tonnen militärischer Nachschub und 38.000 Tonnen Brennstoffe transportiert worden. Im April lebten noch 1,1 Millionen Menschen in der Stadt, etwa die Hälfte der Einwohnerzahl vom Januar. Mehr Menschen waren während der Blockade gestorben als im Krieg in irgendeiner anderen modernen Stadt, mehr als zehnmal soviel als in Hiroshima. Die genaue Summe wird man nie wissen, die offiziellen sowjetischen Zahlen, die 1946 veröffentlicht wurden, lauteten 632.000 Tote für Leningrad selbst und einschließlich der Vorstädte 671.635. Heutige Schätzungen von Leningrader Funktionären setzen die Gesamtsumme aber eher bei einer Million an, und viele Leningrader glauben, daß auch das noch zuwenig ist. Fügt man die Todesfälle in der Umgebung hinzu, die sich während der Evakuierung ereigneten, so wird die Zahl wahrscheinlich auf 1,3 Millionen oder mehr steigen.

Aber die genaue Summe ist nicht wichtig. Wichtig ist, daß es sich um ein Opfer handelt, das in unserer Zeit keinerlei Parallele hat, ein Opfer, das fast ausschließlich von Zivilisten gebracht wurde, die in ihrer Stadt und für ihre Stadt starben. Nichts Ähnliches ist in irgendeinem Krieg geschehen, von dem wir etwas wissen. Leningrad hat überlebt. Hitler erreichte sein Ziel nicht, die Stadt dem Erdboden gleichzumachen. Die Stadt öffnete ihre Tore auch nicht im Frühjahr, um die hungernden Überlebenden hinauszulassen und sie der ungewissen Gnade ihrer deutschen Feinde auszuliefern. Als vielmehr die noch schwache Märzsonne Eis und Schnee zum Schmelzen brachte und die Trümmer und Leichen, die die Straßen Leningrads füllten, wieder zum Vorschein kamen, begannen die Überlebenden ihre wundervolle Hauptstadt noch einmal aufzuräumen. Jeder Überlebende war stolz auf die Ausdauer und Tapferkeit, die dieses Wunder möglich gemacht hatten.

Viele Jahre später wurde auf den Mauern der Gedächtnisstätte des Piskarew-Friedhofs, wo Hunderttausende Leningrader begraben sind, diese Inschrift angebracht: „Möge keiner vergessen; möge nichts vergessen werden."

Ein Geleitzug von Versorgungsfahrzeugen bei Nacht auf der Eisstraße über den Ladogasee.

Diese Aufnahme eines Soldaten der Roten Armee von Max Alpert wurde ein beliebtes Kriegsplakat.

XI. Die Rote Armee greift an

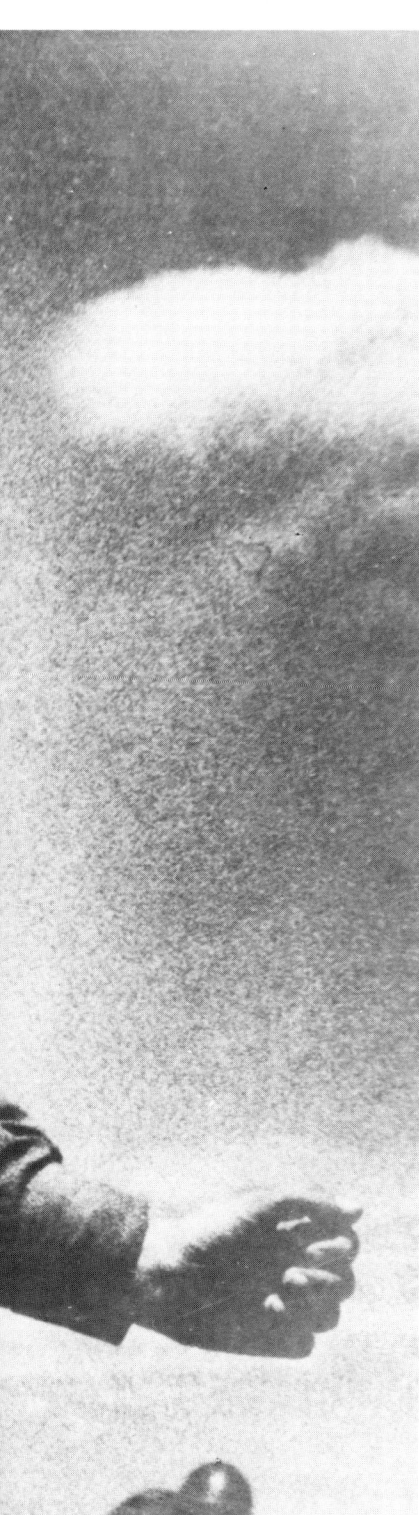

Während der Würgegriff der Kälte und des Hungers Leningrad immer enger umklammerte, die sowjetischen Streitkräfte aus der Ukraine flüchteten, an Rostow vorbei und in den Kaukasus, als die Moskauer Front unter der Novemberoffensive Hitlers erzitterte, begann Stalin mit seinen höchsten Militärs, den Marschällen Schukow, Schaposchnikow und Sokolowski, im geheimen einen Plan für eine Operation zu entwerfen, die den Verlauf des Krieges ändern sollte.

Stalin hatte Wochen hindurch gezögert, stärkere Kräfte der Fernost-Armee nach dem Westen zu bringen. Im Oktober und Anfang November begann er dann doch mit dieser Verlegung, da er nun sicher war, daß Japan sich auf den Pazifik konzentrieren werde und nicht auf Sibirien. Stalins Truppen aus dem Osten würden bei der Hand sein, um die Deutschen aufzuhalten, falls sie durchbrächen. Hielt aber die Frontlinie, dann konnten sie vielleicht eingesetzt werden, um dem Krieg eine totale Wende zu geben.

Stalin wurde durch die Erfolge Schukows sehr ermutigt, dem es gelungen war, den deutschen Vorstoß Ende Oktober zum Stehen zu bringen (allerdings war er, ebenso wie Stalin, in der ersten Phase der deutschen Novemberoffensive außerordentlich besorgt). Sein Stab begann nun, Pläne für einen Gegenschlag zu entwerfen.

Es begann mit einem Versuch, die Leningrader Blockade zu durchbrechen: das Ergebnis war die Wiedereroberung von Tichwin am 8. Dezember. Als nächstes wandten sich die angeschlagenen Truppen der Süd-Front doch noch einmal gegen die Deutschen, die ihre Nachschublinien allzu sehr ausgedehnt hatten. Die Sowjets gingen zum Gegenangriff über und eroberten Rostow zurück, das Tor zum Kaukasus und möglichen Ausgangspunkt für die Rückeroberung der Ukraine.

Zu diesem Zeitpunkt war Schukow überzeugt, daß nun die klassischen Voraussetzungen für eine plötzliche Umkehrung der Lage an der Front eingetreten seien. Alles, was er tun mußte, war, sich an der Moskauer Front festzukrallen, bis die Deutschen die äußerste Grenze ihrer Offensivkraft überschritten hatten. Inzwischen mußte er seine Reserven schonen und die neuen Armeen, die Stalin aus Sibirien nach dem Westen gebracht hatte, in die richtigen Positionen bringen – dann konnte er endlich Hitler seine Kräfte entgegenwerfen.

Er konnte es kaum erwarten. Seine Planung war abgeschlossen. Stalin hatte die 1. Stoßarmee, die 10. Armee und die neue 20. Armee in Stellungen hinter der russischen Front beordert. Die 1. Stoßarmee und die neue 20. Armee wurden nördlich von Moskau in einen Aufmarschraum genau östlich des Moskau-Wolga-Kanals eingewiesen und der Kalinin-Front, die General Konjew befehligte, zugeteilt. Die 10. Armee wurde in den Raum von Rjasan, südlich von Moskau, verlegt und stand dort Guderians Panzertruppen gegenüber. Guderian entdeckte die neuen sibirischen Divisionen sehr rasch und begann nun, Besorgnis zu äußern, was aber im deutschen Oberkommando keine besondere Beachtung fand, denn man war dort überzeugt, daß es sich äußerstenfalls um die letzten Todeszuckungen der Sowjets handeln könne.

Am 29. November telefonierte Schukow, der es nicht erwarten konnte, den Angriff durchzuführen, mit Stalin und verlangte, daß die frischen Streitkräfte seinem Befehl unterstellt würden, damit die Offensive beginnen könne. Es war der Tag, an dem die Sowjettruppen im Süden Rostow am Don zurückeroberten. Stalin sagte, er werde mit Schaposchnikow beraten.

„Sind Sie sicher, daß der Feind einen kritischen Punkt erreicht hat und nicht in der Lage ist, neue starke Kräfte in den Kampf zu werfen?" fragte Stalin.

„Der Feind hat sich weißgeblutet", versicherte Schukow.

An diesem Abend übertrug Stalin den Befehl über die neuen Armeen an Schukow, und dieser legte dem Obersten Kommando den Plan seiner Gegenoffensive vor. Er wollte mit zwei starken, flankierenden Stoßkeilen nördlich und südlich von Moskau angreifen, um die Hauptkräfte der Deutschen, die vor Moskau standen, einzuschließen und zu vernichten. Schukow hoffte zumindest, imstande zu sein, die Deutschen von den Toren Moskaus zu vertreiben.

Stalin stimmte Schukows Plan am 2. Dezember zu. Spät in der Nacht des 4. Dezember telefonierte Stalin noch einmal mit Schukow und fragte:

„Was können wir noch tun, um der Front zu helfen?"

Schukow bat um mehr Panzer und mehr Luftunterstützung. Stalin hatte aber keine Panzer zur Verfügung, versprach jedoch Flugzeuge. Er wollte, daß die Sowjettruppen am nächsten Morgen angreifen sollten, aber da es heftig schneite, kam die Gegenoffensive erst am Morgen des 6. Dezember in Gang.

Der große deutsche Kriegstheoretiker, Carl von Clausewitz, nannte den „Gipfelpunkt der Schlacht" jenen Augenblick, in dem ein Gegner als Ergebnis seiner Verluste in der Tiefe des feindlichen Territoriums aus der Offensive zur Defensive übergehen muß.

Für die andere Seite, so erklärte Clausewitz, sei dies der kritische Punkt, dies der Augenblick, an dem man zuschlagen müsse.

Hitlers Generäle waren sich der Maxime Clausewitz' sehr wohl bewußt, sie glaubten aber nicht, daß die Russen noch die Kraft besäßen, zurückzuschlagen. Noch am 3. Dezember hatte Generalfeldmarschall von Bock hoffnungsvoll von der Möglichkeit – wenn auch nur einer schwachen Möglichkeit – gesprochen, daß Moskau doch noch genommen werden könne. Die deutschen Generäle legten den Nachrichten über einen starken Kräfteaufbau der Sowjets keine Bedeutung bei, und als die sowjetischen Angriffe begannen, unterschätzten sie das Unternehmen und glaubten an nur lokale Offensiven. Erst am 7. Dezember begann der deutsche Generalstab zu begreifen, daß etwas Ernsteres im Gange war.

Und es war sehr ernst. Am 6. Dezember begann der Kampf an der gesamten Moskauer Front. Die verstärkten sowjetischen Streitkräfte gingen zum Angriff über, und obwohl sie noch keine zahlenmäßige Überlegenheit gegenüber den Deutschen besaßen, drangen sie doch vor.

In den ersten Tagen waren die Kämpfe schwer. Die Bodengewinne der Russen waren klein, besonders an der Kalinin-Front. Nach und nach begann die Rote Armee jedoch in Bewegung zu geraten. Für ein paar Tage hielt Stalin die guten Nachrichten noch zurück – bis er seiner Sache sicher war. Dann, am 11. Dezember, wurde eine offizielle Ankündigung ausgegeben: Der Angriff der Deutschen auf Moskau war zum Stehen gebracht worden. Sowjetische Kräfte seien zum Gegenangriff übergegangen, sie hätten Klin eingeschlossen, Solnetschnigorsk besetzt, Istra zurückerobert. Guderian wurde südöstlich von Tula zurückgeschlagen. Insgesamt waren mehr als 400 Städte und Dörfer befreit worden.

Die Schlacht ging weiter. Die Deutschen gingen zurück. Hitler befahl seinen Truppen, zur Defensive überzugehen und behauptete, daß der Winter sie aufgehalten habe. In Wirklichkeit war es aber die Rote Armee, die die Deutschen zurückgeworfen hatte und nun weiter und weiter vordrang. Die „Prawda" veröffentlichte die Bilder der neuen Helden-Generäle: Schukow, Leljuschenko, Rokossowski, Goworow, Boldin, Golikow, Below und Wlassow. (Wlassow war der Kommandeur der 20. Armee, der Mann, der später zu den Deutschen überging und dessen Namen die antisowjetischen Streitkräfte – Wlassow-Armee – trugen, die an der Seite der Deutschen kämpften.)

Die Wiedereroberung von Klin, Kalinin, Jelets, Kaluga und Wolokolamsk war geeignet, die Moral der Russen wieder zu heben. Guderian mußte in zehn Tagen rund 50 Kilometer zurück; es war das erste Mal, daß er überhaupt zurückgehen hatte müssen. An manchen Stellen wurden die Deutschen sogar bis zu 300 Kilometer zurückgedrängt. In der Mitte der Moskauer Front hatten sich die Deutschen jedoch einge-

Oben: Die gefürchteten Katjuscha-Werfer (Stalinorgeln) feuern.
Unten: Ein Mörser wird gerichtet.

graben. Sie verteidigten das Dreieck Rschew–Gschatsk–Wjasma, etwa 150 Kilometer westlich von Moskau, erbittert und blieben, wo sie waren.

Der Schwung der Gegenoffensive erlosch um den 18. Dezember allmählich. Sie hatte die ursprünglichen Ziele erreicht. Schukow wollte zwar den Angriff weiter vorwärts treiben, brauchte dafür aber mehr Truppen und mehr Material, zumindest vier Armeen als Verstärkung. Er erhielt diese Verstärkung jedoch nicht, worüber er sich noch 20 Jahre nach Kriegsende verbittert zeigte.

Die erste Phase des großen Krieges im Osten ging nun zu Ende. Sie hatte den Russen gigantische Verluste gebracht. Die Deutschen standen an den Toren des hungernden Leningrad, die Stadt war immer noch belagert. Die Deutschen hatten alle baltischen Staaten besetzt sowie ganz Weißrußland und waren erst etwa 150 Kilometer westlich von Moskau zum Halten gebracht worden. Noch immer hielten sie das ganze westliche Rußland und die großen Städte Kiew, Charkow und Odessa sowie die Ukraine besetzt. Die Russen klammerten sich an Stellungen auf der Krim und hatten die Deutschen gerade aus dem Kaukasus zurückgeworfen.

Aber das Ergebnis war keineswegs gewiß. Hitler hatte Stalin in der Eröffnungsphase des Krieges geschlagen, nun aber hatten sich Stalin und das russische Volk ermannt. Zum ersten Mal, seit Hitler 1933 seinen Marsch quer durch Europa angetreten hatte, war die deutsche Armee nicht nur aufgehalten, sondern zurückgeworfen und im offenen Kampf von einem Feind besiegt worden, den Hitler ein dutzendmal als endgültig besiegt proklamiert hatte.

Nun, in diesem kritischen Augenblick, dem Augenblick der erfolgreichen sowjetischen Gegenoffensive, kam ein völlig neuer und wahrscheinlich entscheidender Faktor mit ins Spiel. Am 7. Dezember hatten die Japaner Pearl Harbor angegriffen, und damit waren nun auch die USA im Krieg. Das Bündnis Großbritanniens, der Sowjetunion und der Vereinigten Staaten war im Begriff, geschmiedet zu werden.

Was immer auch für Gefahren und Opfer noch in der Zukunft lagen, so konnten doch Stalin und die Russen erwarten, daß mit ihnen verbündete Armeen gegen den gemeinsamen Feind kämpfen würden.

Stalin hatte sein Selbstvertrauen zurückgewonnen, was nicht unbedingt eine wünschenswerte Entwicklung war. Nicht länger erschien er nervös und ungewiß, wie er noch General P. A. Below erschienen war, als dieser Schukow am 11. November in den Kreml begleitete. Below hatte Stalin acht oder neun Jahre nicht mehr gesehen, ihm schien, als ob er um zwanzig Jahre gealtert sei. Schukow sprach mit Stalin in

95

einem befehlenden Ton, und Below hatte den Eindruck, daß hier Schukow und nicht Stalin das Kommando führte. Gelegentlich schien Stalins Miene so etwas wie Erstaunen zu verraten!

Nun hatte sich alles geändert. Der britische Außenminister Sir Anthony Eden ging am 8. Dezember an Bord des Kreuzers „Kent", um nach Murmansk zu fahren und in Moskau mit Stalin zusammenzutreffen. Knapp vor der Abreise erhielt er von Churchill die Nachricht von dem Angriff auf Pearl Harbor. Eden traf am 15. Dezember in Moskau ein.

Er wurde mit Wochenschaukameras, mit einer Ehrengarde und von Außenminister Molotow sowie einer gewaltigen Zeitungskampagne begrüßt. Stalin war wieder völlig obenauf. Schon sah er einem siegreichen Ende des Krieges entgegen. Am 16. kam Eden mit Stalin zusammen, wobei der sowjetische Botschafter in England, Iwan M. Maiski, als Dolmetscher fungierte. Stalin legte Eden den Entwurf zu zwei Verträgen vor. Der erste betraf ein englisch-sowjetisches Bündnis gegen Deutschland und eine Vereinbarung gegen einen Separatfrieden. Der zweite Entwurf hatte die Zusammenarbeit nach dem Krieg zum Inhalt. Beide entsprachen den Erwartungen Edens. Es gab jedoch ein „ganz geheimes Protokoll", das die Anerkennung der sowjetischen Annexion von Lettland, Litauen und Estland forderte sowie der Eingliederung Ostpolens, die Stalin 1939 in seinem Vertrag mit Hitler erreicht hatte, ferner von Bessarabien und der nördlichen Bukowina, die Stalin Rumänien abgezwungen hatte, sowie des Hafens von Petsamo, den Finnland herausgeben sollte. Polen würde durch Ostpreußen kompensiert werden, ausgenommen Tilsit und das Memel-Gebiet, die an Rußland fallen sollten. Polens Westgrenze werde die Oder bilden. Sowohl Finnland als auch Rumänien mußten die Errichtung sowjetischer Stützpunkte auf ihren Gebieten zulassen. Deutschland sollte aufgeteilt werden und nicht nur seine östlichen Gebiete verlieren, sondern auch das Rheinland und möglicherweise Bayern. Österreich würde in seinen Grenzen von 1938 wiedererrichtet werden.

Eden hatte gegenüber jenen Abschnitten, die sich mit den baltischen Staaten und Ostpolen befaßten, keine besonderen Einwände. Aber die Amerikaner waren damals schon darauf festgelegt, „Geheimverträge" abzulehnen.

Stalin bot als Kompensation seine Zustimmung für britische Stützpunkte in Dänemark, Norwegen und Frankreich an, dafür sollte England seine Forderungen unterstützen. Eden und Stalin erreichten zwar keine Übereinstimmung in den territorialen Fragen, aber die Zusammenkunft endete in einer freundschaftlichen Atmosphäre. Man hatte Eden nach Klin geführt, der Heimat des Komponisten Tschaikowsky, das gerade von der Roten Armee zurückerobert worden war.

Stalins Forderungen warfen vorübergehend einen Schatten auf die sich bildende Allianz, einen Schatten, dessen man sich freilich erinnern sollte, als der Krieg zu Ende ging. Denn Stalins Haltung änderte sich bezüglich der Nachkriegsgrenzen Rußlands nur wenig.

Deutsche Soldaten und Panzer im russischen Winter von 1941/42.

Stalins Selbstvertrauen begann sich auch auf militärisches Gebiet zu erstrecken. Er glaubte nun, daß sich die erfolgreiche Moskauer Offensive an der ganzen Front wiederholen lasse. Vielleicht träumte er sogar von einer Neuauflage der Triumphe der großen russischen Marschälle der napoleonischen Zeit, Kutusow und Suworow, deren Bilder sein Büro im Kreml dominierten und jene von Marx und Engels auf den zweiten Platz verwiesen. Sie waren Rußlands Heerführer gewesen, die Napoleon so zugesetzt hatten, daß sein Rückzug aus Moskau durch den schneereichen Winter zu einer tödlichen Niederlage wurde.

Stalin berief für den 5. Januar seine politischen und militärischen Spitzenleute zu einer Besprechung in den Kreml. Er hatte seinen Entschluß gefaßt: Eine allgemeine Offensive sollte die Deutschen aus der Sowjetunion vertreiben. Der Angriffsplan wurde von Marschall Schaposchnikow vorgelegt. Der Hauptschlag sollte in der Mitte der Front, westlich von Moskau, geführt werden. Die Truppen nordwestlich von Moskau – vereint mit der linken Flanke jener Kräfte südlich von Leningrad – würden nach Südwesten vordringen und eine doppelte Einschließung des Dreiecks Rschew–Wjasma–Smolensk herbeiführen. Streitkräfte der Baltischen Flotte und der Leningrader Front würden die deutsche Heeresgruppe Nord, die bisher Leningrad belagert hatte, zurückschlagen. Die Süd- und Südwest-Fronten sollten das Donettsbecken von Deutschen reinfegen. Die Streitkräfte aus dem Kaukasus würden über die Halbinsel Kertsch vordringen und die Deutschen aus der Krim vertreiben.

Zu diesem Zeitpunkt würden sich die Streitkräfte Hitlers bereits auf der Flucht befinden.

Stalin bemerkte, die Deutschen seien durch ihre Niederlage bei Moskau erschüttert, für einen Winterfeldzug schlecht vorbereitet, und daher sei der Augenblick gerade günstig, sie zu zerschlagen. Er fragte Schukow um dessen Meinung. Schukow sprach sich entschieden für eine Fortsetzung der Offensive an der Westfront aus, bestand aber darauf, daß die Voraussetzung reichlicher Nachschub an Menschen, Ausrüstung und vor allem an Panzern sei. Er warnte auch davor, die Nachschublinien zu lang auszudehnen. Die Operationen vor Leningrad und im Südwesten würden auf sehr starke deutsche Verteidigungsstellungen treffen und daher umfassende Artillerievorbereitungen brauchen. Man werde sicher mit schweren Verlusten rechnen müssen. Schukow wurde von N. A. Wosnesenski unterstützt, dem Vorsitzenden der Staatsplanungskommission. Dieser war der Meinung, Rußland besitze nicht ausreichende Mittel, um gleichzeitig mehrere auf so großem Raum vorgetragene Offensiven durchführen zu können.

Stalin meinte ärgerlich: „Ich habe mit Timoschenko gesprochen, und er ist für den Angriff. Wir müssen die Deutschen rasch vernichten, damit sie uns nicht mehr angreifen können, wenn das Frühjahr kommt."

Polizeichef Beria und Parteisekretär Malenkow stellten sich auf die Seite Stalins. Sie meinten, Wosnesenski suche immer nach unvorhergesehenen Schwierigkeiten. Aber diese Komplikationen seien da, um sie zu überwinden. Stalin fragte, ob irgendjemand noch sprechen wolle? Alle schwiegen. „So", sagte Stalin „dies, so scheint mir, beendet die Diskussion."

Schukow kam zu dem Schluß, daß Stalin seine Pläne gar nicht wirklich diskutieren wollte, sondern nur die Militärs ein wenig anfeuern wollte. Marschall Schaposchnikow bestätigte dies, als sie das Büro verließen: „Es war närrisch zu diskutieren", sagte er, „der Chef hat schon entschieden, die Weisungen gehen heute an fast alle Fronten hinaus, und die Offensive wird in kürzester Zeit beginnen."

Schukow fragte: „Warum hat Stalin dann nach meiner Meinung gefragt?"

„Ich weiß es nicht, alter Freund, ich weiß es nicht", erwiderte Schaposchnikow mit einem schweren Seufzer.

Die Anweisungen für die allgemeine Offensive trafen am nächsten Tag im Hauptquartier Schukows ein. Sie begann am 10. Januar. Am 13. Januar wurde die Offensive der Leningrader Front eröffnet, und ein Angriff auf die Halbinsel Kertsch begann etwa zum selben Zeitpunkt.

Alle Offensiven schlugen fehl. Es gab zwar kleinere Bodengewinne, aber nichts Entscheidendes. Die sowjetischen Truppen waren durch sechs Monate ununterbrochener Kämpfe geschwächt. Stalin hatte keine Verstärkungen zur Verfügung. Das Wetter war schlecht, der Schnee war tief. Die Deutschen organisierten ihre Verteidigungsstellungen mit großem Geschick. Es gab Streitigkeiten über die Zuteilung der Truppen. Stalin nahm die 1. Stoßarmee Schukow weg und unterstellte sie der Hauptquartierreserve, gerade in jenem Augenblick, in dem Schukow sie für seinen Angriff auf Wjasma brauchte. Als er protestierte, sagte Stalin: „Protestieren Sie nicht, schicken Sie sie her. Sie haben genug Truppen, zählen Sie sie nur einmal!" Als Schukow argumentieren wollte, hängte Stalin auf. Zwei wichtige Kampfgruppen, das Kavalleriekorps des Generals P. A. Below sowie drei Divisionen der 33. Armee, befehligt von Generalleutnant M. G. Jefremow, wurden bei Wjasma eingeschlossen. Als das Frühjahr kam, kämpfte sich Below den Weg frei. Jeremow gelang dies aber nicht, und er erschoß sich schließlich, um nicht in Gefangenschaft zu geraten.

Munition war knapp. Nur ein Drittel des zugesagten Nachschubs kam im Januar. In den ersten zehn Tagen des Februar bekam Schukow nicht eine der 316 Waggonladungen Munition, die ihm versprochen worden waren. Es fehlten ihm schließlich sogar die Raketen für seine Katjuscha-Werfer, und für seine Geschütze gab es nur noch ein oder zwei Granaten pro Tag.

Eine Reihe von Angriffen wurde ohne viel Erfolg auf der Kertsch-Halbinsel vorgetragen, in dem Bemühen, den Druck auf das belagerte Sewastopol zu verringern. Die Garnison von Sewastopol unternahm Ausfälle. Die sowjetischen Militärhistoriker glauben, daß diese Operationen erfolgreich gewesen wären, wenn nicht der übel beleumundete General der politischen Polizei Mechlis auf den Schauplatz gesandt worden wäre. Seine Einmischung behinderte die sowjetischen Angriffe. Eine ganze Reihe sowjetischer Befehlshaber hielt ihn des Verrates schuldig.

Mechlis zog sich schließlich sogar den Zorn Stalins zu. Stalin sandte ihm ein Telegramm, in dem es hieß: „Sie nehmen die sonderbare Position eines bloßen Zuschauers ein, der keine Verantwortung für die Angelegenheiten der Krim-Front trägt.

Auf der Flucht getötete deutsche Soldaten. Unten: Deutscher Soldat in Wintertarnkleidung auf Skiern, der einen verwundeten Kameraden trägt. Rechts: Reiter der Roten Armee neben einem abgeschossenen deutschen Panzer.

Diese Position mag zwar sehr bequem sein, aber sie ist bis zum Kern faul. Wenn Sie die Schlachtflieger nicht für Hilfszwecke verwendet hätten, sondern gegen die Panzer und Infanterie des Feindes, dann hätte der Feind die Front nicht durchbrochen, die Panzer wären nicht durchgekommen. Man muß kein Hindenburg sein, um diese einfache Tatsache zu verstehen."

Mechlis wurde als stellvertretender Verteidigungskommissar abgesetzt, im Rang herabgesetzt und auch nie mehr als Vertreter des Hauptquartiers an eine kämpfende Front geschickt. Er überlebte jedoch als Beamter des Innenministeriums und starb Anfang 1952 eines natürlichen Todes.

Stalin gab jedoch noch immer nicht auf. Am 20. März befahl er erneut, die Deutschen an der West-Front anzugreifen. Ende März und Anfang April setzte die Front auf der Krim ihren Angriff fort. Aber ihre Kräfte waren verbraucht. An der Front von Leningrad war die 2. Stoßarmee nun unter dem Befehl des rasch zu Heldenruhm aufsteigenden Generalleutnants Andrej A. Wlassow in dem sumpfigen Gebiet nördlich des Ilmensees und südlich von Leningrad in einen Einschließungsring geraten. Trotz aller Anstrengungen fand Wlassow keinen Weg aus diesem Kessel und ergab sich schließlich den Deutschen.

Das Ergebnis dieser Winteroffensive war keineswegs positiv. Die schon ausgeblutete Rote Armee war weiter geschwächt worden. Schukow kommentierte das trocken: „Stalin hörte Ratschläge sehr aufmerksam zu, bedauerlicherweise aber faßte er manchmal Entschlüsse, die nicht der Lage entsprachen."

Bewohner der Krim auf der Suche nach ihren Angehörigen, nachdem deutsche Einheiten Zivilisten bei Kertsch erschossen hatten (Foto Dimitri Baltermants).

XII. Hitler greift nach Stalingrad

Zwei Fehlschlüsse beherrschten Stalins Denken im Frühjahr 1942: der erste war, daß Hitler mit Gewißheit die Schlacht um Moskau erneuern werde. Der zweite, daß die Rote Armee die Kraft besitze, Hitlers Absichten durch einen Gegenangriff zu durchkreuzen.

Entsprechend seinem ersten Fehlschluß konzentrierte Stalin seine Hauptkräfte im Raum direkt westlich und südlich von Moskau, bereit, jeden Angriff, den Hitler führen mochte, abzuwehren.

Entsprechend dem zweiten Fehlschluß bereitete Stalin einen offensiven Schlag vor, der Hitler unerwartet treffen und möglicherweise ebenso erfolgreich sein sollte wie die Winteroffensive bei Moskau.

Stalin holte seine Oberbefehlshaber Ende März in den Kreml, um die Möglichkei-

ten zu diskutieren. Unter den Teilnehmern waren Schaposchnikow, Schukow, Wassilewski, Woroschilow, Timoschenko und Bagramjan.

Stalin erklärte, es gäbe in unmittelbarer Zukunft keine Hoffnung auf die Errichtung einer zweiten Front durch die westlichen Alliierten, und erteilte dann das Wort Schaposchnikow. Dieser schlug vor, die Rote Armee in der aktiven Defensive zu belassen, die Hauptreserven bei Woronesch an der Frontmitte zu konzentrieren, wo der Generalstab vermutete, daß die Deutschen ihre schwersten Angriffe vorbereiteten.

Schukow verlangte, daß westlich von Moskau eine Offensive geführt werden solle, während die übrige Front defensiv bleiben müsse. Stalin unterbrach ihn ärgerlich: „Wir können nicht in der Defensive bleiben und auf unseren Händen sitzen, bis die

Deutsche Panzer vor dem Angriff auf sowjetische Stellungen im Dongebiet, September 1942.

Deutschen den ersten Schlag führen. Wir müssen Präventivschläge auf einer breiten Front führen und die Absichten des Feindes erkunden." Er nannte die Vorschläge Schukows „halbe Maßnahmen".

Timoschenko sprach sich für einen Schlag im Südwesten und Süden aus, für einen Präventivschlag. Ansonsten, so sagte er, könnten sie eine Wiederholung dessen erwarten, was zu Beginn des Krieges geschehen sei, das heißt, die Deutschen würden die Initiative ergreifen. Timoschenko unterstützte auch Schukows Idee eines Angriffes an der Westfront. Woroschilow stimmte Timoschenko zu. Schukow sprach noch einmal und riet von einer Verzettelung der Kräfte der Roten Armee auf verschiedene Operationen ab. Schaposchnikow schwieg, obwohl er Schukows Vorschläge für richtig hielt.

Stalin traf dann die Entscheidung: Begrenzte Operationen würden sowohl auf der Krim geführt werden als auch um Charkow zurückzuerobern sowie gegen die deutsche 16. Armee gegenüber der Nordwest-Front bei Demjansk.

Die Operation auf der Krim war ein Fehlschlag. Am 4. Juli mußten die Russen die Festung Sewastopol nach neunmonatiger Belagerung übergeben.

Timoschenko entwarf Pläne für eine Offensive der Südwest-Front mit dem Ziel der Wiedereroberung Charkows. Der Plan wurde am 10. April an den Generalstab gesandt, dort etwas verändert und am 28. April gebilligt. Stalin fragte noch einmal Schukow um dessen Meinung – und wieder betonte Schukow seine Zweifel.

Der Angriff auf Charkow begann am 12. Mai. Timoschenko war Oberbefehlshaber und Nikita Chruschtschow politischer Kommissar. Am Anfang ging alles vorzüglich. So gut sogar, daß Stalin den Generalstab rügte, weil er dieser Unternehmung opponiert hatte. Aber sehr bald begannen die Schwierigkeiten. Das erste Zeichen – so erinnerte sich Chruschtschow – war das Fehlen deutschen Widerstands. Der Feind schien verschwunden zu sein. Irgend etwas mußte da doch nicht in Ordnung sein; und so war es auch. Die Deutschen waren im Begriff, in fast genau demselben Raum eine machtvolle Offensive zu führen; sie warteten nur, bis die Russen ihre Kräfte voll eingesetzt hatten, und schlugen dann zu.

Die übliche Streiterei brach aus, wer für die Katastrophe verantwortlich sei.

Schukow hatte sich dem Charkow-Plan von Anfang an widersetzt. Jetzt erinnerte er sich, „Mitte Mai" anwesend gewesen zu sein, als Stalin zuerst mit Timoschenko und dann mit Chruschtschow sprach. Beide, so behauptete Schukow, hätten Stalin versichert, alles sei in bester Ordnung. Aber am Abend des 18. Mai hatte sich die Lage so kritisch verändert, daß Marschall Wassilewski, der als Chef des Stabes den kranken Marschall Schaposchnikow vertrat, forderte, die Offensive müsse abgebrochen werden. Stalin aber sagte nein. Chruschtschow war außer sich. Er begriff, daß die sowjetischen Truppen in eine Falle gelaufen waren. Er bat um Erlaubnis, den Rückzug antreten zu dürfen. Auch Wassilewski versuchte es noch einmal, aber Stalin weigerte sich. Chruschtschow rief Wassilewski an. Wassilewski antwortete mit seiner typischen dröhnenden Stimme, daß er nichts tun könne. Stalin war in seine Villa nach Kuntsewo gefahren.

Chruschtschow wußte, daß er nun an einem höchst gefährlichen Punkt seiner Karriere angelangt war. Stalin, so begriff er, hielt sich seit dem Sieg von Moskau für einen großen Strategen. Als er nun in Stalins Datscha anrief, antwortete Parteisekretär Malenkow. Chruschtschow bat, mit Stalin sprechen zu dürfen. Er hörte, wie Malenkow zu Stalin sagte, Chruschtschow sei am Telefon; dann war Malenkow wieder am Apparat und erklärte, Stalin wünsche, daß er die Nachricht übernehme.

Das war ein sicheres Zeichen für Schwierigkeiten. Chruschtschow besaß keine Alternative. Er trug sein Ansuchen nun Malenkow vor. Dieser sprach kurz mit Stalin und gab dann Chruschtschow negativ Bescheid. Der Angriff müsse weitergeführt werden.

Nun folgte die Katastrophe. Die Deutschen schlossen die 57. und die 6. Armee ein und dazu noch einen Teil der 9. Es gab schwerste Verluste. Chruschtschow wurde nach Moskau zurückbeordert. Er war auf alles vorbereitet, selbst auch auf seine Verhaftung. Er wußte, daß ihm und nicht Stalin die Schuld an dem Fehlschlag angelastet

Deutsche Infanteristen, die aus einer Felsenstellung auf dem Jailaberg nahe Sewastopol feuern.

Sowjetsoldaten im Kampf um ein Dorf an der Kaukasusfront.

werden würde. Stalin empfing Chruschtschow unbewegten Gesichtes. „Die Deutschen haben angekündigt, daß sie mehr als 200.000 unserer Soldaten gefangengenommen haben", sagte er. „Lügen sie?"

„Nein, Genosse Stalin", erwiderte Chruschtschow, „sie lügen nicht, die Zahlen klingen richtig. Wir hatten ungefähr diese Zahl an Soldaten, vielleicht ein bißchen mehr. Wir müssen annehmen, daß einige gefallen sind und der Rest in Gefangenschaft geraten ist."

Stalin sprach nicht weiter darüber. Ein paar Tage später erinnerte er aber Chruschtschow daran, daß im Ersten Weltkrieg ein zaristischer General, der seine Truppen in eine Einschließung geführt hatte, vor ein Kriegsgericht gestellt und gehängt worden sei.

Das einzige, so dachte Chruschtschow, das es für Stalin schwierig machte, ihn erschießen zu lassen, war, daß es doch ziemlich viele Zeugen dafür gab, daß er, Chruschtschow, den Versuch unternommen hatte, Stalin dazu zu bewegen, die Truppen zurückzunehmen, bevor es zu spät war. Schließlich sagte Stalin, Chruschtschow könne auf seinen Posten zurückkehren. Aber Chruschtschow fühlte sich immer noch nicht sicher. Manchmal entließ Stalin Leute, ließ sie aber verhaften, sobald sie außerhalb seines Blickfeldes waren.

Nun, dies geschah hier nicht. Chruschtschow kehrte wohlbehalten auf seinen Posten zurück und fand dort, daß Timoschenkos Streitkräfte in die Flucht geschlagen worden waren. Die Soldaten hatten sich über das ganze Land zerstreut. Die einzige Möglichkeit, einige wieder zurückzubekommen, war, Feldküchen auffahren zu lassen. Nach und nach begannen die hungrigen Leute dann auch zu ihren Einheiten zurückzukehren.

Nachdem der Schauplatz für den großen Kampf des Jahres 1942 vorbereitet war, befanden sich die Deutschen immer noch in Südrußland im Vorteil. Sie hatten etwa

900.000 Mann zusammengezogen, 1200 Panzer, 17.000 Geschütze und 1640 Flugzeuge gegen sowjetische Streitkräfte von 655.000 Mann, 740 Panzern, 14.200 Geschützen, 1000 Flugzeugen. (Nach deutschen Angaben betrug die Gesamtstärke der deutschen Truppen im Osten am 1. Juli 1942: 2,847.000 Mann, und am 22. Juni 1941: 3,206.000.)

Die Offensive der deutschen Heeresgruppe B (die Heeresgruppe Süd wurde in die Heeresgruppen A und B geteilt) unter Generalfeldmarschall von Bock begann am 28. Juni in der Gegend von Brjansk, am 2. Juli drangen die Deutschen 80 Kilometer weit vor und näherten sich der Schlüsselstellung von Woronesch. Sobald sie Woronesch genommen hatten, konnten sie sich nach Norden gegen Moskau wenden oder nach Osten vorgehen und die Stadt dann von rückwärts einschließen. Im Süden stieß die deutsche Armeegruppe A unter Generalfeldmarschall Siegmund Wilhelm von List immer schneller durch das Donets-Becken vor, warf sehr bald die sowjetischen Verteidiger der östlichen Ukraine aus ihren Stellungen heraus, wodurch das flache Weizenland der Donkosakenregion für die rasch vordringenden deutschen Panzer offen dalag.

Stalin entsandte eiligst Verstärkungen nach Woronesch, und es gelang, den Fall der Stadt zu verhindern, aber in kürzester Zeit waren die deutschen Panzer tief in den großen Donbogen eingedrungen. Da die sowjetischen Streitkräfte geschlagen und ihre Moral im Zusammenbrechen war, erließ Stalin den Befehl Nr. 227, ein Dekret, das eiserne Disziplin gegen Desertion, Feigheit und Panikmache forderte. Verstöße sollten sogleich mit Erschießen geahndet werden. Die Vorschrift für Offiziere und Soldaten war: „Nicht einen Schritt zurück."

Der Führer des deutschen Vorstoßes auf Stalingrad war General Friedrich Paulus,

Befehlshaber der deutschen 6. Armee, die zu Beginn des Juli aus fünf Korps mit insgesamt 18 Divisionen bestand, darunter zwei Panzerdivisionen und eine motorisierte Infanteriedivision. Die 4. deutsche Panzerarmee unter Generaloberst Hoth ging parallel mit Paulus, aber im Süden, ebenfalls gegen Stalingrad vor.

Paulus stieß in den großen Donbogen vor und drang in den letzten Juliwochen gegen den sowjetischen Brückenkopf westlich des Don vor, der die Zugänge zu Stalingrad schützen sollte.

Stalingrad erstreckte sich in einem 40 km langen, aber eher schmalen Siedlungsstreifen entlang des Westufers der Wolga, in Richtung Nord-Süd. Die Zugänge vom Westen her waren eben, doch die Stadt selbst, soweit nicht auf flachem Ufergelände erbaut, lag auf einem zu einer Hügelkette leicht ansteigenden Boden. An manchen Stellen rückten die Hügel nahe an den Fluß heran. Stalingrad war ein Industriezentrum mit einer Bevölkerung von etwa 500.000 Personen. Es besaß verschiedene wichtige Herstellungsbetriebe für Landwirtschaftsmaschinen, vor allem eine große Traktorenfabrik. Ein weiterer großer Betrieb trug den Namen „Fabrik des Roten Oktober". Stalingrad war auch ein Zentrum der Wolga-Kaviarfischer. Vor der Revolution hatte es Zarizyn geheißen und war während des Bürgerkrieges der Schauplatz heftiger Kämpfe zwischen „Roten" und „Weißen" gewesen. Stalin hatte in diesen Kämpfen eine wesentliche Rolle gespielt, eine Rolle, die heute etwas zweideutig erscheinen mag. Aber in jener Zeit wurden diese Taten auf das höchste gepriesen und die Stadt ihm zu Ehren Stalingrad genannt. Als nach Stalins Tod Nikita Chruschtschow dessen Verbrechen enthüllte, änderte man wieder den Namen der Stadt, diesmal in Wolgograd.

Gelang es den Deutschen, Stalingrad zu erobern, so hieß das, Rußland in zwei

Männer im Krieg. Links: Generalmajor A. I. Rodimtsew (Mitte) mit seinen Soldaten in Stalingrad. September 1942.
Oben: Deutsche Soldaten während einer Feuerpause der Straßenkämpfe in Stalingrad.

General Tschuikow

Teile zu zerschneiden: indem sie die große Nord-Süd-Wasserstraße der Wolga abschnürten und sich eine Position sicherten, von der aus sie nach Belieben den Kaukasus und dessen Ölfelder erobern und sogar nach Persien, diesem wichtigen Erdölland, vordringen konnten und von wo sie nach Indien und dessen Reichtümern weitermarschieren konnten. Die Einnahme von Stalingrad eröffnete Aussichten der Eroberung, die es seit der Zeit Alexander des Großen nicht mehr gegeben hatte.

Wie ernst diese Drohung war, ließ sich deutlich aus dem raschen Vordringen der deutschen Kräfte im Kaukasus ersehen. Als Paulus und Hoth auf Stalingrad vordrangen, stürmte die 1. Panzerarmee, befehligt durch von Kleist, nach Grosni, Maikop, Woroschilowsk, Krasnodar und Noworossisk. Budjonni und Malinowski zogen sich mit den traurigen Resten ihrer Divisionen langsam vor den Deutschen zurück, wobei sie die hohen Berge und schmalen Pässe nutzten, um das Vordringen der Deutschen zu blockieren oder zu verzögern.

Stalin bildete am 12. Juli eine eigene Stalingrad-Front und unterstellte sie Timoschenko und Chruschtschow. Sie hatten die 62., 63., 64. und 21. Armee zur Verfügung, die sich alle jedoch nicht in voller Kampfstärke befanden. Dazu erhielten sie die 1. und die 4. Panzerarmee, die Wolgafluß-Flottille und die Überreste der 28., 38. und 57. Armee.

Das alles klang weit besser, als es wirklich war. Gegen Ende Juli besaß diese Front 38 Divisionen, mit etwa 187.000 Mann, 360 Panzern, 337 Flugzeugen und 7900 Geschützen. Sie hatten eine mehr als 500 Kilometer lange Front zu halten. Die Deutschen konnten gegen sie 250.000 Mann, 740 Panzer, 1200 Flugzeuge und 7500 Geschütze ins Feld führen.

Die Weisung Nr. 45 Hitlers vom 23. Juli legte folgende Ziele der Offensive fest: Einnahme von Stalingrad, Vorstoß entlang der Wolga ans Kaspische Meer und Eroberung von Astrachan, Bildung eines Brückenkopfes an der mittleren Wolga, Abschneiden des Kaukasus vom übrigen Rußland, Eroberung der östlichen Schwarzmeer-Küste, Vorstoß nach Baku.

Wenn es den Deutschen gelang, zum Kaspischen Meer vorzustoßen und dessen Ufer in ihre Hand zu bringen, so konnten sie damit allen Versuchen der Alliierten, eine größere Nachschubstraße in die Sowjetunion über den Iran einzurichten, ein Ende bereiten.

Wassili Iwanowitsch Tschuikow, ein schlanker, dunkelhaariger Russe mit hoher Stirne, fungierte in der nationalchinesischen Hauptstadt Tschungking als sowjetischer Militärattaché, als der Zweite Weltkrieg ausbrach. Er blieb dort bis Anfang 1942, als sich ein diplomatischer Streit um ein angebliches Interview erhob, in dem er behauptet haben sollte, daß Tschiang Kai-schek sehr umfangreiche militärische Hilfe von den Russen erhalte. Tschuikow wurde nach Moskau zurückgerufen und ab März 1942 dem Truppendienst zugeteilt. Einige Zeit war er Stellvertretender Befehlshaber einer Reservearmee. Nachdem er leichte Verletzungen durch einen Autounfall erlitten hatte, sandte man ihn mitsamt seiner Armee – künftig die 64. – nach Stalingrad, um die dortige Verteidigung zu verstärken. Er kam dort am 16. Juli an. Tschuikow war entsetzt über die herrschende Unordnung und den Mangel an Kampfgeist. Während er über die heiße Steppe in Richtung Westen auf den Don zufuhr, stieß er auf Leute, die von der Hitze überwältigt ihre letzten Lebensmittel aufaßen. Als er sie fragte, wohin sie eigentlich unterwegs seien, gaben sie sinnlose Antworten; alle schienen irgendjemand auf dem anderen Ufer der Wolga zu suchen. Er fragte Offiziere, wo die Deutschen stünden, wo sich ihre Einheiten befänden; auch sie schienen nichts zu wissen. Er war auch nicht sehr beeindruckt von General Gordow, dem Befehlshaber der 64. Armee. Tschuikow schienen die kalten Augen Gordows zu sagen: „Sagen Sie mir nichts über die Lage. Ich weiß alles darüber. Es gibt nichts, was ich tun könnte, das ist eben mein Schicksal."

Tschuikows Name sollte bald ein Synonym für Stalingrad werden. Sehr bald wurde er Befehlshaber der 64. Armee und kämpfte nun an ihrer Spitze Tag für Tag und Nacht für Nacht die große Schlacht um Stalingrad, mit all ihren schrecklichen Gefahren und gewaltigen Triumphen.

Tschuikows Soldaten traten am 25. Juli südöstlich des Donbogens zum Kampf an. Nach zwei Tagen heftiger Gefechte hatten die Russen alle Panzer verloren, aber ihre Front hielt stand. Doch plötzlich brach in den rückwärtigen Einheiten eine Panik aus: Ein Gerücht lief um, deutsche Panzer seien durchgebrochen. Eine wilde Flucht zu den Flußübergängen des Don begann. Deutsche Sturzkampfbomber entdeckten die Massen der fliehenden Soldaten und vernichteten sie ebenso wie die Offiziere des Hauptquartiers, die versucht hatten, Ordnung zu schaffen.

Ein paar Tage später begegnete Tschuikow dem Oberst einer frischen sibirischen Division, die während ihrer Ausladung bei Kotelnikow von deutschen Panzern und Flugzeugen angegriffen worden war und dabei so schwere Verluste erlitten hat, daß der Befehlshaber einen Nervenzusammenbruch erlitt.

„Ich bin ein sowjetischer Offizier", sagte der Oberst, „und kann den Tod eines großen Teiles meiner Division nicht überleben."

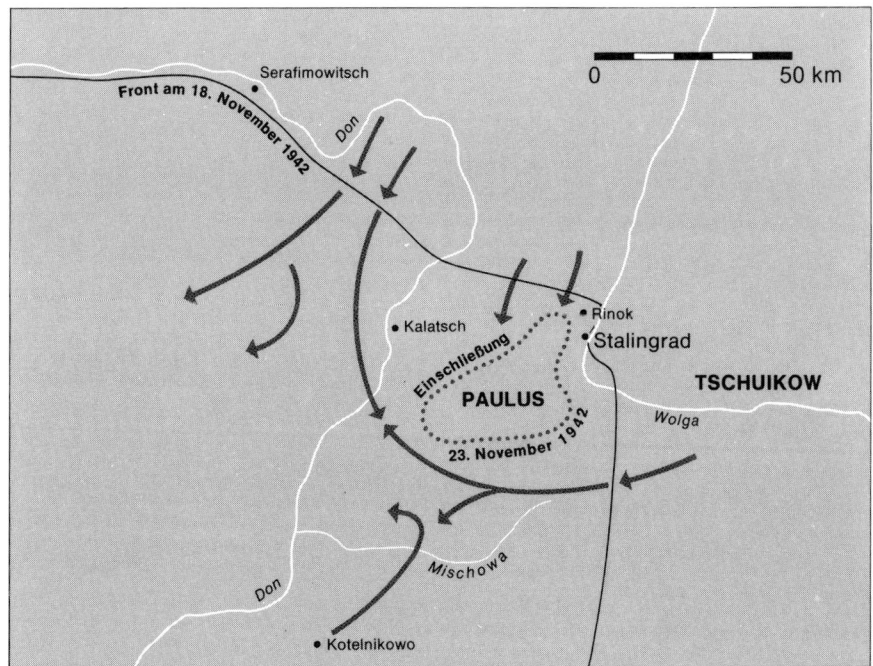

DIE SCHLACHT UM STALINGRAD

Stalin änderte immer wieder die Kompetenzen im Raum Stalingrad. Am 5. August teilte er die dortigen Streitkräfte in zwei Fronten: eine für die Stadt Stalingrad selbst, geführt von General Dordow, und eine Südostfront, die dem tapferen und draufgängerischen General Jeremenko anvertraut wurde. Jeremenko genoß immer noch Stalins Vertrauen, obwohl es ihm nicht gelungen war, an der Brjansk-Front die Panzer Guderians zu vernichten. Nikita Chruschtschow war als politischer Kommissar für beide Befehlsbereiche zuständig. Sehr bald hegte er, genauso wie Tschuikow, sehr starke Abneigung gegen Gordow.

Stalin sandte Wassilewski nach Stalingrad, um dort als Vertreter des Generalstabs die militärischen Bewegungen zu koordinieren. Auch Schukow flog immer wieder hin, um die Lage kennenzulernen. Er war der Oberbefehlshaber der Westfront, die Moskau schützte, einer Front, die sich dann als die ruhigste in ganz Rußland herausstellen sollte.

Trotz aller Anstrengungen konnten die Russen Paulus nicht aufhalten. Am 23. August überrannte das deutsche XIV. Panzerkorps die Verteidigungsstellungen der Sowjets am Don bei Wertatschi und spalteten den Stalingradsektor in zwei Teile. Sie erreichten die Wolga in einer 8 Kilometer breiten Front zwischen Latoschinka und

Rinok genau nördlich der Stadt. Die 62. Armee, die Tschuikow hätte übernehmen sollen, wurde abgeschnitten und deshalb dem Oberbefehl der Südostfront unterstellt. Nachdem die deutschen Truppen die Wolga auf breiter Front erreicht hatten, wurde die deutsche 4. Luftflotte am 23. und 24. August gegen die Stadt eingesetzt. Etwa 600 Flugzeuge nahmen an dem Angriff teil und flogen an die 4000 Einsätze. Die 40 Kilometer, die die Stadt sich an der Wolga ausdehnte, schienen ein einziges Flammenmeer zu sein. Tschuikow hatte niemals etwas ähnliches gesehen. „Sorgen und Tod kamen in Tausende der Wohnungen Stalingrads", so beobachtete Tschuikow. Wassilewski erinnert sich, daß ihn der Anblick des Nachts an ein gewaltiges Lagerfeuer erinnerte. Die deutsche Propaganda behauptete, daß „die Festung der Bolschewiken zu Füßen des Führers liege."

Nun – wie stets in Augenblicken der Katastrophe – sandte Stalin eine Spezialkommission nach Stalingrad. In der Nacht zum 23. August trafen dort ein: Partcisekretär Malenkow, der Luftwaffenbefehlshaber A. A. Nowikow und W. A. Malischew, später Mitglied des Politbüros, damals stellvertretender Kommissar für die Panzerproduktion.

Chruschtschow wurde von Stalin angerufen: „Was heißt das, daß Sie anfangen, die Stadt zu evakuieren?" Chruschtschow protestierte, es sei kein wahres Wort daran, sie würden bis zu Ende kämpfen. Nachdem er aufgelegt hatte, begann er, sich darüber zu wundern, wer diese Lüge Stalin wohl erzählt haben mochte. Als er herausfand, daß Stalin auch zwei andere Mitglieder der Militärkomitees angerufen hatte, begann er zu begreifen, daß das einfach die Art Stalins war, seinen Untergebenen Angst einzujagen.

In der Nacht vom 23. auf den 24. August wurde die Telefonverbindung zwischen Moskau und Stalingrad durch deutsche Bomben zerstört. Die Nachricht vom deutschen Durchbruch an der Wolga mußte Stalin durch Funk übermittelt werden. Früh am Morgen des 24. war die Verbindung wieder hergestellt, und die erste Botschaft Stalins lautete, Stalingrad besitze ausreichende Kräfte, um die Deutschen zurückzuwerfen. Sie sollten das sofort tun und nicht einer Panik verfallen.

Spezialeinheiten gelang es, die Deutschen am 24. August vom Wolgaufer wieder zurückzudrängen, aber die Russen konnten die Stellungen nicht halten, und der deutsche Durchbruch wurde immer mehr konsolidiert.

Zwar kamen ständig Verstärkungen, aber auch die Deutschen führten frische Einheiten heran. Stalingrad begann sich in einen Trümmerhaufen zu verwandeln. Die Wasserleitungen waren zerstört, Telefonverbindungen unterbrochen, das Straßenbahn- und Eisenbahnsystem vernichtet. Der Belagerungszustand wurde verhängt und die Fabriken „Barrikade" und „Roter Oktober" zur Verteidigung Werkstätte um Werkstätte und Gebäude um Gebäude vorbereitet. Am 24. versuchten die Deutschen die Traktorenfabrik zu nehmen, wurden aber zurückgeschlagen.

Am Abend des 25. August befahl Stalin Wassilewski, sich in den Raum nördlich von Stalingrad zu begeben, wo er Reservetruppen versammelt hatte, um mit diesen Streitkräften einen Gegenstoß zu unternehmen. Wassilewski kam am Morgen des 26. August am Versammlungsort an und fand dort die 24. Armee, die ersten eintreffenden Einheiten der 66. Armee und einige Divisionen der noch nicht völlig organisierten 1. Gardearmee.

Schukow war gerade dabei, eine kleinere Operation an der westlichen Front zu beenden, als er am 27. August einen Anruf von Stalins Kabinettschef Poskrebischew erhielt, der ihm mitteilte, er sei von Stalin am Tag vorher zum Stellvertretenden Obersten Befehlshaber ernannt worden, das heißt zur „Nummer zwei" nach Stalin selbst. Schukow könne einen Anruf Stalins für 14 Uhr erwarten. Schukow entnahm dem, daß Stalin außerordentlich besorgt wegen Stalingrad war. Stalin rief prompt um 14 Uhr an. Schukow solle nach Moskau kommen, seinem Stellvertreter das Frontkommando übertragen und darüber nachdenken, wer endgültig dort den Befehl übernehmen solle. Dann hängte er ab. Schukow kam am späten Abend im Kreml an. Stalin hatte mehrere Mitglieder des Politbüros bei sich. Er erklärte, die Lage im Süden sei schlecht und es bestehe Gefahr, daß die Deutschen Stalingrad eroberten. Die

Haus-um-Haus-Kämpfe in Stalingrad.

Zerstörungen in Stalingrad durch deutsche Bombardements und durch die Kämpfe, die hier stattgefunden haben.

Lage im Nordkaukasus sei ebenso bedrückend. Es sei entschieden worden, Schukow zum Stellvertretenden Obersten Befehlshaber zu ernennen und ihn nach Stalingrad zu schicken. Wassilewski, Malenkow und Malischew seien bereits dort. Malenkow würde dortbleiben, aber Wassilewski soll nach Moskau zurückkehren.

Man trank Tee, und Stalin legte Schukow die Lage dar; er hatte alle nur verfügbaren Reserven mit Ausnahme der strategischen Reserven, die er noch immer für künftige Operationen zurückhielt, in die Gegend von Stalingrad verlegt.

Schukow verbrachte einen ganzen Tag mit einem genauen Studium der Lage, dann flog er am frühen Morgen des 29. August vom Moskauer Zentralflughafen ab. Auf einem Feldflughafen nahe von Kamischin wurde er von Wassilewski empfangen und fuhr dann unmittelbar in das Hauptquartier der Stalingrader Front, im Dorf Malaja Iwanowka, etwa 80 Kilometer nördlich von Stalingrad.

Dringendste Aufgabe war, den deutschen Durchbruch an die Wolga wieder zu liquidieren und das Tempo der deutschen Offensive, die Stalingrad zu verschlingen drohte, zu verlangsamen. Schukow führte am 3. September eine kleinere Angriffsoperation durch, gewann aber nur wenig Boden. Später an diesem Tag erhielt Schukow eine Botschaft von Stalin, die Situation in Stalingrad verschlechtere sich und die Deutschen seien nur mehr 5 Kilometer vor der Stadt und könnten sie noch an diesem oder am nächsten Tag einnehmen. Er befahl eine umfassende Offensive mit allen verfügbaren Kräften.

„Kein Aufschub ist gestattet", telegrafierte Stalin. „Aufschub wäre kriminell. Alle Flugzeuge Stalingrad zur Hilfe schicken."

Schukow rief Stalin an und sagte, es sei sinnlos, sofort anzugreifen, seine Soldaten hätten keine Munition.

Stalin fragte: „Glauben Sie, daß der Feind darauf warten wird, bis Ihre Truppen sich aufgewärmt haben?" Und fügte hinzu, daß Jeremenko der Meinung sei, die Deutschen könnten die Stadt vom Norden her einnehmen. Schukow erklärte, er sei nicht dieser Meinung und erbat Erlaubnis, seinen Angriff bis zum 5. September aufzuschieben. Nach einigem Zögern stimmte schließlich Stalin zu.

Schukows Streitkräfte kämpften fünf Tage lang, um den deutschen Durchbruch zu liquidieren, hatten aber dabei kein Glück. Schließlich mußte Schukow am 10. September Stalin berichten, daß er nicht glaube, die Anstrengungen könnten noch Erfolg haben. Die deutschen Stellungen seien zu stark.

Stalin befahl daraufhin Schukow zu einer umfassenden Diskussion der Lage Stalingrads nach Moskau zurückzukommen. Am Abend des 12. September traf Schukow dann mit Stalin und Wassilewski im Kreml zusammen. Schukow legte die schwierigen Bedingungen dar, unter denen die Truppe zu kämpfen hatte, die tiefen Schluchten, die hohen Hügel, die von den Deutschen gehalten wurden, die Art, wie sie ihre weitreichende Artillerie einsetzten und den Mangel an Raum für Truppenbewegungen. Schukow hob hervor, daß zumindest eine Armee in voller Stärke, ein Panzerkorps, drei weitere Panzerbrigaden, eine Luftarmee und vierhundert Haubitzen brauche, um die Deutschen aus ihrem Brückenkopf an der Wolga herauszuwerfen.

Stalin studierte diese Anforderungen; unterdessen zogen sich Schukow und Wassilewski in eine Ecke zurück. Schukow flüsterte Wassilewski zu, daß sie offensichtlich einen anderen Ausweg suchen müßten.

„Was für einen anderen Ausweg?" fragte Stalin. Schukow hatte nicht gewußt, daß Stalin ein so feines Gehör besaß.

Stalin sagte ihnen, sie sollten zum Generalstab zurückgehen und einen Tag lang alles durchrechnen, was für Stalingrad und ebenso auch für den Kaukasus notwendig sein werde.

Je länger sie die Lage studierten, um so mehr kamen Schukow und Wassilewski zum Schluß, daß eine „Moskau-Lösung" die beste sein würde. Das hieß, Stalingrad mit dem Minimum an Kräften zu halten und die Deutschen sich erschöpfen zu lassen. Unterdessen aber neue Kräfte aus der strategischen Reserve heranzuziehen, die im Oktober einsatzbereit sein würden (einschließlich weiterer Einheiten aus Sibirien), um dann einen einzigen Gegenschlag zu führen, in den alle russischen Kräfte geworfen werden sollten. Das wäre besser, als sie nach und nach zu verbrauchen.

Sie waren nicht imstande, die Schätzungen an einem Tag fertigzustellen, aber sie skizzierten die Grundzüge der Taktik. Hauptschläge gegen die schwachen deutschen Flügel, vor allem an jener Flanke, die von rumänischen Truppen gedeckt wurde, und einen Versuch, die deutschen Hauptkräfte einzuschließen.

Die Russen würden dazu nicht vor Mitte November bereit sein. War es möglich, daß die Deutschen sie in der Zwischenzeit bei Stalingrad oder im Kaukasus schlugen? Das war die Hauptfrage. Schukow und Wassilewski kamen zu dem Schluß, daß die Deutschen dazu nicht imstande seien. Sie bluteten schon schwer bei Stalingrad. Die Panzerkorps nützten sich ab, die Stadt Stalingrad würde sie aufhalten. Die Kämpfe in den Straßen, der Kampf um jeden Block von Trümmern, der wütende Kampf in den Fabriksgebäuden, Stockwerk um Stockwerk und sogar Raum um Raum. Im November würden die Russen starke motorisierte Formationen zur Verfügung haben, eine Menge von T-34-Panzern. Die Deutschen wären dann im Nachteil. Sie besaßen wenige operative Reserven.

Am Abend des 13. September empfing Stalin die Marschälle um 22 Uhr. Er war übel gelaunt. „Zehntausende und Hunderttausende von Sowjetbürgern geben ihr Leben im Kampf gegen den Faschismus, und Churchill streitet wegen 20 ‚Hurricanes', und noch dazu sind diese ‚Hurricanes' gar nicht so besonders gut", knurrte er.

Die Generäle legten ihre Pläne dar: Stalin war sehr reserviert. Er fragte Schukow genau aus, ob die Kräfte auch wirklich ausreichend sein würden. Schukow versicherte es ihm. Während sie noch sprachen, kam ein Anruf von General Jeremenko: Die Deutschen massierten nahe von Stalingrad Panzer. Stalin befahl Schukow, sofort zurückzufliegen. Unterdessen würden sie über den Plan nachdenken. Wassilewski solle in ein oder zwei Tagen zur Südwestfront zurückfliegen.

So ging der Herbst dahin: Planungen in Moskau und der bitterste, der wildeste, der heldenhafteste Kampf des Krieges in den Gebäuden und Straßen von Stalingrad. General Tschuikow übernahm nun am 12. September um 10 Uhr die 62. Armee. Von diesem Augenblick an beschränkte sich sein Leben auf einen von Trümmern erfüllten Streifen Land entlang der Wolga, der die nördlichen Abschnitte Stalingrads einschloß, ein Streifen, der mit jeder Woche, die verging, schmaler wurde, aber niemals

Kampf in der Traktorenfabrik in Stalingrad, Januar 1943.

Tschuikow ganz entrissen wurde. Wieder und wieder bat er um Reserven, um Ersatz für seine Truppen. Doch meistens mußte er mit dem auskommen, was er hatte, und das tat er auch so, daß der Name Tschuikow, die 62. Armee und der Name Stalingrad zu einer Legende des Heldentums wurden.

Woche um Woche flogen Schukow und Wassilewski zwischen der Stalingrad-Front und Moskau hin und her. Schukow flog bei jedem Wetter. Einmal mußte er auf einem kleinen Feld eine Notlandung vornehmen, als sein Flugzeug vollkommen vereiste. Ein anderes Mal brachte sein Pilot die Maschine durch Totalnebel bodenwärts auf einen Platz, wo er glaubte, es sei der Hauptflughafen von Moskau, aber plötzlich erschien vor dem linken Flügel der Maschine ein rauchender Kamin. Der Pilot riß das Flugzeug herum und kam einen Augenblick später auf dem Flugplatz zu Boden. „Beinahe wären wir in Rauch aufgegangen", meinte Schukow zum Piloten.

Die Deutschen drangen in Stalingrad vor. Tschuikow hatte seinen Befehlsstand auf den Mamaja-Höhen, aber der Beschuß der Deutschen war so heftig, daß er ihn in einen gut ausgebauten Unterstand verlegen mußte, der möglicherweise 1918 im Bürgerkrieg von Stalin verwendet worden war. Aber dieser Befehlsstand erhielt einen direkten Treffer. So übersiedelte Tschuikow wieder, und zwar in einen sehr stark ausgebauten Unterstand in der Nähe der Wolga, zwischen den zwei Bahnstationen. Die Kämpfe um den Mamaja-Hügel dauerten fort. Der Hauptbahnhof wechselte dreimal den Besitzer. Nachschub mußte vom Ostufer der Wolga herangebracht werden, die bei Stalingrad mehr als eineinhalb Kilometer breit ist. Dieser Übergang wurde von der deutschen Artillerie 24 Stunden im Tag unter Feuer genommen. Stalingrad hatte jedoch einen starken Helfer, nämlich die Artillerie der Sowjets am Ostufer der Wolga – schwere Geschütze, Katjuscha-Werfer, die die Deutschen ständig unter Feuer hielten.

Ende September hatten die Deutschen den größten Teil der Stadtmitte besetzt und begannen in das Industriegebiet vorzudringen. Im Oktober hatte Tschuikow seinen Befehlsstand in die Nähe der Barrikade-Fabrik verlegt, als deutsche Bomben einen Öltank in Brand steckten. Brennendes Öl floß in den Unterstand, und der schwere Rauch erstickte Tschuikow und seinen Stab fast. Ähnliches war schon im September geschehen. Aber dem General und seinen Leuten gelang es, auch das zu überstehen. Die Verluste der Truppen waren jedoch furchtbar. Sehr bald mußte Tschuikow seinen Unterstand wieder verlegen, da die deutsche Artillerie sich auf ihn eingeschossen und er eine Menge Leute verloren hatte.

Tschuikow wurde grimmiger und grimmiger, besonders gegenüber Befehlshabern rückwärtiger Einheiten. Mitte Oktober führten die Deutschen eine „letzte Offensive", um Tschuikows Linien zu durchbrechen. Nicht mehr als 3 Kilometer trennten die Gräben von der Wolga. Tschuikows Stellungen wurden umzingelt. Die Traktorenfabrik war eingeschlossen. Dreitausend Leichen deutscher Soldaten lagen rund um die Mauern der Fabrik. In dieser Nacht evakuierte Tschuikow dreitausend Verwundete über die Wolga. Schließlich nahmen die Deutschen die Traktorenfabrik und schnitten Tschuikows Sektor in zwei Teile. Sie kamen bis auf 300 Meter an sein Hauptquartier heran. In zwei Tagen verloren zwei Einheiten 75 Prozent ihrer Mannschaft. Nun begannen die Deutschen die „Barrikade" und „Roter Oktober" einzuschließen und drangen bis auf 400 Meter an die Wolga vor. Eine letzte deutsche Offensive begann am 11. November. Die Deutschen gingen auf einer 5 Kilometer breiten Front zum Angriff über, gewannen aber nur wenig Boden.

Es begann allmählich deutlich zu werden, daß in der Schlacht von Stalingrad der Sieg möglicherweise nicht den Deutschen zufallen werde.

Am 7. November veröffentlichte die „Prawda" einen „Eid der Verteidiger von Stalingrad", in welchem Tschuikows Truppen und alle anderen dem „lieben Josif Wissarionowitsch" versprachen: „Wir schwören, daß wir den Ruhm der russischen Waffen nicht entehren, vielmehr bis zum Ende kämpfen werden. Unter Ihrer Führerschaft haben unsere Väter die Schlacht von Zarizyn gewonnen, und unter Ihrer Führung werden wir auch die große Schlacht von Stalingrad gewinnen."

Der Augenblick der Wende, der Krise, von dem Clausewitz gesprochen hat, näherte sich wieder, dieses Mal bei Stalingrad.

XIII. Stalin und Churchill

Winston Churchill mit Josef Stalin im Kreml.

Stalin besaß keinerlei Sympathie für Winston Churchill. Im allgemeinen betrachtete er den Engländer mit Argwohn. Zutreffenderweise hielt er Churchill für einen der Hauptinitiatoren der unabänderlich antisowjetischen Politik der britischen Regierung zur Zeit der bolschewistischen Revolution. Stalin hatte niemals die militärische Intervention der Engländer 1918–1920 vergessen, die beinahe den erst entstehenden Staat in die Knie gezwungen hätte, noch auch die antisowjetische Politik späterer britischer Regierungen. Stalin hatte auch Chamberlain und dessen diplomatischem Vorgehen am Vorabend des Zweiten Weltkrieges nicht getraut und hielt dessen Befriedungspolitik für hauptverantwortlich für Hitlers Machtgewinn. Er bekannte sich freilich niemals zur Verantwortung für seine eigene Politik gegenüber Deutschland, die eine Hauptrolle im Aufstieg Hitlers zur Macht in Europa spielte. Seine Rechtfertigung des deutsch-sowjetischen Pakts vom August 1939, der Hitler freie Hand gab, den Zweiten Weltkrieg zu beginnen, lautete, die Engländer hätten mit französischer Hilfe versucht, Hitler auf Rußland zu hetzen.

Nach dem Beginn des Zweiten Weltkrieges reagierte er mit äußerstem Argwohn gegen jeden britischen Versuch, eine engere Verbindung herzustellen. Seine Feindseligkeit wurde noch erhöht, als die Engländer nahe daran waren, Freiwillige zu entsenden, um Finnland in dessen Winterkrieg 1939/40 mit Rußland zu helfen.

Diese Feindseligkeit hatte eine wesentliche Rolle bei Stalins Weigerung gespielt, den Nachrichten zu glauben, wonach Hitler einen Angriff auf die Sowjetunion im Frühjahr 1941 plane, speziell jenen Beweisen, die aus London kamen. Jetzt, im Jahre 1942, hegte er immer noch Argwohn gegen die Engländer und gegen Churchill im besonderen.

Churchill hatte zwar den Russen jede nur mögliche Hilfe versprochen, aber was kam, war nie so viel, wie Stalin brauchte, und so hatte er das Gefühl, Churchill wolle in Wirklichkeit Rußland ausbluten lassen, so daß nach einem Sieg über Deutschland die Sowjetunion keine entscheidende Rolle mehr im Nachkriegseuropa spielen könne. Stalin begriff rascher als Roosevelt, daß viele der strategischen Pläne Churchills das Ziel hatten, ebenso sehr britische nationale Pläne zu fördern wie den Krieg zu gewinnen.

Was Stalin im Frühjahr 1942 mehr als alles andere wünschte, war die Errichtung einer zweiten Front durch die Alliierten in Europa. Falls es dem Westen gelang, von der Ostfront vierzig oder fünfzig deutsche Divisionen abzuziehen, würde – so glaubte Stalin – die Rote Armee imstande sein, Hitler zu schlagen und den Krieg noch bis Ende dieses Jahres zu gewinnen.

Stalins Einschätzung war natürlich zu optimistisch. Er zog jene fürchterlichen Verluste nicht in Betracht, die die Japaner den Vereinigten Staaten und den Engländern zufügten, er dachte nicht an die Vernichtung der amerikanischen Kriegsmarine bei Pearl Harbor, nicht an die Philippinen, Hongkong, Singapur, die Versenkung der beiden großen britischen Schlachtschiffe „Repulse" und „Prince of Wales" sowie das sehr gefährliche Vordringen der Japaner in Indochina und Südostasien. Er stellte auch nicht in Rechnung, daß die deutschen U-Boote in der Atlantikschlacht eine große Anzahl von Frachtschiffen versenkten, die lebenswichtige Nahrungsmittel und Kriegsmaterialnachschub nach England bringen sollten, Verluste, die für die Engländer besonders beängstigend waren.

Roosevelt war eifrig darauf aus, mit Stalin zusammenzukommen, um eine gemeinsame Strategie zu planen, aber die Befassung Stalins mit der Führung des Krieges von Tag zu Tag machte das schwierig. Schließlich sandte Stalin Molotow nach London und Washington, um mit Churchill und Roosevelt zu sprechen. Schon waren zwischen Washington und London größere Meinungsverschiedenheiten aufgetreten. Roosevelt wollte 1942 eine zweite Front in Europa errichten. Churchill verschleierte seine Opposition zu diesem Plan hinter einem Vorhang von Beredsamkeit, er wollte aber die zweite Front nicht vor dem Jahre 1943. Er wußte, daß eine zweite Front 1942 vor allem den Einsatz britischer Truppen bedeutete. Er glaubte nicht, daß England die zu erwartenden Verluste an Menschenleben ertragen konnte und wußte, daß er auch die politischen Verluste nicht würde überstehen können.

Molotows Reise hatte auch eine komische Seite. Er brachte eine Pistole mit: Im Weißen Haus, wo er Roosevelts Gast war, legte er die Pistole unter seinen Kopfpolster. Zwei Geheimdienstbeamte wurden beauftragt, dafür zu sorgen, daß Molotow – der denkbar konventionellste und steifste Mann – eine entsprechende nächtliche Unterhaltung fand. Was die geschäftliche Seite anlangte, so kehrte Molotow nach Moskau mit einem Versprechen zurück, das Stalin für eine Verpflichtung hielt, 1942 die zweite Front zu errichten. Aber selbst bevor noch Molotow zurück im Kreml war, ging Churchill schon an die Arbeit, um diesen Beschluß wieder umzustoßen und Roosevelt zu einer Invasion Nordafrikas zu überreden.

Vom Augenblick des Angriffes der Deutschen auf die Sowjetunion an hatten die Engländer Geschütze und Munition, Flugzeuge und Panzer von den Lieferungen aus den Vereinigten Staaten abgezweigt und sie in den arktischen Hafen Murmansk gesandt. Dazu waren Geleitzüge notwendig, die über die sehr gefährliche, kalte und stürmische Nordroute fuhren: von Scapa Flow vor Schottland ausgehend oder östlich von Island, rund um die Nordspitze Norwegens nach Murmansk. Zunächst waren die Schiffe ohne große Schwierigkeiten durchgekommen, aber sobald es Frühjahr war und die Tage rasch länger wurden (im Juni ging die Sonne über den Geleitzügen niemals unter), fügten die Deutschen den Konvois immer ärgere Verluste zu.

Die britische Admiralität wollte die Geleitzüge einstellen, bis im Herbst kurze Tage und nebeliges Wetter ihnen besseren Schutz geben würden, aber die Not der Russen war allzu groß, und Roosevelt wollte nichts davon hören.

Im Juni 1942 waren Vorbereitungen im Gange, um einen großen Geleitzug mit dem Codenamen PQ 17 nach Murmansk zu schicken. Die Deutschen hatten von diesem Konvoi erfahren und ihr Schlachtschiff „Tirpitz" bei Trondheim stationiert. Auch die sogenannten Westentaschen-Schlachtschiffe „Scheer", „Lützow" und „Hipper", dazu elf Zerstörer und drei große Torpedoboote waren in Häfen des nördlichen Norwegens, einige davon in Narvik, unweit der Route des Geleitzuges, stationiert. Die Deutschen hatten ferner eine starke Bombergruppe sowie Aufklärungsflugzeuge in Norwegen und auch ein Rudel U-Boote. Sobald der Geleitzug in die Nähe der Jan-Mayen-Insel, nördlich von Norwegen, kam, wollten die Deutschen mit Bombern angreifen. Die Kriegsschiffe würden dann ebenfalls eingreifen und reinen Tisch machen, sobald der Geleitzug eine Position östlich von Jan Mayen erreicht hatte. Vor der Bäreninsel würden die U-Boote schließlich endgültig aufräumen.

Aber die Engländer hatten durch Abhören und Entziffern der deutschen Funksprüche durch ihre „Ultra"-Technik von diesem deutschen Plan erfahren.

PQ 17 umfaßte 34 britische, amerikanische und russische Frachter, ferner drei Hilfsschiffe, die insgesamt 157.000 Tonnen an Panzern, Flugzeugen und Kriegsmaterial von einem Versammlungspunkt östlich von Island am 27. Juni nach Murmansk zu bringen im Begriff waren. Die engere Eskorte bildeten 6 Zerstörer, 4 Corvetten, 3 Minensucher, 4 Schlepper, 2 Luftabwehrschiffe und 2 U-Boote; 4 Kreuzer, zwei davon Amerikaner, gaben dem Konvoi Nahschutz. Die Schlachtschiffe „Washington" (USA), „Victorious" und „Duke of York" gaben Geleitschutz in weiterer Entfernung. 13 U-Boote, darunter 4 russische, waren vor dem Nordkap postiert.

Gleichzeitig mit dem Ausfahren des Konvois PQ 17 stach auch der kleinere Geleitzug QP 13, der seine Ladung gelöscht hatte, in See. Die Fahrten beider Konvois waren bis zum 2. Juli ohne besondere Ereignisse. An diesem Tag trafen die beiden

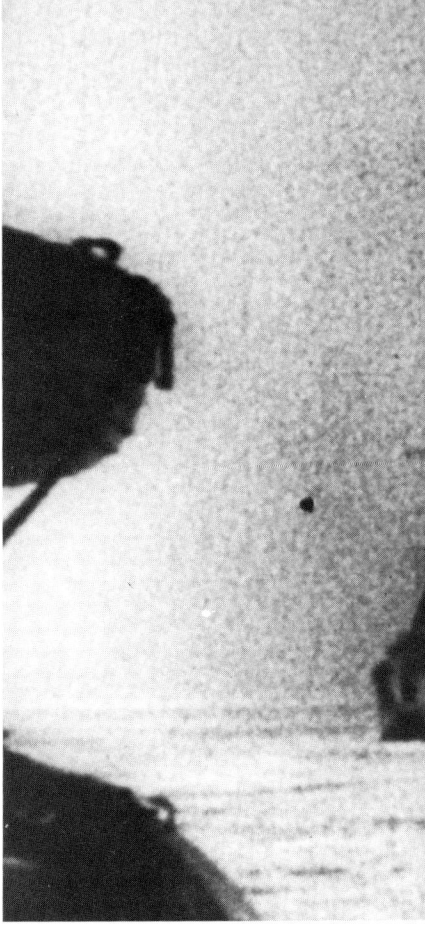

Ein britisch-amerikanischer Geleitzug auf der Fahrt nördlich von Norwegen nach dem arktischen Hafen Murmansk mit militärischen Hilfsgütern für die Russen. Unten: Die Deutschen versenken ein Schiff.

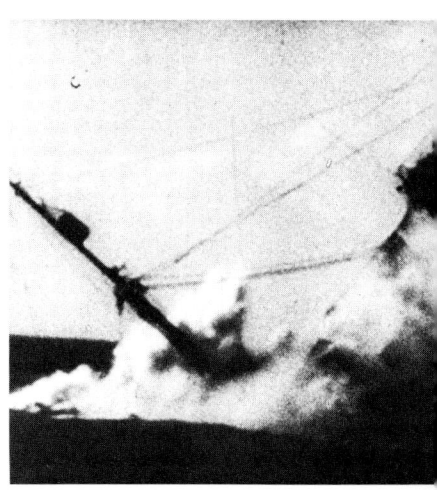

Geleitzüge einander auf halbem Weg zwischen Jan Mayen und der Bäreninsel. Hier sichteten die Deutschen die alliierten Schiffe. „Tirpitz" und „Hipper" sowie die deutschen Zerstörer liefen aus Trondheim aus. „Lützow" und „Scheer" verließen Narvik, 3 oder 4 deutsche Zerstörer, die die „Tirpitz" begleiteten, liefen auf ein Riff auf und waren daher aus dem Spiel. Auch der Panzerkreuzer „Lützow" fuhr auf einen Felsen auf.

PQ 17 fuhr weiter. Bis zum 3. Juli erlitt er keine Verluste, am 4. Juli verlor er drei Schiffe, die durch einen Luftangriff versenkt wurden. Ein viertes Schiff wurde beschädigt.

An diesem Abend um 21 Uhr erhielt die Kreuzereskorte des Geleitzuges unvermutet den Befehl, sich mit hoher Fahrt nach Westen abzusetzen. Eine halbe Stunde später erhielt der Geleitzug den Auftrag, sich zu zerstreuen und einzeln nach Murmansk durchzuschlagen.

Diese Befehle, verursacht durch eine falsche Auslegung dechiffrierter Informationen in der Admiralität, besiegelten den Untergang des Geleitzuges. Die Instruktionen beruhten auf der Annahme, daß die „Tirpitz" im Begriff sei, den Geleitzug anzugreifen. Tatsächlich erreichte aber die „Tirpitz" das offene Meer nicht vor 15 Uhr am 5. Juli. In der Zwischenzeit wurden die nun zerstreut fahrenden Handelsschiffe, ihrer schützenden Eskorte beraubt, nach Belieben von den deutschen Flugzeugen und U-Booten versenkt. 23 Frachtschiffe und ein Hilfsschiff gingen verloren, 11 Frachter und 2 Hilfsschiffe kämpften sich nach Murmansk durch.

Über das Schicksal des Geleitzuges PQ 17 gab es endlose Auseinandersetzungen. Argumente für und gegen werden bis heute noch von britischen Marinespezialisten ins Treffen geführt. Viele geben Admiral Sir Dudley Pound die Schuld, der den Befehl an den Geleitzug, sich aufzulösen, unterzeichnet hatte. Es wird behauptet, daß er den Geleitzügen im Prinzip abgeneigt war und ganz speziell dem Auslaufen von PQ 17 und daß er schon eine vorgefaßte Meinung gehabt habe, bevor noch der Geleitzug in See stach.

Ein von den Engländern gelieferter „Hurricane"-Jäger im Begriff zu landen: am Boden ein getarntes „Hurricane"-Flugzeug im Schnee Rußlands.

Die Folgen waren katastrophal. Churchill stellte sofort die weitere Entsendung von Geleitzügen ein. Am 18. Juli teilte er dies in einem langen Telegramm Stalin mit, in dem es hieß, die westlichen Alliierten seien im Begriff, ihre Kräfte zu sammeln, um „eine wirklich starke zweite Front im Mai 1943 zu errichten". Dies war ein ausgesprochener Tiefschlag für Stalin. Nicht nur verhinderte Churchill damit die Kriegsmateriallieferungen, die Stalin so dringend brauchte, er brach auch – nach Stalins Meinung – sein Versprechen, noch 1942 eine zweite Front zu eröffnen.

Stalin erwiderte, er könne „es nicht dulden, daß die zweite Front in Europa bis 1943 verschoben wird". Hinsichtlich der Einstellung der Fahrten der Geleitzüge sagte er: „Die Sowjetunion erleidet weit größere Verluste, ich hätte nie angenommen, daß die britische Regierung uns die Lieferung von Kriegsmaterial gerade jetzt verweigern sollte, gerade in diesem Augenblick, in dem die Sowjetunion sie so besonders dringend braucht."

Winston Churchill flog am 12. August 1942 nach Moskau zu seinem ersten Besuch dieses „traurigen und düsteren bolschewistischen Staates, den ich bei seiner Geburt zu erdrosseln so energisch versucht hatte". Er war auf ein Gespräch mit Stalin von Mann zu Mann vorbereitet, verglich aber seine Aufgabe damit, „einen großen Eisblock zum Nordpol zu tragen".

Die beiden Männer sprachen offen miteinander. Stalin sagte zu Churchill: „Sie können Kriege nicht gewinnen, wenn Sie nicht bereit sind, Risiken zu übernehmen." Und: „Sie sollten sich nicht zu sehr vor den Deutschen fürchten." Stalin, so erinnert sich Churchill, sagte „eine Menge unerfreulicher Dinge", einschließlich des Vorwurfes, daß die Engländer ihr Wort gebrochen hätten. Bei einer Gelegenheit erwiderte Churchill: „Ich verzeihe diese Bemerkung nur wegen der Tapferkeit der russischen Soldaten."

Averell Harriman, der Churchill begleitete, war der Meinung, daß die Russen wirklich verzweifelt seien: „Stalins Grobheit war nur ein Ausdruck dafür, wie dringend sie Hilfe brauchten. Sie war auch Stalins Methode, jeden nur denkbaren Druck auf Churchill auszuüben."

Stalin erzählte Churchill von einem Gespräch, das er einst mit Lady Astor geführt hatte und in dessen Verlauf sie Churchill die Schuld an der Intervention gegen die Bolschewiken im Jahre 1918 gegeben hatte. Churchill räumte ein, daß an der Behauptung etwas Wahres sei.

„Ich war Ihnen nach dem letzten Krieg nicht freundlich gesinnt", sagte Churchill zu Stalin. „Haben Sie mir vergeben?" Stalin erwiderte: „All das gehört der Vergangenheit an, es ist nicht an mir, zu verzeihen. Es ist Sache Gottes, zu verzeihen."

Bevor Churchill Moskau verließ, hatte er noch eine abendliche, siebenstündige Aussprache mit Stalin, bei der sie mit Ausnahme der Dolmetscher allein waren. Das Gespräch berührte buchstäblich alle essentiellen Probleme. Sie sprachen davon, britische Luftgeschwader im Kaukasus zu stationieren, um die Ölfelder von Baku zu schützen, von einer großen Gegenoffensive, die die Russen demnächst gegen die Deutschen führen wollten, um sie sowohl in Stalingrad als auch im Kaukasus abzuschneiden, von der Möglichkeit eines Zusammentreffens Roosevelts und Stalins auf Island im November 1942, von einem britisch-russischen Unternehmen, um den finnischen Hafen Petsamo zu besetzen und davon, daß die Engländer „Seetiere" und die Russen „Landtiere" seien. Bevor sie am frühen Morgen – nach vielen Trinksprüchen und vielem Wodka – aufbrachen, bemerkte Stalin zu Churchill, so groß auch die Belastung des Krieges für Rußland sei, so sei sie doch nicht so schlimm als die Krise anläßlich der Kollektivierung der sowjetischen Landwirtschaft. „Das war furchtbar", erinnerte sich Stalin. „Und es dauerte vier Jahre."

Churchill und Stalin wurden niemals Freunde. Dazu war jeder der beiden viel zu sehr auf die Verteidigung der Sonderinteressen seines eigenen Landes ausgerichtet. Aber die langen, offenen und auch bitteren Auseinandersetzungen legten eine Basis für gegenseitigen Respekt, der bei den beiden alten Gegnern während der Kriegszeit vorhalten sollte.

Links: Russen beim Bau einer Straße in der Nähe von Murmansk.

Unten: Das durch deutsche Angriffe zerstörte Murmansk.

Daß Harriman Churchill auf der Reise nach Moskau begleitete, hatte eine andere praktische Konsequenz. Harriman war ein Eisenbahnmann. Sein Vater war der Erbauer der Union Pacific Railroad gewesen. Harriman unterbrach seine Reise im Iran. Die von Russen und Engländern gemeinsam besetzte Versorgungsroute sollte den Russen etwa 3500 Tonnen Kriegsmaterial täglich über die persischen Eisenbahnen liefern, freilich wurde diese Menge nicht immer erreicht. Harriman kam zu dem Schluß, diese Menge könne leicht auf 6000 Tonnen pro Tag erhöht werden. Im Mai 1943 betrug dann die tägliche Menge 10.000 Tonnen und konnte bis zum Kriegsende noch weiter gesteigert werden. Lange nachdem die gefährliche und schwierige arktische Versorgungsroute aufgegeben worden war, versorgten die Eisenbahn und die Straßennachschublinie vom Persischen Golf her die Russen mit Zehntausenden Lastwagen, Jeeps, Panzern, Eisenbahnmaterial, Stahl und vielen anderen kriegswichtigen Dingen.

Die Hilfe der Alliierten für Rußland betrug im Jahre 1942 1,7 Millionen Tonnen, davon lieferten 1,2 Millionen Tonnen die Amerikaner. 1943 lieferten die Amerikaner 4,1 Millionen Tonnen einschließlich 2 Millionen Tonnen Lebensmittel. Zwischen dem 22. Juni 1941 und dem 30. April 1944 versorgten die Vereinigten Staaten die Sowjetunion mit 6430 Flugzeugen, 3734 Panzern, 112 Kriegsschiffen und 200.000 Lastkraftwagen und sonstigen Motorfahrzeugen, 3000 Luftabwehrgeschützen, 476.000 Tonnen hochoktanigem Flugzeugbenzin, 100.000 Tonnen Aluminium, 184.000 Tonnen Kupfer, 42.000 Tonnen Zink, 1,2 Millionen Tonnen Stahl, 20.000 Werkzeugmaschinen, 245.000 Feldtelefonen, 5,5 Millionen Paar Armeestiefeln. Die Engländer lieferten 5800 Flugzeuge, 33.000 Tonnen Kupfer, 4292 Panzer, 103.100 Tonnen Gummi und 6000 Werkzeugmaschinen. Bis zum Kriegsende hatten die Vereinigten Staaten mehr als 15 Millionen Tonnen Material in die Sowjetunion geliefert, einschließlich 427.000 Fahrzeugen, 13.000 Kampffahrzeugen, 2.670.000 Tonnen Benzin und Erdöl, 4.478.000 Tonnen Lebensmittel und einer gewaltigen Menge an Eisenbahnmaterial.

Nach sowjetischen Angaben haben die Russen im Krieg etwa 100.000 Panzer produziert, 120.000 Flugzeuge, 360.000 Geschütze, 1,2 Millionen Maschinengewehre und 9 Millionen Gewehre. Falls die sowjetischen Zahlenangaben nicht übertrieben sind, dann hätten die Vereinigten Staaten und Großbritannien Rußland mit etwa 15 Prozent seiner schweren Rüstung, nämlich Panzern und Flugzeugen, beliefert.

Sowjetische Artillerie in Feuerstellung vor den Überresten einer Fabrik.

XIV. Stalingrad

PERSÖNLICH:
Genosse Konstantinow:
Sie können den Übersiedlungstermin für Fedorow und Iwanow nach eigenem Ermessen ansetzen. Lassen Sie mich wissen, wann Sie nach Moskau zurückkommen. Falls Sie es für notwendig erachten, daß der eine oder andere ein oder zwei Tage früher oder später übersiedeln sollte, dann bevollmächtige ich Sie, diese Frage entsprechend Ihrer eigenen Beurteilung zu entscheiden.
13.10 Uhr, 15. November 1942   Wassiljew

In diesem einfachen Chiffrecode, der vom Kreml verwendet wurde, bedeutete Wassiljew Stalin, Konstantinow Marschall Schukow, Fedorow General Watutin, Iwanow General Jeremenko. Das Telegramm Stalins an Schukow bevollmächtigte ihn, den Termin des Beginns der nun unmittelbar bevorstehenden Gegenoffensive bei Stalingrad festzusetzen.

Schukow und Marschall Wassilewski hatten ihre Pläne aufs feinste abgestimmt. Sie hatten die stärkste Streitmacht versammelt, die die Russen bisher je für eine einzige Operation zusammengebracht hatten. Mehr als eine Million Mann – möglicherweise ein Viertel des Gesamtstandes der Roten Armee –, ein Viertel ihrer Luftstreitkräfte, 60 Prozent ihrer gepanzerten und motorisierten Divisionen. Die Rote Armee kämpfte nicht länger mehr verzweifelt gegen eine Übermacht; sie war auch nicht mehr allein. Am 8. November waren die westlichen Alliierten in Nordafrika gelandet. Es war zwar nicht die große zweite Front, die Stalin gewollt hatte, aber es war besser als nichts.

Am 1. November hatten die Deutschen wahrscheinlich 6,1 Millionen Mann an der Ostfront, nämlich 266 Divisionen, 70.000 Geschütze, 6600 Panzer, 3500 Flugzeuge. Die Russen hatten ebenfalls 6,1 Millionen Mann, 72.500 Geschütze, 6000 Panzer und 3000 Flugzeuge.

Das sowjetische Oberkommando besaß nun eine strategische Reserve von 25 Divisionen, 13 Panzerkorps und 7 selbständigen Brigaden.

In Vorbereitung für den Angriff bei Stalingrad ließen die Russen 11 Armeen aufmarschieren, eine Anzahl selbständiger Panzerkorps, Kavalleriekorps und motorisierter Korps, 13.500 Geschütze, 900 Panzer und nahezu 1500 Kampfflugzeuge.

Die Deutschen entdeckten diese Bewegungen nicht.

Die Russen setzten 27.000 Lastkraftwagen ein, um ihre Streitkräfte zu befördern. Die Eisenbahnen jenseits von Stalingrad am Ostufer der Wolga brachten bis zu 1300 Waggonladungen täglich an Kriegsmaterial heran. Vom 1. bis zum 19. November wurden über Wolgafähren 160.000 Mann, Zehntausende Pferde, 430 Panzer, 600 Geschütze, 14.000 Lastkraftwagen und 7000 Tonnen Munition auf das Westufer übergesetzt.

Die Deutschen entdeckten diese Bewegungen nicht.

Während der letzten Oktoberwochen und der ersten zwei Wochen des November reisten Schukow und Wassilewski ständig zwischen Moskau und Stalingrad hin und her. Sie besichtigten persönlich jeden Geländeabschnitt, der für den vorgeschlagenen Angriff in Frage kam. Sie berieten sich mit jedem der Befehlshaber. Sie prüften jede größere Einheit und fragten nach jedem nur möglichen Vorschlag der Kommandeure. Dabei achteten sie auf absolute Geheimhaltung. Nicht ein einziges Blatt Papier, das den Angriff betraf, ging zwischen Moskau und der Front von Hand zu Hand. In den Flugzeugen wurden keinerlei Pläne befördert. Erst im allerletzten Augenblick wurden die Befehlshaber davon informiert, was geschehen sollte.

Schukow und Wassilewski (Genosse Donskow in dem einfachen Chiffrecode des obersten Hauptquartiers) setzten den 19. November als Stunde Null für ihre Streitkräfte nördlich und nordwestlich von Stalingrad fest. Die übrigen würden am 20. November zum Angriff antreten. Ein rascher Rückzug des Generaloberst Paulus sollte vermieden werden, erst mußten die Armeen aus dem Nordwesten zuschlagen, dann die Truppen südlich von Stalingrad vorwärtsstürmen und den Einschließungsring vollenden.

Es war gewissermaßen eine Wiederholung der erfolgreichen Moskauer Strategie. Das lange Warten, bis der Feind seine Kraft erschöpft hatte und nicht mehr vorwärts konnte. Die verlustreichen, gefährlichen Kämpfe, um das Vordringen der Deutschen aufzuhalten, während gewaltige Stoßkräfte gesammelt wurden. Der plötzliche Schlag gerade in jenem Moment, als die letzte Offensivkraft des Gegners erschöpft und es für ihn – der seine Nachschublinien allzuweit ausgedehnt hatte – zu spät war, sich zurückzuziehen. Es war ein klassisches Beispiel aus dem Lehrbuch von Clausewitz.

Deutsche Soldaten bringen Post und Verpflegung durch einen Graben nach vorne.
Rechts: Deutsche an einer Barrikade in Stalingrad, Herbst 1943.

Alles war bereit: Knappe 48 Stunden trennten von dem Beginn der Offensive, als Schukow und Wassilewski dringend nach Moskau zurückgerufen wurden. Man holte sie zu einer Sitzung des Staatsverteidigungskomitees (GKO), dem Stalin vorsaß. Es lag ein Schreiben vor, das General J. T. Wolski, der Befehlshaber des 4. motorisierten Korps, an Stalin gesandt hatte. Wolskis Truppen sollten den südlichen Arm der Zangenbewegung bilden, die die Deutschen in Stalingrad einzuschließen hatte. Als „ehrlicher Kommunist" machte Wolski Stalin darauf aufmerksam, daß die Offensive von Stalingrad zu einer Katastrophe werden könne, weil es an Truppen und Material fehle. Schukow und Wassilewski mußten noch einmal ihre Argumente darlegen, ihre Pläne und Anordnungen rechtfertigen. Stalin telefonierte dann in Gegenwart der beiden Generäle und des Verteidigungskomitees mit Wolski. Der General zog seine Einwände zurück und erklärte sich bereit, die an ihn ergangenen Befehle auszuführen.

Die Gründe für diese merkwürdige Konfrontation wurden niemals ganz klar. Obwohl manche argwöhnten, Stalin habe schon eine Anklage zu Protokoll geben wollen, die später gegen Schukow und Wassilewski erhoben werden konnte, falls die große Stalingrad-Offensive fehlschlagen sollte.

Wassilewski flog unmittelbar an die Front zurück. Schukow blieb noch in Moskau, um die Operationen zu koordinieren und sich mit der Planung weiterer Unternehmungen zu befassen, die von dem Erfolg bei Stalingrad abhingen.

In den deutschen Gräben und Unterständen vor Stalingrad herrschte Spannung. Seit Tagen und Wochen hatten die Soldaten nur wenig geschlafen. Man lebte von Alkohol und Pervitin. Keine Seite machte mehr Gefangene. So ging es schon seit geraumer Zeit. Alles, was die Soldaten zu erwarten hatten, waren Erfrierungen, Wunden oder Tod. Der 18. November war kalt, bewölkt und beängstigend: es gab zuwenig Artilleriefeuer, nichts als ein gelegentliches Knattern der Maschinengewehre und nur hie und da die Explosion einer Granate. Die Nacht war ruhig, kalt und nebelig.

Um 7.32 Uhr eröffneten die russischen Geschütze der Südwestfront das Feuer auf die Stellungen der rumänischen 3. Armee bei Serafimowitsch am Don, nordwestlich von Stalingrad. Kurz darauf gingen Infanterie und Panzer der sowjetischen 4. Panzerarmee und der 21. Armee zum Angriff über: sie stießen aus Kälte und Nebel heraus und überrannten das 3. und 4. Korps der Rumänen. Geschütze hämmerten ohne Unterbrechung. Der Kampflärm stieg immer mehr an, als immer mehr und mehr Waffen an dem Feuerwechsel teilnahmen. Katjuscha-Raketen kreischten unaufhörlich über die Köpfe der Angreifer hinweg. Noch vor Tagesanbruch des 20. November hatten die Russen ihren Vorstoß mehr als 30 Kilometer südlich des

Don vorgetragen; alle gegnerischen Einheiten vor ihnen befanden sich in wirrem Rückzug.

Die Deutschen führten starke Panzerkräfte heran; aber bevor diese noch eingreifen konnten, hatte die Hauptmacht der sowjetischen Panzer nach Süden abgeschwenkt, nach Kalatsch, einem Punkt direkt hinter und nordwestlich der Streitkräfte von Paulus. Hier sollte der Ring geschlossen werden. Nun explodierte auch die sowjetische Front im Süden. Ihre Truppen durchbrachen die Stellungen der rumänischen 6. Armee, und obgleich sie durch das Feuer ihrer eigenen Artillerie Verluste erlitten, stürmten sie ebenfalls in einem Wettlauf mit der deutschen 4. Panzerarmee auf Kalatsch vor.

Am 23. November, nur vier Tage nachdem der Angriff ins Rollen gekommen war, sahen Aufklärer des 4. Panzerkorps des Generals Krawtschenko weiß uniformierte Panzerleute über die Steppe auf sich zukommen. Es war 16 Uhr. Die Soldaten gehörten zu einer Patrouille des Generals Wolski und seines 4. motorisierten Korps. Die Vereinigung war gelungen. 20 deutsche Divisionen, eine Fliegerabwehrdivision, zwei Werferregimenter, zwei rumänische Divisionen und ein kroatisches Regiment waren eingeschlossen.

Stalin hatte es nicht eilig, die guten Nachrichten dem Land mitzuteilen. Die Kommuniqués vom 19., 20. und 21. November erwähnen Stalingrad nicht. Etwas später, am Abend des 22. November, wurde das erste Bulletin veröffentlicht: Die Russen hatten Kalatsch erobert, Paulus' Nachschublinien durchschnitten und den Deutschen Verluste von 30.000 Mann beigebracht.

*Gefallene deutsche Panzerschützen neben ihrem abgeschossenen Panzer.
Unten: Reiter des sowjetischen Korps des General Below reiten Attacke.*

Die Schlacht war jedoch keineswegs vorüber. Sobald den Deutschen der Umfang der russischen Offensive klar geworden war, erhielt Paulus von der Heeresgruppe B den Befehl, die Kämpfe bei Stalingrad abzubrechen und seine Panzer in die Gegenrichtung zu entsenden, um den Russen in seinem Rücken entgegenzutreten. Die Heeresgruppe wollte Paulus darauf vorbereiten, sich zurückzuziehen, bevor es zu spät war. Hitler jedoch griff von Berchtesgaden aus telefonisch ein und befahl, daß die 6. Armee an Ort und Stelle zu bleiben habe.

Als die Russen Kalatsch erobert hatten und damit ihren ersten Einschließungsring am 23. November geschlossen hatten, sandte Paulus an Hitler eine Meldung, in der er um Erlaubnis bat, nach eigenem Urteil handeln zu dürfen. Er bemerkte dabei, daß die 6. Armee nur durch eine Konzentration ihrer Streitkräfte und einen Rückzug in Richtung Südwest eine Überlebenschance habe. Zu diesem Zeitpunkt waren seine Streitkräfte noch in ausgezeichnetem Zustand, und nur ein einziges seiner Korps war bis dahin von den Russen angegriffen worden.

Die Aussichten, daß Hitler der Bitte von Paulus positiv entsprechen werde, waren nur sehr gering. Seine Tendenz – ebenso wie jene Stalins – war es, jeden Zoll Boden so lange zu halten, bis es zu einem Rückzug zu spät war. Diese Tendenz wurde noch durch Reichsmarschall Hermann Göring bestärkt, der am 24. November versprach, er werde die 6. Armee aus der Luft versorgen können. Hitler handelte dementsprechend, erklärte Stalingrad zur Festung und gab Paulus den Befehl, die Stadt um jeden Preis zu halten.

Zum Zeitpunkt dieses Befehls verfügte Paulus innerhalb des Einschließungsringes über 284.000 Mann, 1800 Geschütze, 10.000 Lkw, 8000 Pferde; er brauchte täglich mindestens 750 Tonnen Nachschub. Die Luftwaffe verfügte insgesamt über 750 Junkers-52-Transportmaschinen, aber sie waren über ganz Europa und Afrika verstreut. Die 6. Armee besaß sieben Flugplätze, von denen sechs aber nur Landestreifen waren und nur ein einziger auch bei Nacht verwendbar war. Schließlich stellte sich heraus, daß Göring nur 90 Tonnen pro Tag über die Luftbrücke heranbringen konnte. Der beste Tag war der 19. Dezember, als 290 Tonnen eingeflogen wurden.

Stalin ging es darum, die eingeschlossenen deutschen Streitkräfte so rasch wie möglich zu liquidieren. Diese Aufgabe wurde General Rokossowski anvertraut. Während dessen Truppen Paulus einschlossen, stießen andere sowjetische Streitkräfte nach Südwesten vor, in Richtung auf Rostow am Don, mit dem Ziel, den deutschen Armeen, die noch tief im Kaukasus standen, den Nachschub abzuschneiden.

Diese Operation entwickelte sich nicht plangemäß. Die Deutschen hatten begriffen, daß außerordentliche Maßnahmen notwendig waren, um Paulus und seine 6. Armee zu retten. Die Aufgabe, einen Befreiungskeil durch die sowjetische Einschließung zu treiben, erhielt Generalfeldmarschall Erich von Manstein, der eine starke Panzerkolonne zusammenstellte, an der Spitze General Hoth und Teile von dessen 4. Panzerarmee. Die Kolonne stieß am 12. Dezember aus dem Gebiet von Kotelnikowo, nur 170 Kilometer südwestlich von Stalingrad, vor. Sie machte außergewöhnlich gute Fortschritte. Am 18. Dezember konnte Paulus schon das Artillerieduell zwischen Manstein und den Russen hören. Hoth funkte eine Botschaft an die 6. Armee: „Haltet aus, wir kommen!" Aber es sollte nicht sein. Rokossowskis 2. Gardearmee wurde eilends an den Mischkowa-Fluß gebracht und sowjetische Verstärkungen herangezogen. Die deutsche Rettungskolonne wurde aufgehalten.

Manstein sah immer noch ein Möglichkeit, die 6. Armee zu retten, wenn nämlich Paulus seine Truppen zusammenzog und in Richtung auf Hoths Panzer durchbrach. Aber Paulus brachte immer neue Einwände vor: er brauche Zeit zur Vorbereitung, er habe nicht genug Brennstoff. Sein Stabschef, General Schmidt, ein Nationalsozialist, bestand darauf: „Es ist völlig unmöglich, gerade jetzt auszubrechen, dies wäre die Anerkennung einer Katastrophe. Die 6. Armee wird noch zu Ostern ihre Stellungen halten." Am Weihnachtsabend 1942 befahl General Hoth den Rückzug seiner Truppen vom Mischkowa-Fluß. Sie gingen, heftig verfolgt von den Sowjets, zurück. Hoth wurde benötigt, um einen neuen sowjetischen Angriff zurückzuwerfen, der von Woronesch aus in die Ostukraine vorgetragen worden war. Andere sowjetische Einheiten übten südlich von Rostow starken Druck aus, um sich mit Verbänden, die aus dem Kaukasus kamen, zu vereinen. Rostow wurde schließlich zurückerobert. Die Deutschen zogen sich vollkommen aus dem Kaukasus zurück, Träume vom Öl von Baku, vom Persischen Golf, schwanden nun rasch dahin.

Generalfeldmarschall Paulus als Gefangener der Russen.
Unten: Paulus wird von General Rokossowski und Marschall Woronow verhört.
Links: Deutsche Gefangene werden durch Stalingrad geführt.

Alles, was noch zu tun übrig blieb, war die Liquidierung der Armee des Generals Paulus. Für ihn gab es keine Hoffnung mehr. Rokossowski wandte sich nun dieser Aufgabe zu; er verfügte über 280.000 Mann, 39 Divisionen. In der todgeweihten „Festung" standen weniger als 200.000 Deutsche. Am 8. Januar forderten die Rus-

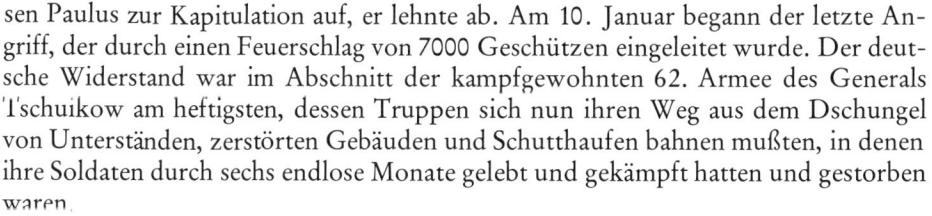

Leichenberge deutscher Soldaten nach der Schlacht von Stalingrad. Unten, links und rechts: Deutsche Kriegsgefangene.

sen Paulus zur Kapitulation auf, er lehnte ab. Am 10. Januar begann der letzte Angriff, der durch einen Feuerschlag von 7000 Geschützen eingeleitet wurde. Der deutsche Widerstand war im Abschnitt der kampfgewohnten 62. Armee des Generals Tschuikow am heftigsten, dessen Truppen sich nun ihren Weg aus dem Dschungel von Unterständen, zerstörten Gebäuden und Schutthaufen bahnen mußten, in denen ihre Soldaten durch sechs endlose Monate gelebt und gekämpft hatten und gestorben waren.

Am 17. Januar funkten die Russen erneut ein Kapitulationsangebot an Paulus. Er besaß dazu aber keinerlei Vollmacht. Am 22. Januar hatten sich die Deutschen in die Innenstadt von Stalingrad zurückgezogen. Am 24. traten die Russen zum Endkampf an. Hitler ernannte Paulus zum Generalfeldmarschall, um dessen Rolle zu dramatisieren. Das letzte kleine deutsche Flugzeug startete von der letzten Landebahn der 6. Armee. Am 26. Januar brachen die Russen über den Mamajahügel durch: zu Tschuikows bis dahin immer noch isolierter 62. Armee. Am 31. Januar hatte Paulus sein Hauptquartier in die Keller des Univermag-Warenhauses verlegt, ein Gebäude aus Stahlbeton, das sich im Herzen Stalingrads befand, aber freilich durch Geschützfeuer stark zerstört war.

Leutnant Fjodor Jeltschenko, ein junger Artillerieoffizier, belegte an diesem Tag von der gegenüberliegenden Seite des großen Platzes das Univermag-Gebäude mit Granatwerferfeuer. Da tauchte aus einem Seiteneingang des Univermag ein deutscher Offizier auf, winkte Jeltschenko und schrie: „Unser großer Chef will mit eurem großen Chef sprechen."

Jeltschenko sagte, daß sein „großer Chef" zu beschäftigt mit Kämpfen sei und der Offizier sich mit ihm werde begnügen müssen. Er nahm zwei seiner Leute mit und ging mit ihnen in den Keller des Kaufhauses. Der war überfüllt von schmutzigen und hungrigen deutschen Soldaten. Der Gestank war überwältigend. Sie wurden zu Generalmajor Raske und zu Generalleutnant Schmidt, dem Generalstabschef von Paulus, gebracht, die erklärten, sie seien bereit, über eine Kapitulation zu verhandeln. Es wurde hin und her geredet, und schließlich brachte man den sowjetischen Offizier zu Paulus. Der Generalfeldmarschall lag in Uniform auf einem Eisenbett, er war unrasiert.

„Nun", sagte Jeltschenko, „das ist das Ende."

Die Deutschen baten um Erlaubnis, Paulus in einem Fahrzeug wegzubringen. Jeltschenko stimmte zu. Ein Fahrzeug wurde gefunden und Paulus zu General Rokossowski gebracht.

Bei Rokossowski befand sich der Artilleriemarschall N. M. Woronow. Im Hauptquartier gab es elektrisches Licht. Die beiden Generäle saßen an einem kleinen Tisch, als man Paulus hereinführte. Rokossowski beschrieb ihn als groß, schlank, gut gebaut. Er trug Felduniform. Seine Nerven waren sichtlich auf das äußerste gespannt, er war sehr erregt. Rokossowski lud den deutschen Befehlshaber zum Sitzen ein, bot ihm eine Zigarette und ein Glas heißen Tee an. Paulus hatte hohes Fieber. Sein Gesicht zuckte und seine Hände zitterten. Die Epoche von Stalingrad war vorüber.

Ungefähr 130.000 Deutsche wurden bei Stalingrad gefangengenommen. Schukow schätzt die deutschen Gesamtverluste im Gebiet Wolga–Don–Stalingrad auf 1,5 Millionen Mann, 2500 Panzer, 12.000 Geschütze, 3000 Flugzeuge. Tatsächlich dürften die Verluste etwa die Hälfte davon betragen haben; dennoch hatten Hitler und seine Wehrmacht niemals derartige Niederlagen hinnehmen müssen. Laut offizieller sowjetischer Kriegsgeschichte (Istorija Welokoi Otečestwennaja Woina Sowjetskowo Sojusa, Moskau 1964): In Stalingrad 91.000 Gefangene, davon 24 Generäle und 2500 Offiziere, sowie 147.000 Gefallene. Nach dem sowjetischen Militärhistoriker Schilin waren es 130.000 Gefangene. Nach deutschen Quellen wurden im gesamten Raum um Stalingrad 284.000 Mann eingeschlossen, jedoch 34.000 Verwundete ausgeflogen.

Nikita Chruschtschow besichtigte das Schlachtfeld. Tausende Leichen lagen auf der offenen Steppe, Tausende weitere in den Straßen der Stadt und in den Gebäuden. Chruschtschow beorderte Einheiten der Roten Armee und Kriegsgefangene, um die steifgefrorenen Leichen zu sammeln. Man schichtete sie wie Reisigbündel auf, abwechselnd mit Lagen von Eisenbahnschwellen, und zündete diese Scheiterhaufen dann an.

„Ich bin einmal hingegangen, um das zu sehen", erinnerte sich Chruschtschow, „aber kein zweites Mal. Napoleon oder sonst jemand hat einmal gesagt, daß brennende Leichen der Feinde gut riechen. Aber ich kann dem nicht zustimmen. Es war ein sehr unangenehmer Geruch und ein sehr unangenehmes Schauspiel."

Chruschtschow sah deutsche Leichen, die halb nackt waren, Stiefel und Hosen fehlten. Es war nicht so, fügte er hinzu, daß Wölfe über sie hergefallen wären. An anderer Stelle fand er Leichenberge deutscher Soldaten, die alle erschossen worden waren. Er fragte General Wolski nach diesen ordentlich daliegenden Leichenhaufen: „Sind diese Leute hingerichtet worden?" Wolski beteuerte, sie seien im Kampf gefallen. Chruschtschow glaubte das aber nicht. Er meinte, daß es sich um Deutsche gehandelt habe, die sich ergaben, aber von den vordringenden Russen erschossen worden waren.

Die Nachricht von Stalingrad erschütterte die Welt. Ganz Rußland wußte danach, daß die Deutschen den Krieg verlieren mußten. Das galt auch für die westlichen Alliierten, die nun allmählich ihre Kräfte musterten, um den Krieg an einem Dutzend Fronten zu führen: im Atlantik, im Pazifik, in Asien, in Afrika, in Europa. Und von nun an wußten auch mehr und mehr Deutsche, daß der Krieg für sie verloren war. Stalin befand sich nun im Vorteil gegenüber Hitler. Er würde diesen Vorteil nie mehr aufgeben.

Stalingrad, die Heldenstadt Rußlands, am 2. Februar 1943.

Granatenexplosion vor einem deutschen Panzer bei Kursk, wo die größte Panzerschlacht aller Zeiten ausgefochten wurde.

XV. Die größte Schlacht des Krieges

In den bitteren Anfangsmonaten des Krieges und selbst nach den russischen Erfolgen in den Schneestürmen des Dezember vor Moskau bemerkten Generalstabsoffiziere, daß Stalin niemals seine Unterschrift unter Befehle oder Weisungen setzte; entweder wurden diese vom Generalstabschef Marschall Schaposchnikow unterschrieben oder im Namen des Staatlichen Verteidigungsausschusses erlassen.

Nach dem Sieg bei Moskau waren Generäle wie Schukow und Konjew außerordentlich populär geworden, Stalin war dagegen immer noch sehr im Hintergrund geblieben. Stalingrad änderte das. Nun trugen die Befehle die Unterschrift Stalins, nun begann die „Prawda" zum erstenmal vom militärischen Genius des Sowjetführers zu sprechen. Neue Titel und neue Ränge wurden eingeführt. Als General Wassilewski eines Tages im Flugzeug nach Moskau zurückkehrte, fand er sich, als er aus der Maschine stieg, umgeben von Leuten, die breite, neue Schulterspangen trugen, die von goldenen Rangabzeichen nur so glitzerten. Es bedurfte eines Moments der Überlegung, bis ihm klar wurde, daß er sich in der Gesellschaft seiner alten Kameraden befand, die nun neue Abzeichen trugen, die außerordentlich jenen der alten zaristischen Armee ähnelten. Eine lange Liste von Offiziersrängen hatte schon längst die einfachen Bezeichnungen der Roten Armee von Kommandant und Kommissar ersetzt. Stalin erfand für sich den Titel des Generalissimus. Er erschien bereits in Uniform statt in der Bluse der Revolutionäre, die er seit 1917 in der Öffentlichkeit stets getragen hatte. Die Brust der Generäle wölbte sich unter dem Gewicht neuer Orden und Medaillen. Nach Stalingrad erhielt Schukow als erster den neuen „Suworow-Orden" 1. Klasse. Wassilewski und Woronow, Watutin, Jeremenko und Rokossowski bekamen ihn bald danach.

Es war eine aufregende Zeit. Stalin war darauf aus, alles nur mögliche auf einmal zu tun. Noch im Januar 1943 wurde eine große Offensive eingeleitet, um die Belagerung Leningrads aufzuheben. Am 18. Januar reichten einander Soldaten der Leningrad-Front und der Wolchow-Front die Hände, aber die Blockade von Leningrad war noch nicht vollkommen gebrochen, die Deutschen standen nach wie vor in einem eisernen Ring rund um die Vorstädte im Westen und Nordwesten der Stadt, und nur ein schmaler Korridor war freigekämpft worden, der es erlaubte, den Eisenbahnverkehr nach Leningrad wieder einzurichten. Zu diesem Zeitpunkt war die Bevölkerung Leningrads auf weniger als 500.000 Menschen zurückgegangen, alle anderen waren gestorben oder evakuiert worden. Als nun Züge wiederum in die Stadt einfuhren, begann die Stadt ihre Vorbereitungen, um endlich die Einschließung durch die deutschen Armeen zu zerbrechen, damit das normale Leben als Rußlands zweitgrößte Stadt wieder beginnen könne.

Auch an der Westfront wurden Offensiven geführt, dort, wo die Deutschen immer noch das Wjasma-Dreieck hielten. Sie hatten keinen bemerkenswerten Erfolg, aber die Angriffe der Sowjets westlich von Woronesch begannen doch die Stellungen der Deutschen in der Ukraine zu erschüttern. Die Russen eroberten Charkow zurück und stießen auf Dnjepropetrowsk und Saporoschje am Dnjepr vor. Hitler, der mit seinen Befehlshabern bei Saporoschje konferiert hatte, geriet ein paar hundert Meter vom Flugplatz in russisches Feuer.

Aber die deutschen Panzereinheiten, vor allem das XLVIII. und das LVII. Panzerkorps des Generals Hoth retteten die Situation. Diese Einheiten waren mit den schweren neuen Tigerpanzern ausgerüstet worden, Rivalen für den 60-Tonnen-Woroschilow-Panzer. Mit bemerkenswerter Geschwindigkeit drehten die Deutschen den Spieß um. Sie eroberten Charkow am 13. Mai zurück, und damit schwand auch die unmittelbare Bedrohung durch die Russen dahin. Noch einmal mußte Stalin für seine allzu große Zuversicht zahlen. Die Deutschen blieben gefährliche und tödliche Gegner, die immer noch genug Kraft aufbringen konnten, um im Sommer eine verheerende Offensive zu führen.

Nach der Wiedereroberung von Charkow durch die Deutschen breitete sich entlang der russischen Front verhältnismäßige Ruhe aus. Die Verteidigungslinien der Sowjets hielten, und der deutsche Druck ließ allmählich nach. Es war ein Augenblick, in dem die Befehlshaber auf beiden Seiten einen Schritt zurücktreten konnten, um die Situation zu betrachten und für die Zukunft zu planen.

Was im Frühjahr 1943 auf einer Karte der Ostfront als erstes ins Auge sprang, war die Ausbuchtung bei Kursk. Genau nördlich von Charkow und Bjelgorod wandte sich die russische Front scharf nach Westen, an die 240 Kilometer tief in das von den Deutschen gehaltene Territorium. Dieser Frontbogen hatte einen Nord-Süd-Durchmesser von 280 Kilometer und drehte nahe der kleinen Stadt Dmitrowsk-Orlowski, südwestlich des sich noch in deutscher Hand befindlichen Orel, für etwa 140 Kilometer nach Osten, bevor sie dann in einer sanften Kurve nach Norden auslief.

DIE SOWJETISCHE GEGENOFFENSIVE

Die große Industriestadt Kursk befand sich in der Mitte dieses Bogens. Für Strategen war der Frontvorsprung eine unwiderstehliche Versuchung. Hitler wollte den Bogen von beiden Seiten, vom Norden und vom Süden, abschnüren. Für Stalin bedeutete der Frontvorsprung eine Versuchung, an beiden Enden anzugreifen und die Front nach vorn zu begradigen.

Zu diesem Zeitpunkt fungierte Schukow als Stalins Stellvertreter für militärische Angelegenheiten. Er, Stalin und die anderen militärischen Führer betrachteten den Vorsprung bei Kursk genau unter dem gezeigten Gesichtspunkt. Schukow glaubte nicht, daß Hitler die Kraft habe, noch einmal eine größere Offensive gegen die Wolga oder gegen den Kaukasus zu führen. Aber er glaubte, daß Hitler den Versuch machen würde, sein Prestige durch eine größere Offensive wieder zurückzugewinnen, und der dafür gegebene Punkt war eindeutig Kursk.

Auf Hitlers Seite sah man die Situation genau so, wie sich Schukow das vorstellte. Von Manstein hatte gehofft, den Kursk-Bogen im März angreifen zu können, nachdem er Charkow erobert hatte, aber die Kombination von sowjetischen Verteidigungsanlagen und des Tauwetters im Frühling erwies sich als zu schwierig. Im April waren die Pläne für ein Unternehmen bei Kursk in Hitlers Hauptquartier in Arbeit, aber nicht alle deutschen Befehlshaber traten für eine Offensive ein. Anfang Mai jedoch entstand eine einheitliche Meinung. Pläne für die „Operation Zitadelle", um die Russen aus Kursk hinauszuwerfen, wurden mit größter Sorgfalt ausgearbeitet. Den Deutschen standen neue, wirkungsvolle Waffen zur Verfügung: 60-Tonnen-Tiger-Panzer, 45-Tonnen-Panther-Panzer und das Sturmgeschütz „Ferdinand". Albert Speer hatte versprochen, daß 324 Panther bis 31. Mai geliefert würden.

Die Operationsanweisung Nr. 6, erlassen von Hitler am 15. April, betonte, Kursk müsse „ein Sieg sein, der wie ein Fanal in die Welt hinausstrahlt".

Dennoch gab es Zweifel. Bei einer Besprechung am 10. Mai meinte der Panzergeneral Guderian: „Mein Führer, warum wollen Sie überhaupt in diesem Jahr im Osten angreifen?"

Darauf erwiderte Hitler: „Sie haben ganz recht. Immer, wenn ich an diesen Angriff denke, dreht sich mir der Magen um."

Keitel warf ein: „Wir müssen aus politischen Gründen angreifen."

Guderian antwortete: „Wie viele Menschen, glauben Sie, wissen, wo Kursk liegt? Es interessiert die Welt überhaupt nicht, ob wir Kursk haben oder nicht."

Hitler meinte, er habe sich noch keineswegs endgültig zum Unternehmen „Zitadelle" entschlossen. In Wirklichkeit war er jedoch schon überzeugt. Und die Planung ging weiter.

Auf russischer Seite war man mit den Plänen für die Offensive Kursk seit Mitte März schwanger gegangen. Am 13. oder 14. März flog Schukow nach Moskau, um mit Stalin über die Lage bei Charkow zu sprechen. Die Deutschen waren im Begriff, diese Stadt wieder zu erobern. Stalin wurde zunächst durch eine lange Konferenz über Energiefragen aufgehalten, die fast bis 3 Uhr früh dauerte. Dann rief er an und fragte Schukow, ob er schon zu Abend gegessen habe. Schukow hatte nichts gegessen. So besprachen er und Stalin essend die Lage bei Charkow. Als Schukow um 7 Uhr an Bord seiner Maschine ging, fiel er sogleich in Schlaf: er war unterwegs nach Charkow, um sich einen Eindruck aus erster Hand zu verschaffen. Die Deutschen nahmen aber Charkow am 16. März, wurden jedoch unmittelbar danach aufgehalten. In der Zwischenzeit hatte Schukow das gesamte Gebiet mit größter Genauigkeit besichtigt. Als er nach Moskau zurückkehrte, wurden sogleich die Planungsarbeiten für die Kursker Offensive aufgenommen.

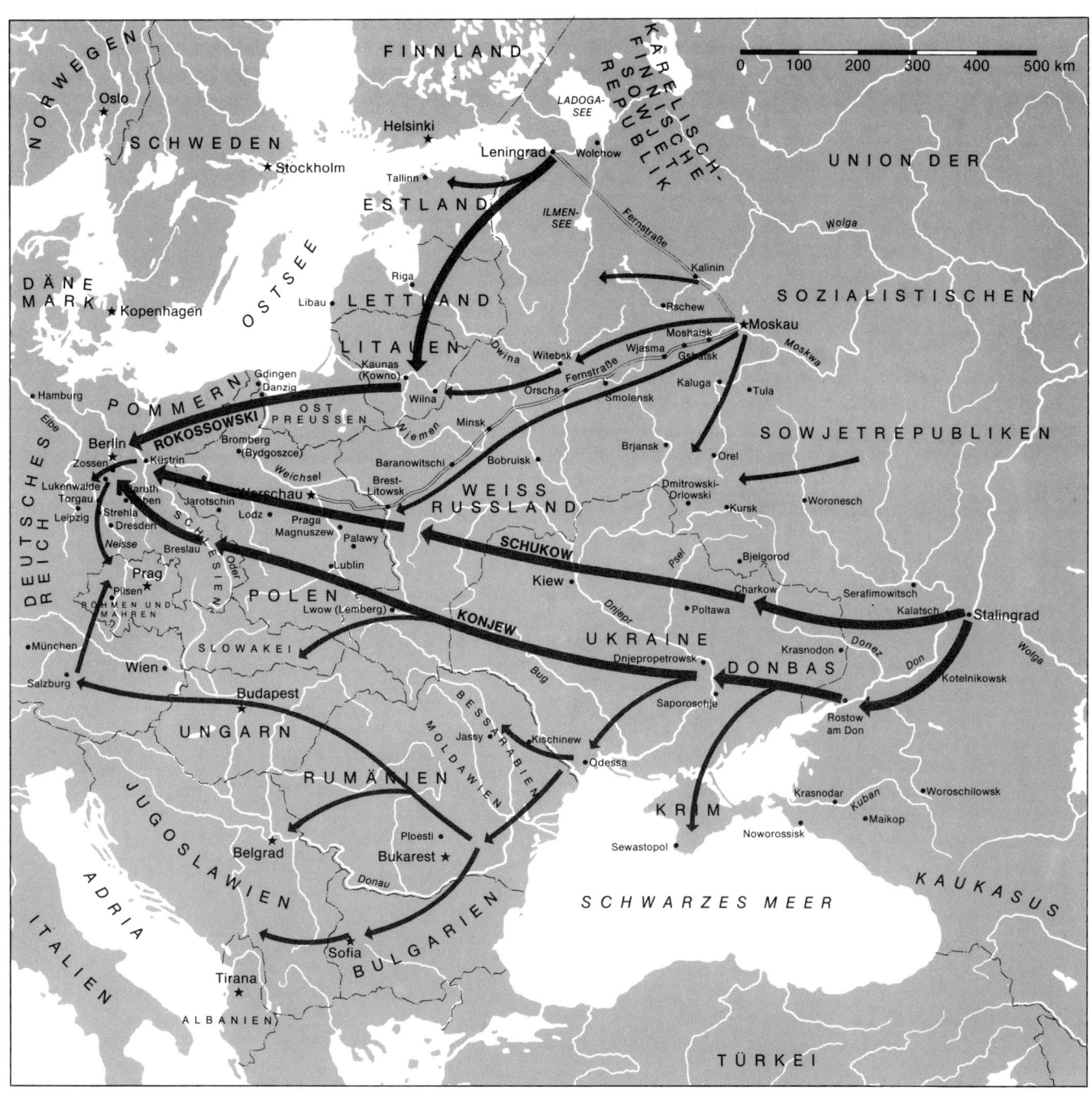

Am 8. April berichtete Schukow in aller Form an Stalin, daß er überzeugt sei, der deutsche Hauptstoß werde 1943 im Gebiet von Kursk erfolgen. Das Ziel werde sein, dort die Russen zu vernichten und sich dann Moskau vorzunehmen. Er schlug vor, die sowjetischen Kräfte im Raum Kursk zu mobilisieren, warnte aber vor einem Präventivschlag!

Zwei Tage später erhielt Stalin einen Bericht von General Malinin, dem Stabschef der Zentralfront, der Schukows Einschätzung beitrat, wonach die Deutschen ihre Anstrengungen im Raum Kursk konzentrieren würden. Wieder zwei Tage später traf ein Bericht von General Watutin und Chruschtschow von der Woronesch-Front ein, der dieselbe Ansicht enthielt.

Die formelle Planung für Kursk begann im Kreml am 12. April. Schukow war am 11. April nach Moskau zurückgekehrt, und Wassilewski hatte schon mit dem Entwurf der Pläne begonnen. Schukow, Wassilewski und General Antonow arbeiteten den ganzen 12. April in Vorbereitung einer Zusammenkunft mit Stalin. Wassilewski und Schukow entwarfen eine detaillierte Darstellung des Feldzuges. Antonow stellte die operativen Karten für den Kursker Bogen zusammen.

Das Material wurde am gleichen Abend Stalin vorgelegt. Er schloß sich den ausgesprochenen Empfehlungen an, obwohl er immer noch Sorge hinsichtlich Moskaus äußerte. Schukow und Wassilewski hatten eine bemerkenswerte tiefgestaffelte Verteidigungstaktik im Kursk-Frontvorsprung vorgeschlagen. Nichts Ähnliches war bis dahin versucht worden. Keine der rasch im Aufbau begriffenen strategischen Reserven des Oberkommandos sollte für diese Aktion verwendet werden; sie wurden vielmehr der neugeschaffenen Steppenfront zugeführt, die für den Einsatz in der Sommeroffensive vorgesehen war.

Mit der intensiven Sorgfalt und Genauigkeit im Detail, die typisch für die Stabsarbeit von Wassilewski und Schukow werden sollte, begannen nun die Vorbereitungen. Befehlshaber wurden ausgewechselt, Armeen neu aufgestellt, Einheiten erhielten neue Waffen, besonders Panzer und gepanzerte Fahrzeuge, Infanteriedivisionen wurden mit Lastkraftwagen statt Pferden für den Transport ausgerüstet, ganze Divisionen motorisiert, dank der Flut an amerikanischen Lkw, die vom Persischen-Golf-Kommando herangeschafft wurden. Die Luftwaffe erhielt verbesserte LA-5 und Jak-9; es wurden acht neue Langstreckenbomber-Luftkorps gebildet. Die sowjetische Luftwaffe übertraf zahlenmäßig nun die deutsche Luftwaffe. Jede sowjetische Front besaß nun ihre eigene Luftarmee von 700 bis 800 Flugzeugen. Die Artillerie erhielt Zugmaschinen, Nachrichtenkompanien wurden mit mobilen Funkstationen ausgestattet, Hunderttausende Rekruten auf das sorgfältigste ausgebildet sowie fünf neue Panzerarmeen, jede bestehend aus einem motorisierten Korps und zwei Panzerkorps, aufgestellt.

Im Sommer 1943 hatte die Sowjetunion 6,4 Millionen Mann an der Westfront unter Waffen, dazu 99.000 Geschütze, 2200 Einheiten der Raketenartillerie (Stalinorgeln), nahezu 10.000 Panzer und 8500 Kampfflugzeuge. Die deutsche Stärke wurde damals auf 232 deutsche und verbündete Divisionen geschätzt, insgesamt 5,3 Millionen Mann, 56.000 Geschütze, 5850 Panzer und Sturmgeschütze sowie 3000 Flugzeuge. Zum erstenmal besaß die Rote Armee eine entschiedene Überlegenheit gegenüber den Deutschen.

Für die beabsichtigte Offensive gegen Kursk hatten die Deutschen etwa 50 Divisionen versammelt einschließlich 17 Panzer- und motorisierten Divisionen, 10.000 Geschütze, 2700 Panzer und 2000 Flugzeuge, insgesamt mehr als 900.000 Mann.

Die Rote Armee hatte 1,330.000 Mann aufgeboten, mehr als 3600 Panzer, 20.000 Geschütze und 3130 Flugzeuge.

Der sowjetische Nachrichtendienst war auf der Höhe. Zu Beginn des Juni kannte Schukow buchstäblich jede Einzelheit des deutschen Angriffsplans. Er war über die neuen deutschen Panzer („Panther", Tiger" und „Ferdinand") genau informiert. Stalin erhielt außerordentlich genaue Berichte von einem Spion mit dem Decknamen Lucy, einem sowjetischen Agenten namens Rudolf Rössler in der Schweiz. Die Frontaufklärung war gut, und Moskau hatte endlich begonnen, mit Untergrund-

gruppen im deutschen Hinterland eng zusammenzuarbeiten, die genaue detaillierte Berichte über deutsche Truppenkonzentrationen und -bewegungen lieferten.

Die sowjetischen Kräfte waren außerordentlich tief gestaffelt. In manchen Gegenden, wo der Hauptstoß der Deutschen erwartet wurde, stellten die Russen bis zu 100 Geschütze und Mörser pro Frontkilometer auf. In etwas weniger gefährdeten Sektoren waren es immerhin noch 15 Geschütze pro Kilometer der ersten Linie und weitere 14 in der zweiten Linie. Betonbunker und Kampfstände waren im ganzen Gebiet bis in eine Tiefe von 150 Kilometer errichtet worden. Dahinter, am Don, 240 bis 300 Kilometer im Hinterland, befand sich die „nationale Verteidigungslinie", wie Schukow sie nannte.

Der sowjetische Plan sah eine Karree-Verteidigung vor. Sollten die Deutschen die erste Verteidigungslinie durchstoßen, würden sie sich in einem Karree, einem Feierviereck befinden, das aus der zweiten Linie, den Seiten und der kehrtmachenden ersten Linie bestand. Durchbrachen sie die zweite Linie, so würden sie ein neues Karree vorfinden. Luftabwehrbatterien und Panzerabwehrgeschütze gab es in solcher Menge, daß die Fronten jedes Ziel mit doppeltem, dreifachem, vierfachem, ja sogar fünffachem Feuer eindecken konnten.

In den Wochen vor dem ersten Juli gab es Schwierigkeiten. Stalin war nahe daran, einige lokale Störangriffe zu bewilligen, die örtliche Befehlshaber verlangten. Aber Schukow und Wassilewski blieben hart. Sie forderten, daß bis zum deutschen Angriff alles zurückgehalten werden müsse. Sobald er einmal begonnen hatte, sollte man die Angreifer durch mörderisches Feuer niederhalten. Hatten die Deutschen sich einmal auf den Kampf eingelassen und schwere Verluste erlitten, sollten die Sowjets rasch zur Offensive übergehen und die strategischen Reserven der Steppenfront – die sich in sorgfältig ausgewählten Stellungen hinter der nördlichen und südlichen Flanke des Kursker Frontvorsprungs befanden – in den Kampf werfen. Nun müsse man mit aller nur möglichen Schnelligkeit zuschlagen, die Deutschen vernichten und, wenn möglich, sie in einem neuen „Stalingrad-Kessel" einschließen.

Die Taktik von Schukow und Wassilewski war jener sehr ähnlich, die die Deutschen vor einem Jahr angewandt hatten, als sie die allzu zuversichtliche Rote Armee ihre Charkow-Offensive führen ließen, dann aber rasch den Spieß umdrehten, die Angreifer bei Charkow vernichteten und an die Wolga und nach Stalingrad vordrangen.

Die sowjetischen Vorbereitungen bewiesen ein außerordentliches Maß an Erfahrung und Selbstvertrauen. Die Befehlshaber und Soldaten kannten ihre Aufgaben. Zum erstenmal hatten sie nicht nur einen Plan, sondern auch die Zeit und das Material, um alles in die Tat umzusetzen.

Ein sowjetischer Panzerhauptmann sagte dazu: „Zu Beginn des Krieges wurde alles in aller Eile getan, und es fehlte stets an Zeit. Nun können wir in Ruhe in den Kampf gehen."

Zum erstenmal besaß das sowjetische Oberkommando vollkommenes Vertrauen in seine Fähigkeit, seinen Willen und seine Pläne auf dem Schlachtfeld durchzusetzen.

Oben: Produktion sowjetischer Panzer. Unten: Beim Angriff.

Der deutsche Angriff begann am 4. Juli um 16 Uhr im südlichen Sektor der Front. Als die deutschen Panzerungeheuer aus ihren Tarnungen nahe der Front auf die Straße hinausfuhren, legten die sowjetischen Geschütze einen wahren Feuersturm in ihren Weg. Die Russen hatten das Gebiet unglaublich dicht vermint, bis zu 200 Panzerminen und 2200 Tretminen pro Kilometer Breite. Die Minen waren in einem Muster ausgelegt, so daß offene Streifen das verminte Terrain durchzogen. Die sowjetischen Geschütze wiederum waren so gerichtet, daß sie in diese Streifen feuerten. Wurde ein deutscher Panzer in einem Minenfeld fahrunfähig, so eröffneten Panzerabwehrwaffen von vier Seiten das Feuer auf ihn. Versuchte der Panzer, in den minenfreien Strecken zu manövrieren, so geriet er in immer stärker werdendes Artilleriefeuer. So wurde Panzer nach Panzer in Brand geschossen, explodierte, und seine Panzerplatten flogen über das Feld. Die deutschen Panzermannschaften hatten Befehl, nicht stehenzubleiben, um fahrunfähigen Kameraden zu helfen. Wurden sie fahrunfähig, so mußten sie eben vom Ort weiterfeuern. Dies machte sie aber zu leichten Zielen für das Feuer der sowjetischen Geschütze. Die Russen hatten eigene Panzerzerstörkommandos gebildet, Abteilungen, die auf das Schlachtfeld liefen und unter der Nase der unbeweglichen deutschen Ungeheuer die Türme wegsprengten und die Insassen mit Flammenwerfern töteten. (Dabei erwies sich der „Tiger" als Fehlkonstruktion, weil er keine Maschinengewehre für den Nachkampf besaß.)

Als der deutsche Angriff begann, befanden sich Schukow und Rokossowski im Befehlsstand des Orel-Abschnitts. Sie wurden keineswegs überrascht. An der Woronesch-Front hatte ein Gefangener Wassilewski berichtet, der Angriff werde am Morgen des 5. Juli beginnen und sich auf den Nordabschnitt ausdehnen. Gegen 2 Uhr nahmen Rokossowskis Soldaten einen Pionier des 6. deutschen Infanterieregiments gefangen, der bestätigte, daß der Angriff im Norden gegen drei Uhr früh beginnen werde.

Schukow befahl, sofort das Feuer auf die deutschen Stellungen zu eröffnen. Er rief dann Stalin an und berichtete ihm. Stalin war nervös, fahrig und hatte keinen Schlaf finden können.

Die sowjetischen Geschütze begannen um 2.30 Uhr zu feuern. Damit begann, was Schukow dann später „die großartige Symphonie der großen Schlacht am Kursk-Frontbogen" nannte.

Das ununterbrochene Donnern der schweren Geschütze und der Katjuscha-Raketen füllte die Luft. Stalin rief zehn Minuten später an: „Nun, habt ihr begonnen?"

„Ja, wir haben begonnen."

„Was tut der Feind?"

Schukow sagte, die Deutschen versuchten, Gegensperrfeuer zu schießen, aber es sei nicht wirksam.

„Gut", sagte Stalin, „ich werde wieder anrufen."

Die deutschen Flugzeuge starteten gegen 5.30 Uhr dreißig und begannen, sowjetische Positionen zu bombardieren, während die deutschen Panzer und die Infanterie aus ihren Bereitstellungsräumen vorrückten.

Die Deutschen drangen durch fürchterliches Sperrfeuer vor, es gelang ihnen nur, in zwei Tagen etwa 10 Kilometer in das russische Festungssystem einzudringen.

Diesmal enthielt Stalin die Nachricht von der Schlacht dem Volk nicht vor. Das Kommuniqué vom 6. Juli über die Kämpfe des ersten Tages meldete 586 deutsche Panzer als zerstört oder bewegungsunfähig. Am nächsten Tag waren es 433, am übernächsten Tag 520 und wieder am nächsten 304. Die Russen nahmen nicht an, daß diese Zahlen unbedingt genau seien, aber sie gaben ihnen ein ungefähres Bild von dem Umfang der Kämpfe und einen deutlichen Hinweis darauf, daß die Russen am Gewinnen waren.

Der Höhepunkt der Schlacht kam am Morgen des 12. Juli, als Schukow und Wassilewski die 5. Gardepanzerarmee des Generals B. A. Rodmistrow mit zwei Panzerkorps und einem motorisierten Korps – frische Einheiten mit 850 Panzern und Sturmgeschützen – in die Schlacht warfen, um einen letzten Angriff des SS-Panzerkorps des Generals Hausser am Psel-Fluß abzuwehren.

Die Deutschen griffen mit 600 Panzern an, das war alles, was von ihrer ursprünglichen Stärke übriggeblieben war. Die Russen stießen in voller Fahrt in die deutschen Panzer hinein und feuerten aus ihren neuen 8,5-cm-Geschützen, eigens dafür konstruiert, die deutschen „Tiger" und „Panther" abzuschießen. Es gab ein unglaubliches Durcheinander von Panzern. Die sowjetischen T-34 fuhren los, um ihre Geschütze im direkten Schuß gegen die größeren deutschen Panzer einzusetzen. Deutsche Stukas und sowjetische Sturzbomber warfen sich in den Rauch der brennenden Fahrzeuge.

Am Abend waren mehr als 300 deutsche Panzer, darunter 70 Tiger, vernichtet und lagen rauchend auf dem Schlachtfeld, zusammen mit 88 Sturmgeschützen und mehr als 300 Mannschaftspanzerwagen. Aber auch die Hälfte der Panzer und Fahrzeuge Rodmistrows war zerstört. Niemand, weder Russen noch Deutsche, hatte jemals irgend etwas Ähnliches gesehen. Die überlebenden Deutschen nannten diese Schlacht

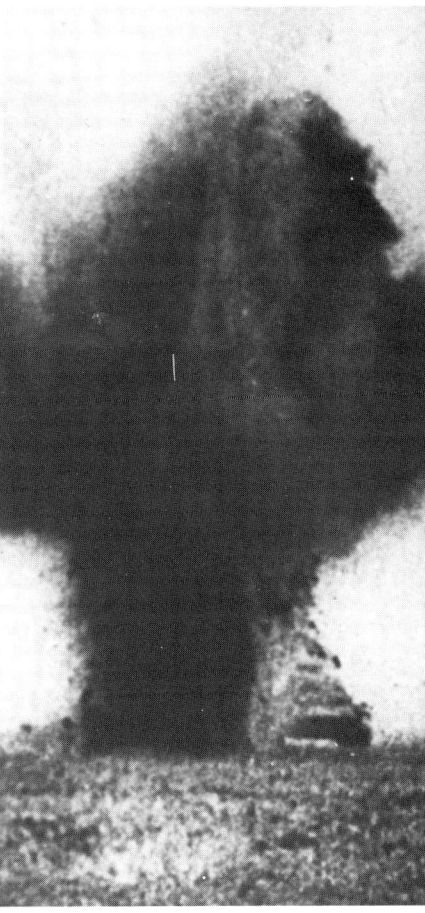

So war es: Bilder eines Films, aufgenommen während einer Panzerschlacht.

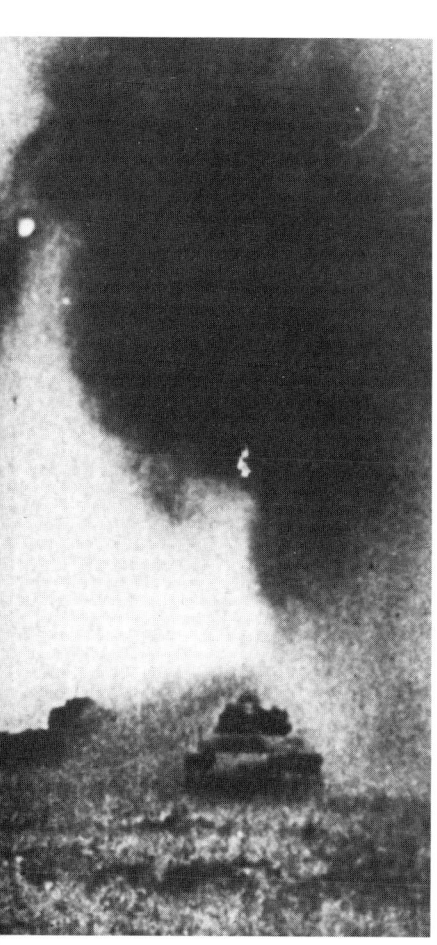

„Die Blutmühle von Bjelgorod". Das Schlachtfeld war ein gigantischer Haufen geborstenen Stahls, zerschmetterter menschlicher Körper, ausgebrannter Skelette von Menschen und Maschinen.

Am 13. Juli brach Hitler die Offensive ab. Er hatte Kräfte eingebüßt, die er niemals wiedergewinnen sollte. Die Russen schätzten, daß 70.000 Deutsche gefallen und 2900 Panzer, 195 Sturmgeschütze, 844 Geschütze und 1392 Flugzeuge vernichtet worden seien. Die Deutschen gaben ihre Verluste niemals bekannt, sie sind aber wohl nicht viel geringer gewesen als die Schätzungen der Russen. Die Sowjets hatten natürlich ebenfalls eine große Zahl an Panzern verloren: Sie waren mit 3800 Panzern in die Schlacht gezogen und besaßen am 13. Juli nur noch 1500, aber sie hatten sich auf dem Schlachtfeld behauptet. Das bedeutete, daß sie imstande waren, ihre beschädigten Panzer abzuschleppen und auch alle beschädigten Panzer der Deutschen. In kaum mehr als zwei Wochen war die Zahl der einsatzfähigen russischen Panzer wieder auf 2750 angestiegen.

Der wilde Vorstoß des SS-Panzerkorps in die 5. Gardepanzerarmee Rodmistrows sollte sich als der Höhepunkt der Kraftanstrengung Hitlers erweisen. Niemals wieder sollten die Deutschen im Osten zu einer Offensivoperation imstande sein. Niemals wieder sollte das Dritte Reich eine ernsthafte Bedrohung für seinen großen sowjetischen Gegner sein. Nach Kursk konnte niemand mehr an dem endgültigen Resultat zweifeln.

Die Russen ersetzten ihre Verluste und begannen nun den langen, verlustreichen Verfolgungskampf, der erst in Berlin enden sollte. Für die Deutschen war es der Anfang eines Alptraums ohne Ende, eines langen, harten, blutigen Rückzugs durch ein Land, das sie zerstört hatten, bis sie wieder in ihre Heimat zurückgekehrt waren, die nun der Trümmerhaufen von Hitlers Tausendjährigem Reich werden sollte.

Hitler wandte sich unterdessen der Aufgabe zu, mit der Invasion der Alliierten in Sizilien fertigzuwerden, die am 10. Juli begonnen hatte. Stalin ließ wenig später die Geschütze von Moskau – zum erstenmal in einer nicht mehr abbrechenden Serie von Siegessaluten – zwölf Salven aus 120 Geschützen schießen, um die Wiedereroberung von Orel und Bjelgorod durch die Sieger von Kursk zu feiern.

Kursk hatte den Lauf der Geschichte verändert. Bis zum heutigen Tag wird dieser Titanenkampf der Panzerarmeen, von dem die Allgemeinheit im Westen kaum etwas weiß, von den Militärakademien der Welt als das klassische Muster zeitgenössischer Panzerkriegführung studiert.

XVI. Babi Yar

Leichen von Juden, die bei Babi Yar, Kiew, von deutschen Einsatzkommandos ermordet wurden.

Durch den leuchtenden Sonnenschein des Spätsommes 1943 und den folgenden Herbst zog die Rote Armee nach Westen. Es war gewiß keine Parade: Die Deutschen kämpften um jeden Zoll, aber der Ansturm der Roten Armee war unwiderstehlich. Die Deutschen kämpften und kämpften, zogen sich zurück, hielten wieder, kämpften und zogen sich wieder zurück.

Charkow fiel am 22. August, diesmal aber in die Hände der Russen. Der Donbas war Anfang September befreit, und Poltawa, jener Ort, an dem die berühmte Schlacht zwischen Peter dem Großen und Karl XII. von Schweden stattgefunden hatte, wurde am 23. September russisch.

Die Rote Armee drängte über die Schwarzerdegebiete der Ukraine vorwärts. Ihr Ziel war Kiew, die Hauptstadt, die in dem entsetzlichen Katastrophensommer 1941 verlorengegangen war.

Am Morgen des 6. November zogen die Russen in Kiew ein. Nikita Chruschtschow, der Parteichef der Ukraine, fuhr noch am selben Tag mit einigen Parteifunktionären in die Stadt. Hier war ihm alles bestens bekannt, auf dieser Landstraße war er Tausende Male zu seiner Datscha und wieder in die Stadt zurück gefahren.

Die Fahrt ging durch die Vorstädte und ins Zentrum der Stadt, entlang der Kreschtschatik, der von Kastanien bestandenen Prachtstraße. Nun waren die Bäume verschwunden und so auch viele große Gebäude, die entweder von den Russen gesprengt worden waren, als sie die Stadt im September 1941 verlassen mußten, oder – jetzt erst ein paar Stunden zuvor – von den Deutschen. Das Gebäude des Zentralkomitees der Kommunistischen Partei, wo sich die Büros Chruschtschows befanden, stand noch, ebenso das Gebäude der Akademie der Wissenschaften und die Theater, aber die „Bolschewik"-Fabrik und die „Kreschtschatik"-Werke waren zerstört. Die „Bolschewik"-Fabrik flog in die Luft, während Chruschtschow in Kiew einfuhr.

Chruschtschow und seine Genossen gingen die Kreschtschatik hinunter und bogen in die Leninstraße ein. Es war ein merkwürdiges Erlebnis. Kiew, einst so laut und heiter, so voll von Leben, war nun wie eine leere Schale.

Ein paar Leute begannen aus den Kellern hervorzukommen. Während sich Chruschtschow dem Opernhaus näherte, lief ein junger Mann auf ihn zu und schrie hysterisch: „Ich bin der einzige Jude, der übrig ist! Ich bin der letzte Jude in Kiew, der noch am Leben ist!"

Er erzählte Chruschtschow, seine ukrainische Frau habe ihn in der Mansarde versteckt, sonst wäre er ebenso umgekommen wie die anderen Juden.

Wie viele Juden in Kiew ums Leben gekommen sind, wird man niemals genau wissen. Die Vorkriegsbevölkerung der Stadt betrug etwa 850.000, davon waren etwa 170.000 Juden. Rund drei Viertel der Bevölkerung der Stadt wurden nach dem Einmarsch der Deutschen evakuiert, möglicherweise blieben an die 50.000 Juden zurück. Am 28. September 1941 wurden an den Mauern Kiews 2000 Plakate angeschlagen. Sie besagten:

„Alle Juden der Stadt Kiew und ihrer Umgebung haben am 29. September 1941 um 8 Uhr an der Kreuzung der Melnikow- und der Dokhturowstraße (neben dem Friedhof) zu erscheinen. Dokumente, Geld, Wertsachen, warme Kleidung usw. sind mitzubringen. Juden, die diesen Befehl nicht befolgen und an anderen Orten angetroffen werden, werden erschossen. Jedermann, der Wohnungen, die von den Juden verlassen worden sind, betritt und dort deren Eigentum an sich nimmt, wird erschossen."

Sogleich liefen Gerüchte um, wonach die Juden aus Kiew evakuiert würden. Die Plakate waren von der Einsatzgruppe C, Sonderkommando 4, angebracht worden, einer aus 150 Mann bestehenden Einheit, dazu ausersehen, die „Judenfrage" zu lösen. Diese Sondereinheit war der deutschen Heeresgruppe Süd beigegeben und hatte Auftrag, einen von Hitler im Mai 1941 erteilten Geheimbefehl auszuführen. Darin wurde die Ausrottung aller Juden, Zigeuner, Geisteskranken, rassisch und geistig „Minderwertigen" sowie aller kommunistischen Funktionäre befohlen.

Das Sonderkommando hatte nicht mehr als 6000 Juden erwartet. Zu aller Überraschung sammelten sich aber an der Straßenecke bei dem Friedhof mehr als 30.000. Das Sonderkommando mußte zwei Polizeikommandos zu Hilfe rufen, um seine Aufgabe erfüllen zu können. Die lange Prozession marschierte nun langsam die Lwowskajastraße entlang: Mütter mit ihren Kindern an der Brust, Kinder im Kinderwagen, ältere Männer und Frauen, ja sogar Gelähmte, die man auf Handwägelchen mitführte.

Die Spitze erreichte am späten Vormittag den Eingang des Friedhofs. Dort war ein Drahtverhau errichtet worden. Die Opfer mußten ihre Kleider ausziehen, sie aufeinanderlegen und auch alles, was sie besaßen, auf dem Gehsteig aufbauen. Dann wurden sie in enggeschlossener Kolonne nach Babi Yar gebracht, einer Schlucht direkt hinter dem Friedhof. Dort hatten sie durch eine Art Spießrutengasse zu gehen, wurden von Polizisten aus der Westukraine mit Stöcken und Knüppeln geschlagen. In einzelnen Gruppen wurden sie gezwungen, sich mit dem Gesicht zum Boden niederzulegen und durch Schüsse aus Maschinenpistolen getötet. Ein wenig Erde wurde über die Körper geschaufelt: die nächste Reihe mußte sich niederlegen. Einige wurden auch stehend durch Maschinengewehrsalven erschossen. Kleine Kinder wurden lebendig hinuntergeworfen. Rasch füllte sich diese Schlucht damit, was ein Teilnehmer „schwabbelige Masse" nannte.

Es war harte Arbeit für das Sonderkommando: Eine Abteilung mußte eine Stunde lang schießen, dann durfte sie sich ausruhen und wurde von einer anderen Abteilung ersetzt. Bei Einbruch der Nacht war die Aufgabe noch keineswegs beendet. Die überlebenden Opfer wurden in leere Garagen getrieben und dort über Nacht festgehalten. Am Morgen begann das Schießen von neuem. Als schließlich das Unternehmen durchgeführt war, konnte das Sonderkommando berichten, daß es genau 33.771 Juden innerhalb von 36 Stunden getötet hatte. Die Schlucht wurde dann mit Dynamit gesprengt, eingeebnet und eine Erdschicht über die Leichen gelegt.

Im Verlauf der deutschen Besatzung Kiews wurden hier noch andere Opfer erschossen und begraben, maximal ungefähr 100.000, Juden, Kriegsgefangene, Partisanen und Kommunisten. Laut einer Nachkriegsschätzung, die eine Spezialkommission unter dem Vorsitz Chruschtschows unternommen hat, wurden im Raum von Kiew etwa 192.000 Menschen hingerichtet.

Vor dem Rückzug der Deutschen hatte das Sonderkommando noch eine andere Aufgabe: Es sollte den Umfang seiner Verbrechen verbergen. Zwangsarbeiter gruben die Leichen aus und verbrannten die Überreste auf Scheiterhaufen; das dauerte über sechs Wochen.

In den Jahren nach Stalin wurde Babi Yar zum Symbol der deutschen Grausamkeiten in Rußland. Die sowjetischen Behörden waren allerdings keineswegs darauf erpicht, diese Erinnerungen an ein Verbrechen zu verewigen, das sich so besonders gegen die Juden gerichtet hatte. Eine Zeitlang bestanden Pläne, Babi Yar einzuebnen und dort eine Art Siedlung zu errichten oder vielleicht auch ein Sportzentrum. Erst nach erbitterten Auseinandersetzungen wurde schließlich bei Babi Yar ein Monument errichtet, das dem Gedächtnis an alle Opfer galt, die Russen und die Juden.

Russen, Frauen und Kinder beim Verlassen eines Konzentrationslagers nach der Befreiung durch die Rote Armee.
Unten: Ein Mädchen und ein junger Bursche bei der Hinrichtung durch die Deutschen in Minsk in der Anfangszeit des Krieges.

Babi Yar war nur einer von vielen tausend Orten, an denen solche Grausamkeiten begannen und die auch entdeckt wurden, als die Rote Armee sich nach Westen vorwärtsbewegte. Man hatte von Anfang an gewußt, daß der Angriff der Deutschen von

schrecklichen Grausamkeiten begleitet war, die sich gegen alle Menschen richtete, die Hitler und seine Politiker als Untermenschen einstuften.

Hitler hatte die Idee Nietzsches vom „Übermenschen" in seine Ideologie aufgenommen. Der Übermensch dieser Definition war ein Deutscher arischen Blutes, blond, sauber, gesund und gehorsam. Hitler behauptete, er führe den Krieg, um „Lebensraum" für diese neue Rasse von Superdeutschen zu schaffen. Er versprach, die Räume im Osten von den „Untermenschen" zu säubern, das heißt von Russen, Ukrainern, Polen, Juden, Asiaten usw.

Die deutschen Armeen marschierten mit besonderen Befehlen nach Osten, so wie etwa dem „Kommissarbefehl", wonach jeder kommunistische Funktionär, der gefangengenommen wurde, automatisch zu erschießen war. Es gab auch den „Kugelbefehl", das heißt, eine Kugel in den Kopf jedes Gefangenen, der zu entfliehen versuchte oder von dem man auch nur glaubte, daß er an Flucht dachte.

Entsprechend diesen Befehlen starben Millionen von Russen, Juden und Polen. Es gab etwa sechs Millionen Opfer an Juden in Europa einschließlich etwa zwei Millionen in Rußland. Die Deutschen machten sich nicht immer die Mühe mit den Kugeln oder mit den Öfen der Konzentrationslager. Sie ließen einfach ihre Opfer zu Tode hungern. Die Deutschen hatten etwa 5,754.000 russische Soldaten gefangengenommen. Die Kriegsgefangenschaft überlebten wenig mehr als eine Million. Das heißt, daß immer nur einer von fünf oder sechs der Männer und Frauen, die in deutsche Hand gefallen waren, das Ende des Krieges erlebte. (Es ist schandbar zu sagen, aber die meisten, die überlebten, wurden auf Befehl Stalins direkt aus den deutschen Gefangenenlagern in sowjetische Arbeitslager überstellt). Mehrere Millionen Russen wurden außerdem noch als Zwangsarbeiter nach Deutschland gebracht, die Hälfte von ihnen dürfte an Hunger und Krankheiten gestorben sein.

Niemand weiß genau, wie viele Menschen in Rußland so wie etwa in Babi Yar ermordet worden sind, aber es gibt keinen Zweifel, daß die Zahl in die Millionen geht. Viele der Getöteten waren Partisanen und Untergrundkämpfer, sowjetische Männer und Frauen, besonders junge Leute, die in den besetzten Gebieten den Kampf für ihr Vaterland fortsetzten.

In der Anfangsphase des Krieges kämpften die Partisanen fast völlig aus eigener Verantwortung und auf sich selbst gestellt. In den dreißiger Jahren, zur Zeit des spanischen Bürgerkrieges, war in Weißrußland eine umfassende Organisation entlang der Routen einer möglichen deutschen Invasion gebildet worden. Sie bestand aus organisierten kommunistischen Banden, die hinter den Frontlinien bleiben sollten, für den Fall, daß die Deutschen über die Grenze kamen.

Stützpunkte wurden errichtet, Munition, Waffen, Lebensmittel und Radioausrüstungen an geheimen Plätzen untergebracht, bereit, falls es sich als notwendig erweisen sollte, für die Verwendung in tiefen Wäldern und in den Sumpfgebieten. Aber knapp vor dem Ausbruch des Krieges wurde das ganze System liquidiert. Die Waffendepots wurden geleert und die Organisation von Polizeichef Beria aufgelöst. Für diese Aktion wurde keinerlei Grund angegeben, aber viele Leute glauben, daß Beria Stalin davon überzeugt hatte, daß diese Stützpunkte ebensogut gegen ihn wie gegen Hitler benutzt werden konnten und es besser wäre, nichts zu riskieren.

Als der Krieg ausbrach, wurde im Juli 1941 eine zentrale Partisanenadministration unter dem altgedienten weißrussischen Parteifunktionär Paul T. K. Ponomarenko eingesetzt. Aber erst im Juli 1942 erhielt Ponomarenko die Erlaubnis, mit seinen Unternehmungen zu beginnen.

Die Partisanen aber hatten schon seit Kriegsbeginn gekämpft. Eine junge Lehrerin

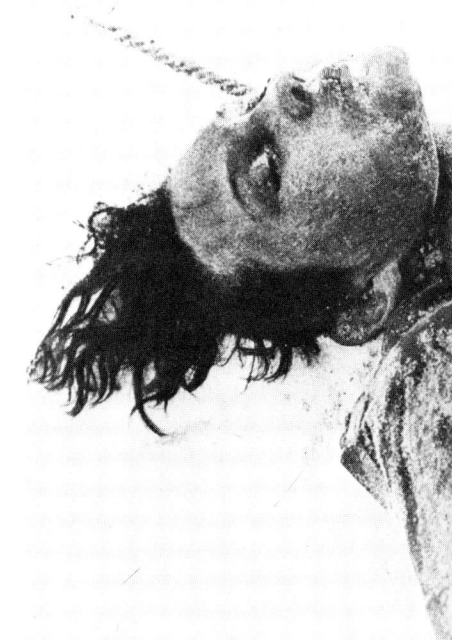

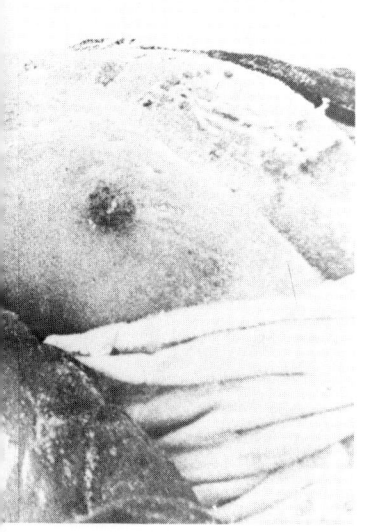

Zoja Kosmodemjanskaja, eine berühmte sowjetische Partisanin, die deutsche Stallungen in Brand gesteckt hatte, wurde von den Deutschen gefangengenommen und erhängt.
Unten: Ein Bild, aufgenommen nach der Hinrichtung.

namens Zoja Kosmodemjanskaja stand an der Spitze einer Partisanengruppe in einem kleinen Ort namens Petrischtschewo, nicht allzuweit von Moskau, in der Nähe von Kalinin. Sie wurde von den Deutschen im September 1941 gefangengenommen und an der Dorfstraße ihrer Heimat gehängt. Als die Truppen der Roten Armee den Ort wieder eroberten, fanden sie dort ihren Leichnam. Zoja wurde zu einer nationalen Heldin gemacht. Zeitungen brachten ihre Fotografie und endlose Geschichten über ihre Heldentaten.

Etwa 10.000 Partisanen operierten in den winterlichen Wäldern zur Zeit der Schlacht von Moskau, und man schrieb ihnen zu, etwa 18.000 Deutsche getötet zu haben. Eine Gruppe junger Leute aus der Stadt Krasnodon im Donbas bildete eine Untergrundbewegung, die eine Menge Deutscher tötete, bis man sie gefangennahm und hinrichtete. Ihre Geschichte wurde das Thema eines Bestsellerromans des Schriftstellers Alexander Fadejew unter dem Titel „Die junge Garde". Nach dem Krieg freilich mußte er das Buch umschreiben, denn er hatte die Geschichte so erzählt, wie sie sich wirklich ereignet hatte, die jungen Leute waren nämlich völlig auf sich allein gestellt gewesen. In seinem neugeschriebenen Buch mußte er nun behaupten, daß die „junge Garde" ihre Unternehmungen auf Grund von Befehlen höherer kommunistischer Führer durchgeführt hatte.

Nirgends waren die Partisanen aktiver als in den Wäldern Weißrußlands, und nirgends auch waren die deutschen Vergeltungsmaßnahmen härter. In einem Antipartisanenunternehmen, das am 5. Juni 1943 unter dem Decknamen „Cottbus" durchgeführt wurde, töteten die Deutschen 5000 Menschen und verloren selbst dabei nur 59 Tote. In der Provinz Kaluga töteten die Deutschen 20.000 Zivilisten, in der Nähe von Brjansk töteten sie 2000 und deportierten 5000 als Zwangsarbeiter.

Zur Zeit der Offensive von Orel im Juni 1943 hatten die Partisanen der Bezirke Brjansk und Orel über 17.000 einzelne Angriffe auf das deutsche Eisenbahnnetz durchgeführt. Aber es geht und ging nicht um Statistiken: Der Zusammenstoß mußte tödlich sein. Gnade war ein Wort, das aus dem Wortschatz der deutschen Befehle ausgelöscht war. Keitel befahl am 16. Dezember 1942: „Wenn die Unterdrückung der Banditen im Osten nicht mit den brutalsten Mitteln durchgeführt wird, werden die Truppen, die uns zur Verfügung stehen, sehr bald nicht mehr ausreichen, um diese Pest auszurotten. Die Truppen haben daher das Recht und die Pflicht, alle Mittel anzuwenden, auch gegen Frauen und Kinder. Skrupel irgendeiner Art sind ein Verbrechen gegen das deutsche Volk und gegen die deutschen Soldaten."

Jewgeni Jewtuschenko, der russische Dichter, der in den Tagen Chruschtschows Weltruhm erlangte, schrieb im Jahre 1961 ein Gedicht über Babi Yar. So bestialisch auch die Grausamkeiten der Nationalsozialisten gegen die Juden gewesen waren, so entsprach es doch nicht der kommunistischen Politik, Babi Yar in der Öffentlichkeit zu erwähnen. Jewtuschenko jedoch schrieb, ohne sich um die offizielle Aufregung, die das Resultat seiner Arbeit sein würde, zu scheren, folgende Worte:

„Die wilden Gräser rauschen über Babi Yar.
Die Bäume sehen sonderbar aus, wie Richter.
Hier schreien alle Dinge in der Stille.
Und ich selbst bin ein massiver tonloser Schrei
Über den hunderttausend hier Begrabenen.
Ich bin jeder alte Mann, der hier erschossen wurde.
Ich bin ein jedes Kind, das hier erschossen wurde.
Nichts in mir soll jemals vergessen."

Folgende Doppelseite: Eine außerordentliche Aufnahme: Eine Partisanenabteilung, die der Roten Armee in den Karpathen Hilfe leistete.

Der Mann mit dem Hut scheint – ebenso wie einige seiner Kameraden – eben von deutschen Schüssen getroffen worden zu sein.

*Zwei Pferde wandern durch die
Ruinen einer ungarischen Stadt.*

XVII. Warschau und andere Schlachten

Stalin, Churchill und Roosevelt trafen einander zum erstenmal am 28. November 1943 in Teheran. Roosevelt und Churchill kamen aus Kairo, wo sie vorher eine Zusammenkunft mit Tschiang Kai-schek gehabt hatten, Stalin kam natürlich aus Moskau; er verließ zum erstenmal seit Kriegsbeginn die Stadt.

Im Verlauf der Zusammenkünfte gab es dramatische Höhepunkte. Roosevelt war am 27. angekommen: Gegen Mitternacht rief Molotow Harry Hopkins, den Berater des US-Präsidenten, an und teilte ihm mit, es sei ein „deutsches Komplott", die Großen Drei zu ermorden, aufgedeckt worden. Stalin biete Roosevelt an, der besseren Sicherheit wegen in der Sowjetbotschaft – gerade gegenüber der britischen – Quartier zu nehmen. Roosevelt nahm an und zog um. Er bemühte sich, in Teheran alles nur mögliche zu tun, um Stalins Vertrauen zu gewinnen. Churchill war darüber keineswegs froh, auch nicht darüber, daß die Amerikaner sehr rasch den Russen eine feste Zusage machten, die Zweite Front in Europa durch eine Invasion über den Kanal sobald als möglich zu errichten. Mit all seiner Beredsamkeit suchte er Roosevelt zu überzeugen, daß die Invasion auf den Balkan verlegt werden müsse, den „weichen Unterbauch der Achse", wie er das gerne nannte. Aber er zog den kürzeren...

Das Treffen von Teheran endete am 2. Dezember mit einer festen Verpflichtung, die Zweite Front im Juni 1944 zu errichten. Bis dahin wollte Stalin überlegen, ob er den Amerikanern gestatten werde, eigene Flugzeugstützpunkte in der Sowjetunion für eine Pendelbombardierung Deutschlands zu errichten, so daß die 8. Luftflotte der Amerikaner von England und ihre 15. Luftflotte aus Italien über Deutschland Bomben werfen, dann in Rußland landen, auftanken und auf dem Rückflug ihren Angriff wiederholen konnten. Er erklärte sich auch bereit zu überlegen, ob Rußland in den Krieg im Fernen Osten im geeigneten Moment eintreten werde.

Hinsichtlich Europas machte Stalin klar, daß er die baltischen Staaten als Teil der Sowjetunion betrachte und auch beabsichtige, der dominierende Faktor im Nachkriegspolen zu sein. An seiner feindseligen Haltung gegenüber der polnischen Emigrantenregierung in London änderte sich nichts, obwohl eine Armee und eine Luftwaffe der Londoner Polen an der Seite der westlichen Alliierten kämpften und sie eine machtvolle Untergrundorganisation in Warschau besaßen.

Roosevelt verließ Teheran äußerst optimistisch. Er glaubte, alle wichtigen Ziele erreicht zu haben. Die Drohung, daß es in Sachen Polen Schwierigkeiten geben werde, hatte er kaum zur Kenntnis genommen. Churchill war niedergeschlagen. Als er ein paar Tage später in Kairo mit General Brooke zu Mittag speiste, erschlug er dauernd Fliegen und häufte einen kleinen Berg getöteter Fliegen neben seinem Teller auf. Immer wieder und wieder sagte er: „Es ist ganz einfach, es gibt eben drei Gebiete." Dann erschlug er die nächste Fliege.

Das war der Anfang eines Zusammenbruchs, der Churchill für einige Wochen außer Gefecht setzte. Er mußte sich in einen Wüstenkurort zurückziehen, um dort seine Nerven wieder unter Kontrolle zu bekommen.

Stalin verließ Teheran keineswegs, um Fliegen zu erschlagen. Ebenso wie Roosevelt reiste er im Gefühl großen Selbstvertrauens ab. Wieder zu Hause in Moskau, dirigierte er kraftvoll den Vormarsch seiner Armeen. Kurz nach Jahreswechsel gingen die Sowjets wieder zum Angriff über. Gegen Ende Januar wurde der Belagerungsring um Leningrad gebrochen und die Deutschen aus ihren drei Stock tiefen Stahlbunkern samt Belagerungsgeschützen herausgesprengt. Am 29. Januar war die Belagerung endgültig und auch formell beendet, und die Truppen der Roten Armee verfolgten die geschlagenen Deutschen nach Westen.

Die Russen hielten ihren Druck aufrecht: Smolensk wurde zurückerobert, und die deutsche Verteidigungsposition, die so lange in der Mitte der Front Widerstand geleistet hatte, wurde liquidiert. Der Vormarsch durch die Ukraine bahnte sich Pisten durch den schwarzen Lehm des Frühlingsregens. Odessa fiel zu Ostern, und das wackelige rumänische Regime in „Transdnjestria" flüchtete Hals über Kopf. Einen Monat später war auch die Krim befreit. Es ging den Deutschen in der Festung Sewastopol nicht anders als den Russen zwei Jahre zuvor. Vergeblich warteten 20.000 Mann, die auf der kleinen Halbinsel letzten Widerstand leisteten, auf Evakuierungsschiffe. Die meisten starben im russischen Feuer; nur jenen Deutschen, die das Glück hatten, zu größeren Gruppen von 1000 oder 2000 Menschen zu gehören, gelang es, als Kriegsgefangene akzeptiert zu werden.

Im Juni ereigneten sich zwei dramatische Dinge.

Am 5. Juni flogen die ersten amerikanischen Bomber drei amerikanische Luftstützpunkte an, die man in der Nähe von Poltawa in der Ukraine errichtet hatte. In den vergangenen zwei Jahren hatte ein Geschwader französischer Jäger, das Normandiegeschwader, an der Ostfront gekämpft. Aber Poltawa war das erste und einzige größere gemeinsame amerikanisch-russische Kriegsunternehmen. Dazu gehörten 1000 russische Arbeiter, 1000 amerikanische Bodentechniker der Luftwaffe sowie ungeheure Mengen von Nachschub und Flugzeugbenzin, die man über die persische Nachschubroute heranbrachte, und natürlich auch eine enge Zusammenarbeit zwischen amerikanischen und russischen Stäben.

150

Das erste amerikanische Geschwader kam von italienischen Stützpunkten, nachdem es unterwegs Ploesti – das rumänische Erdölzentrum – bombardiert hatte. Diese 70 „Fliegenden Festungen" B-70 landeten auf ukrainischem Boden unter den Hurrarufen einer Schar amerikanischer Soldaten, ukrainischer Bauernmädchen und amerikanischer und russischer Reporter.

Am nächsten Tag gab es noch größere Neuigkeiten. Die Alliierten waren in der Normandie gelandet. Nun war der „D-Day" gekommen. Auf den Straßen Moskaus wurde gefeiert, in den neugeöffneten „kommerziellen" Restaurants, wo fast jede Art von Lebensmitteln zu hohen Preisen und ohne Lebensmittelkarten gekauft werden konnte, trank man einander zu. Eine Woche später erklärte Stalin über die Invasion in der Normandie:

„Ohne Zweifel ein grandioser Erfolg unserer Alliierten. Man muß zugeben, daß die Geschichte der Kriege kein Unternehmen kennt, das mit diesem vergleichbar wäre, sowohl was den Umfang des Konzepts, die Großartigkeit des Ausmaßes und die meisterhafte Durchführung anlangt. Die Geschichte wird dieses Unternehmen als eine Leistung allererster Ordnung verzeichnen."

Nun schaltete auch die Rote Armee auf Schnellgang. Stalin hatte Roosevelt erklärt, er besitze eine Überlegenheit von 70 Divisionen gegenüber den Deutschen. Er konzentrierte 166 Divisionen an der weißrussischen Front, 31.000 Geschütze und Mörser, 5200 Panzer und Sturmgeschütze sowie 6000 Flugzeuge. Die Russen besaßen eine Überlegenheit von 2 zu 1 bei den Mannschaften und mehr als 4 zu 1 bei den Panzern. Dazu kam noch eine Armada von 12.000 Lastwagen, meist amerikanischer Herkunft, die imstande waren, 25.000 Tonnen Ladung auf einmal zu transportieren.

Die Russen schlugen zwischen dem 23. und dem 28. Juni an vier Fronten los. Sie durchbrachen und umgingen starke deutsche Einheiten bei Witebsk und Bobruisk. In zwei Einschließungsringen machten sie 20.000 Gefangene und eroberten am 3. Juli Minsk, die Hauptstadt von Weißrußland, zurück, wobei sie weitere 100.000 Deutsche gefangennahmen und 40.000 töteten oder verwundeten.

Am 17. Juli gab es in Moskau ein besonderes Schauspiel. Durch die Straßen der

Amerikanische B-17-Bomber über den Frachtbahnhöfen von Ploesti, Rumänien.
Links: Stalin, Roosevelt und Churchill bei der Konferenz in Teheran, 1943.

Stadt, vorbei an einer grimmig schweigenden Menschenmenge, ließen die Russen 57.000 deutsche Gefangene marschieren. An der Spitze der Kolonne 40 oder mehr Offiziere. In den Straßen war es still, man hörte nur das Schlürfen der deutschen Stiefel auf dem Asphalt.

In Weißrußland zogen sich die deutschen Truppen zurück und versuchten dabei, das Land in eine Wüste zu verwandeln. Mehr als eine Million Bauernhäuser wurden niedergebrannt oder gesprengt, das wenige noch vorhandene Vieh wurde geschlachtet. Es gab Massengräber von Zivilisten, manchmal 2500 Leichen in einem einzigen Grab.

Die Russen nahmen Baranowitschi am 8. Juli und am 13. Wilna. Rokossowski, ein geborener Pole, führte am 18. Juli seine Truppen über die polnische Grenze. Lublin, die erste große polnische Stadt, wurde am 27. Juli erobert und Brest-Litiwsk am 28. Die Deutschen hatten in Weißrußland 25 bis 28 Divisionen und (laut Kriegstagebuch des OKW) an die 300.000 Mann verloren.

Sowjetische Truppen überschritten die Weichsel in der Nähe von Magnuszew und Palawy am 25. Juli. Am gleichen Tag eroberten sie Lemberg und Bialystok und bildeten am nächsten Tag einen weiteren Brückenkopf über die Weichsel bei Sandomir. Ganz Weißrußland und die Ukraine sowie der größere Teil von Litauen waren befreit. Am 31. Juli erreichte die rechte Flanke der 1. Weißrussischen Front, befehligt von Rokossowski, den Stadtrand von Praga, der Vorstadt Warschaus jenseits der Weichsel.

Am nächsten Tag schlug die „Heimatarmee" der Warschauer Untergrundkämpfer, die sich der polnischen Regierung in London unterstellt hatte, unter der Führung von General Bor-Komarowski gegen die Deutschen los. Heftige Kämpfe entwickelten sich. Die Polen eroberten zunächst fast die ganze Stadt. Nach und nach aber drängten die Deutschen die polnischen Kräfte, etwa 35.000 Mann, wieder zurück. Die Polen riefen um Hilfe: die Russen, den Westen und natürlich ihre Landsleute in London. Aber sie erhielten nur sehr wenig Unterstützung.

Ihr Unternehmen verursachte einen politischen Streit von solcher Größenordnung, daß die Nachwirkungen bis heute fühlbar sind. Ohne Zweifel hatten die Sowjets erwartet, daß Rokossowski Warschau nehmen werde. Er hatte eine Reihe von Übergangsstellen über die Weichsel, nicht allzu nahe von Warschau, gesichert. Im gesamten Rahmen der Operationen, die die Russen bis dahin durchgeführt hatten, war die Aufgabe, den Deutschen Warschau abzunehmen, keineswegs sehr schwierig. Am 2. August, am Tag nach dem Beginn des Aufstandes, schrieb der sowjetische Kriegsberichterstatter Makarenko in der „Prawda" einen Bericht, in dem es hieß: „Vorwärts nach Warschau! In einer Offensive kommt immer der Augenblick, in dem die militärischen Operationen einen Gipfelpunkt erreichen und – da sie den notwendigen Druck und Schwung erhalten haben – nun weitergehen, ohne daß es irgendeinen Zweifel darüber geben könnte, was als nächstes geschehen wird."

Am nächsten Tag brachten die sowjetischen Zeitungen eine Karte, die die Frontlinie nahe der Weichsel unmittelbar östlich von Praga zeigte. In Moskau erwartete man, daß Warschau in weniger als einer Woche fallen werde.

Aber nichts dergleichen geschah. Rokossowski blieb stehen. Die Russen zeigten sich für die Bitten um Hilfe der „Heimatarmee" taub. Sie wiesen Ersuchen Churchills und der Amerikaner zurück. Die Deutschen drangen weiter vor und erledigten die „Heimatarmee". Jahrelang haben die Russen behauptet, diese ihre „Pause" (die bis zum Januar andauerte) sei keineswegs Absicht, Rokossowskis Truppen seien vielmehr erschöpft gewesen und die Deutschen so stark, daß die Russen die Weichsel nicht hätten überschreiten können. Angesichts der gewichtigen politischen Hintergründe dieser „Pause" hat sich aber stets der Verdacht erhalten, daß Rokossowski Befehl erhielt, stehenzubleiben, damit die Polen in ihr Verderben rannten. Stalin stand ja in heftigster Opposition zu den Londoner Polen und war damals gerade dabei, seine eigene provisorische Regierung in Lublin einzusetzen. Kompliziert wurden

In Polen: Russen bei der Überprüfung der Schäden an einer Brücke über die Weichsel.

die Dinge durch die Anwesenheit von Stanislaw Mikolajczyk, dem Ministerpräsidenten der Londoner polnischen Regierung, in Moskau. Er führte schwierige und obskure Verhandlungen mit Stalin. Dazu kam, daß er mit seinen Regierungskollegen keineswegs auf gutem Fuß stand. Sobald die „Heimatarmee" von den Deutschen vernichtet war, wurde die Aufgabe für Stalin, eine prosowjetische Regierung für Polen durchzusetzen, wesentlich leichter.

Was die „Heimatarmee" anlangte, so war es selbstverständlich ihr Ziel, ein eigenständiges polnisches Regime zu errichten, bevor die Russen eine ihnen hörige Regierung bildeten.

Wahrscheinlich wird man die Wahrheit niemals erfahren. Alle Seiten haben einander widersprechende Klagen erhoben und Behauptungen aufgestellt. Aber ein merkwürdiges Indiz ist zum Vorschein gekommen. General Guderian schreibt in seinen Memoiren, angesichts der Brückenköpfe, die die Russen über die Weichsel errichtet hatten, sei er der Meinung gewesen, die Russen hätten tatsächlich versucht, Warschau zu erreichen (zumindest am 12. August), seien aber durch heftigen deutschen Widerstand aufgehalten worden.

Wie immer die Tatsachen gewesen sein mögen, die Tragödie Warschaus war vollkommen. Als schließlich die sowjetischen Truppen im Januar 1945 in die polnische Hauptstadt einmarschierten, waren dort an die 300.000 Polen gestorben. Mehr als neun Zehntel der Stadt lagen in Trümmern. Keine Stadt in Europa war von Hitler so hart behandelt worden wie Warschau. Er hatte 1942 das Warschauer Ghetto zerstört. Nun war auch die Altstadt von Warschau, eine beispielhafte mittelalterliche Stadt, dahin. Man ging durch die Altstadt wie durch eine Wüste. Nichts war geblieben als Steine, Staub und Sand. Später schlichteten die Polen die Steine sauber aufeinander und bauten kleine Alleen, durch die Fußgänger gehen konnten wie in einem altenglischen Garten, auf gewundenen Pfaden durch hohe Hecken. Aber die „Hecken" waren aus den Knochen der Stadt gebaut, und die Wege führten nirgends hin.

Sowjetische Streitkräfte drängten in ihrer „Befreiungsmission" nach Westen. Sie fielen in Rumänien ein und gelangten bis vor die Tore von Bukarest. Aber auch dort machten sie eine „Pause".

Die Russen hatten sich der rumänischen Grenze schon im April genähert und damals den Rumänen einen Waffenstillstand angeboten, der abgelehnt worden war. Schwere Kämpfe folgten, bis sie schließlich im August die deutsche 6. Armee – neu aufgestellt nach Stalingrad – in der Doppeloffensive von Jassy-Kischinew vernichteten. Hinter der Bühne gab es sehr komplizierte diplomatische Verhandlungen. Eine Gruppe um den jungen König Michael versuchte, Rumänien aus dem Krieg herauszuführen, und zwar hinter dem Rücken der Deutschen und deren Marionette Antonescu. Die Verschwörer wurden von der rumänischen Armee unterstützt. Schließlich wurde am 23. August ein Staatsstreich ausgeführt, an dem auch die Kommunistische Partei teilnahm. Obwohl die Russen von den Rumänen genauest über die Vorbereitungen des Seitenwechsels unterrichtet worden waren, so trauten doch die Sowjetbefehlshaber den Rumänen nicht über den Weg. Sie setzten ihre Offensive mit Panzerverbänden fort und besetzten die Ölfelder bei Ploesti, da sie befürchteten, die Deutschen könnten dort Sabotage verüben. Außerdem sandten sie in aller Eile Panzerkolonnen nach Bukarest. Sie blieben wachsam, selbst als sie am 31. August dort einzogen und von den Einwohnern der Stadt mit Blumen und Liedern begrüßt wurden.

In Bulgarien war die Geschichte ganz ähnlich. Freilich war die Stellung Rußlands dort eine weitaus delikatere. Bulgarien lag zwar im Krieg mit den westlichen Alliierten, war aber wegen seiner traditionellen panslawischen Beziehungen zu Rußland niemals in den Krieg gegen die Sowjetunion eingetreten.

Als die Rote Armee sich nun der Grenze näherte, mußte sie sich mit diesem Problem auseinandersetzen. Der Generalstab erledigte dieses Problem, indem er genaue Pläne, Bulgarien zu Land und zur See zu besetzen, ausarbeitete. Marschall Schukow wurde die Aufsicht über diese Planung übertragen. Sobald sowjetische Truppen sich an der Grenze zu Bulgarien befanden, wurde der Regierung in Sofia am 30. August ein Ultimatum überreicht, demzufolge sie alle Bewegungen deutscher Truppen auf bulgarischem Gebiet aufzuhalten habe. Die bulgarische Regierung demissionierte. Zwei Tage lang gab es keine Regierung. Schukow unterzeichnete die Pläne für die Invasion: Sie sollte zu Land und zur See am 10. September beginnen. Ultimatum folgte auf Ultimatum, als die Bulgaren versuchten, eine Formel zu finden, die den Gefallen Moskaus fand. Bulgarien brach seine Beziehungen mit Deutschland ab und bat um einen Waffenstillstand. Es erklärte sogar Deutschland den Krieg. Dies konnte aber den Einmarsch der Sowjets nicht verhindern, der am 8. September um 11 Uhr begann. Die militärische Aktion wurde 24 Stunden später abgebrochen, zumindest in der Theorie, weil zu diesem Zeitpunkt im ganzen Land ein kommunistischer Aufstand ausgebrochen war und die KP die Macht übernahm.

Die unorthodoxen Aktionen der Sowjets in Bulgarien dauerten jedoch fort. Der deutsche Botschaftsstab war aus Sofia geflohen. Am 13. oder 14. September fiel es Stalin in Moskau ein, was denn eigentlich aus den Diplomaten geworden sei. Niemand wußte es. Marschall Tolbuchin, der Oberbefehlshaber dieser Front, erhielt die Weisung, die verlorengegangenen Deutschen zu finden. Tolbuchin übertrug die Aufgabe dem Generaloberst S. S. Birjusew. Dieser fand in Sofia keinerlei Spur von den Deutschen. Nach langen Recherchen entdeckte er, daß sie eine Woche vorher mit einem Sonderzug zur türkischen Grenze gefahren waren. Militärpolizei wurde nun an diese Grenze geschickt. Sie fand dort heraus, daß die Diplomaten, nachdem sie ihre Lebensmittelvorräte aufgebraucht hatten, während sie vergeblich auf türkische Einreisevisa warteten (die Türkei hatte die diplomatischen Beziehungen mit Deutschland abgebrochen), zur griechischen Grenze weitergereist waren. Schließlich überholten die Russen sogar die Diplomatengruppe und nahmen sie in Haft. Die diversen Klauseln des internationalen Rechts interessierten das Militär nur wenig. Ein Befehl von Stalin war ein Befehl, den man befolgte.

Straßenbahnwagen in den Straßen des befreiten Warschau. Rechts: Tafel am Straßenbahnwagen in Deutsch und Polnisch: „Nur für Deutsche". Unten: Rumänen begrüßen die Rote Armee in Bukarest als Befreier.

Jedesmal, wenn die Rote Armee sich einer fremden Hauptstadt näherte, traten die militärischen Aktionen hinter den politischen Maßnahmen zurück. Der Fall Budapest ähnelte jenem von Warschau. Die Ungarn begannen mit ihren Versuchen, aus dem Krieg auszutreten, am 21. September 1944, als der Reichsverweser Admiral Horthy eine geheime Mission nach Italien sandte, um mit den westlichen Alliierten in Kontakt zu kommen. Sowjetische Truppen waren bereits in Ungarn eingedrungen und bewegten sich in Richtung Budapest. Die Briten und die Amerikaner sagten den Emissären Horthys, daß er sich mit den Russen werde verständigen müssen. Ende September überschritt eine geheime ungarische Mission die russischen Linien und traf am 1. Oktober in Moskau ein, wo Kapitulationsverhandlungen begannen.

Doch die Verhandlungen zogen sich in die Länge. Nachkriegskommentatoren der Sowjets gaben die Schuld den Ungarn. Aber die Tatsache, daß Stalin seinen so besonders übel beleumundeten Polizeigeneral L. S. Mechlis mit der Führung dieser Gespräche betraute, ist wahrscheinlich der wahre Grund gewesen. Übereinkommen nach Übereinkommen wurde erzielt, um dann unter diesem oder jenem Vorwand von den Russen wieder abgelehnt zu werden. Die Deutschen erfuhren schließlich von den Friedensbemühungen der Ungarn, besetzten das Land, brachten Horthy gewaltsam nach Deutschland und setzten eine „Pfeilkreuzler"-Regierung ein. Nach heftigen Kämpfen stießen die Sowjettruppen auf Budapest vor und belagerten die Stadt, wobei durch die schweren Luftangriffe, den Artilleriebeschuß und die Straßenkämpfe die alte Stadt so sehr zerstört wurde, daß noch zwei Jahrzehnte lang die Ruinen ihrer einstigen architektonischen Pracht wie zerbrochene Schwerter in den Himmel ragten.

Alle Bemühungen der antideutschen Elemente in Ungarn, mit den Russen zu kooperieren und zu kollaborieren, waren fehlgeschlagen. Schließlich wurde ein kommunistisches Marionettenregime, bestehend aus Moskauer Agenten, errichtet. Un-

EIN U. AUSSTIEG
NUR FÜR DEUTSCHE
WEJSCIE I WYJSCIE
TY KO DLA NIEMCÓW

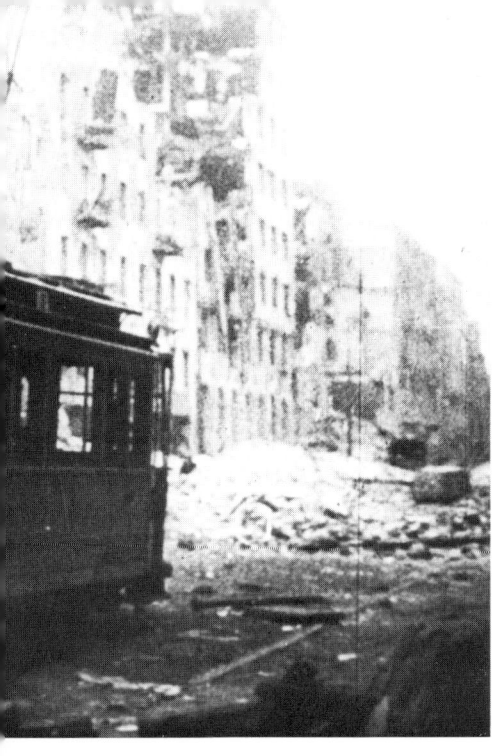

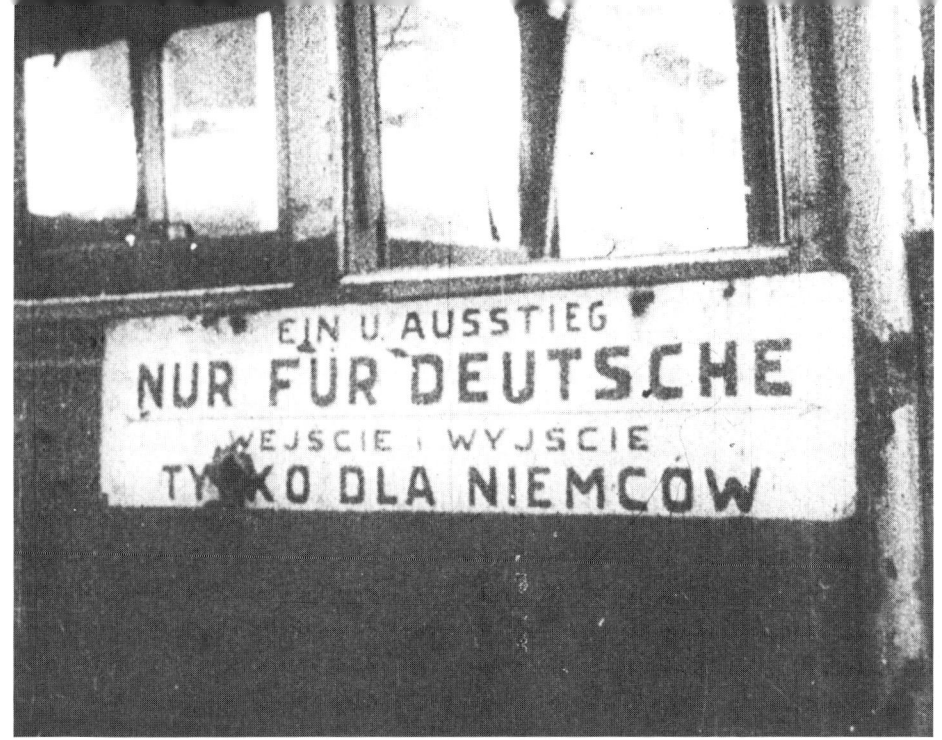

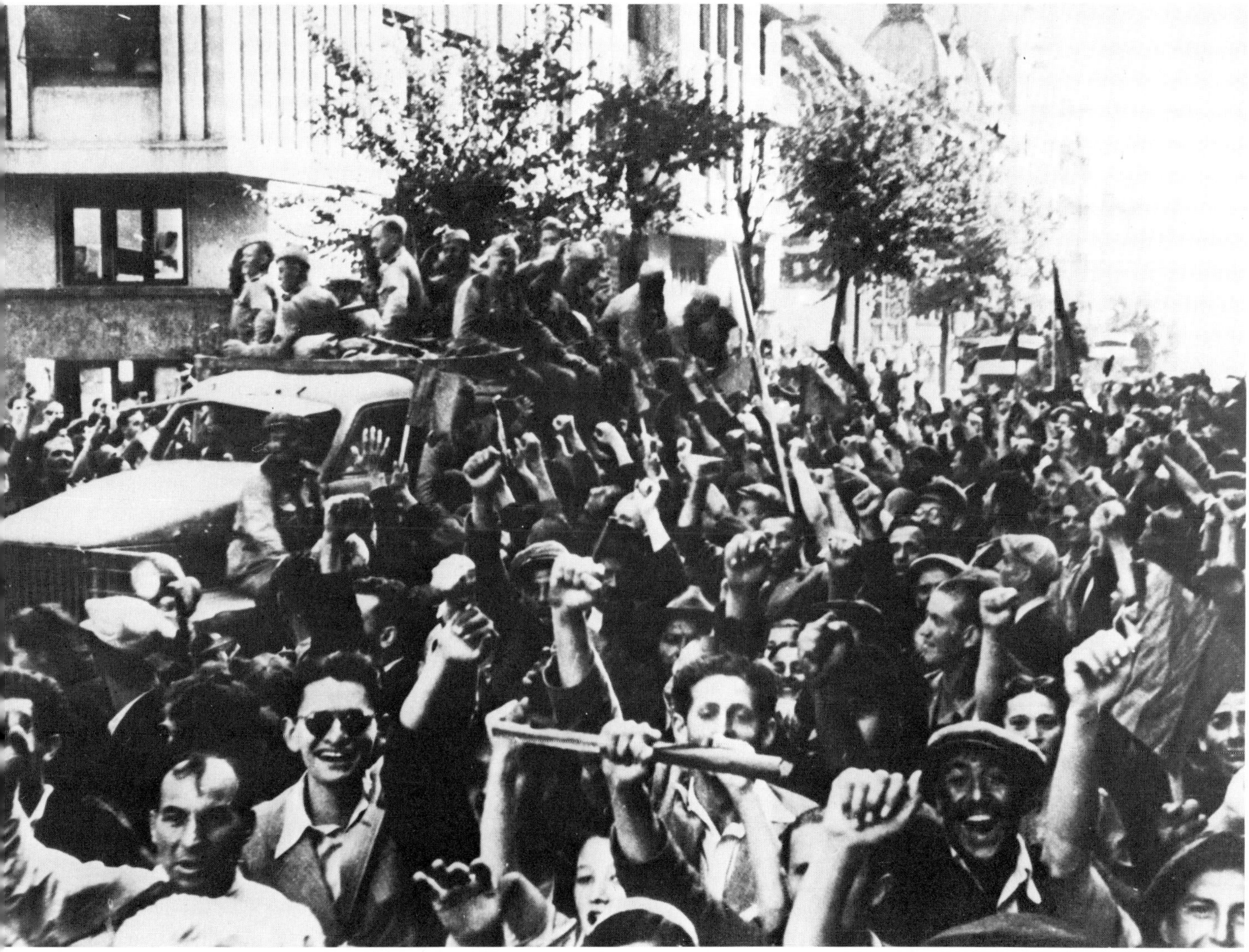

Ein Opfer des Krieges, wie man sie 1945 überall in Europa sehen konnte.

garn war um den Preis von Hunderttausenden russischer und ungarischer Leben, die schreckliche Zerstörung von Budapest und anderer ungarischer Städte nach einer Verzögerung von vielen Monaten befreit worden.

In kleinerem Maßstab spielten sich die Ereignisse rund um Wien nach demselben Muster ab. Es gab frühe Kontakte zwischen der österreichischen Widerstandsbewegung und den Russen, Pläne für einen Aufstand, um in Wien die Macht zu übernehmen, Streitigkeiten mit den Russen über Einzelheiten. Das Ende waren schwere Kämpfe, bei denen auch die Russen ernste Verluste erlitten, und schwerste Schäden in der österreichischen Hauptstadt. Die Rote Armee eroberte Wien am 13. April nach zehn Tagen heftigster Kämpfe. Die Schuld an dem Scheitern der Bemühungen, die Stadt kampflos und ohne Menschenopfer zu übergeben, wurde von den sowjetischen Propagandisten den Österreichern angelastet und – als zusätzliche Nuance – auch Allan Dulles, dem Chef des amerikanischen Nachrichtenwesens in der Schweiz, dem vorgeworfen wurde, gegen die Russen eine Verschwörung mit antikommunistischen Österreichern angezettelt zu haben.

Die letzte europäische Hauptstadt, die den Händen der Deutschen entrissen wurde, war Prag. Es wurde am 5. Mai befreit, aber nicht durch die Rote Armee. Die Tschechen selbst erhoben sich gegen das sterbende Hitlerregime. Sie hatten merkwürdige Verbündete – die russischen Truppen des Generals Andrej Wlassow, Stalins vielversprechendem Schützling in den Tagen der Schlacht von Moskau, aber nach seiner Gefangennahme durch die Deutschen im Jahre 1942 Führer einer „unabhängigen" russischen Armee, die aus Kriegsgefangenen gebildet worden war. Wlassow und seine Leute waren entschlossene Gegner Stalins und seines Regimes. Tatsächlich kämpften sie nur wenig an der Ostfront. Obwohl Wlassows Bewegung von den Deutschen unterstützt und auch von einer der Gruppen rund um Hitler ermutigt wurde, so traute man ihm doch nicht wirklich. Diese russische Armee widersprach der Theorie Hitlers von dem Untermenschentum der Russen.

Nun, angesichts der Todeszuckungen des Dritten Reiches fanden sich Wlassow und seine Leute in der Tschechoslowakei. Sie wußten, was ihnen, falls sie in sowjetische Hände fallen sollten, drohte. Man würde sie an die nächste Wand stellen und erschießen oder ihnen vielleicht überhaupt nur rasch im nächsten Straßengraben eine Kugel verpassen.

Wlassow unternahm verzweifelte Versuche, um sich mit seinen Leuten den Engländern und Amerikanern zu ergeben. General Pattons 3. Armee war schon tief in die Tschechoslowakei vorgedrungen und stand nur etwa 80 Kilometer vor Prag. Hätten sie sich nicht von einer Demarkationslinie, die zwischen Russen und Amerikanern vereinbart worden war, aufhalten lassen, so hätten sie sehr rasch nach Prag gelangen können.

Wlassow sandte nun durch die Linien einen Abgesandten in das Hauptquartier der 7. amerikanischen Armee, die von Generalleutnant Alexander Patch befehligt wurde. Patch hatte niemals etwas von Wlassow und seiner russischen Armee gehört. Die einzigen Russen, mit denen er zusammengetroffen war, hatten Seite an Seite mit den Deutschen in Frankreich gekämpft und dort bei dem Versuch geholfen, die alliierte Invasion abzuweisen. Wlassows Offiziere erklärten nun, daß ihre russische Armee niemals gegen die westlichen Alliierten gekämpft hätte. Patch schüttelte den Kopf. Diese Russen waren ihm ein Rätsel. Er überließ es Eisenhower, zu entscheiden, und dieser sagte, daß die Frage nur in Washington beantwortet werden könne. Die Emissäre wurden schließlich in ein amerikanisches Gefangenenlager gebracht.

Am Morgen des 5. Mai hatten sich die Tschechen, geführt von einer Gruppe von Nationalisten und Kommunisten, gegen die Deutschen erhoben. Die Deutschen reagierten langsam, begannen aber am nächsten Tag mit SS-Truppen und Polizeiformationen Angriffe gegen die Tschechen zu führen. Zu diesem Zeitpunkt marschierten Wlassows Leute bereits auf Prag, um ihren slawischen Brüdern die Hand zu reichen. Am 7. Mai eroberten sie den Flugplatz von Prag und mit ihm 47 Maschinen. Sie

Ein sowjetischer Maschinengewehrschütze feuert auf ein von Deutschen besetztes Gebäude. Unten: Deutsche Soldaten ergeben sich den Russen.

Die verschlammten Straßen bedeuten für Menschen und Fahrzeuge im Chaos des deutschen Rückzuges eine gewaltige Belastung.
Oben: Soldaten der ukrainischen Front überqueren 1945 die Donau.

kämpften sich den Weg gegen den Widerstand der SS-Abteilungen zum Zentrum Prags frei. Um 17 Uhr am 7. Mai wurde das blau-weiße Banner Wlassows neben jenem der Tschechoslowakei auf dem Prager Rathaus gehißt. In den Kämpfen waren 300 Wlassow-Leute gefallen. Die Tschechen ließen ihre russischen Beschützer hochleben.

Am nächsten Tag wurde verlautbart, daß der Vormarsch der Amerikaner auf Prag in der Nähe von Pilsen – der vereinbarten Grenzlinie – zum Halten gekommen sei. Die Bilder Wlassows und seine nationalrussischen Fahnen begannen wieder in Prag zu verschwinden, um durch rote Fahnen und Bilder Stalins ersetzt zu werden.

Am Abend des 9. März zogen die Wlassow-Truppen in aller Stille aus der befreiten Stadt ab und überschritten am 10. – zumindest die meisten von ihnen und Wlassow selbst – die Demarkationslinie: Sie kapitulierten vor den Amerikanern. Aber schon am nächsten Tag wurde Wlassow von den Amerikanern an die Russen ausgeliefert. Ein paar tausend seiner Leute gelang es zu fliehen, die übrigen wurden von den Russen entweder sofort erschossen oder nach Sibirien geschickt, um dort in den Straflagern zugrunde zu gehen. Wlassow wurde nach Rußland zurückgebracht, wo man ihm in aller Form den Prozeß machte und ihn erschoß.

Die Russen zogen am 11. Mai in Prag ein. Sie berichteten, daß die Verluste bei dem Prager Aufstand 3000 Tote und 10.000 Verwundete betragen hätten. Seit einer Woche waren Sowjettruppen zu einem Angriff auf Prag bereitgestanden. Wiederum waren sie von Stalin zurückgehalten worden, während die Politik die Hauptrolle auf der Bühne spielte.

XVIII. Nach Berlin

Der 7. November wird in Moskau als großer Feiertag begangen – es ist der Jahrestag der bolschewistischen Revolution. Der 7. November 1944 war der erste wirkliche Feiertag seit Beginn des Krieges. Das Wetter war schön – eine große Parade wurde auf dem Roten Platz veranstaltet. Generalissimus Stalin und die Marschälle in langen grauen Uniformmänteln mit goldenen Knöpfen und goldenen Rangabzeichen auf ihren breiten goldenen Schulterstücken, mit hohen Karakulschaftschapkas, den hohen Kosakenpelzmützen, standen hoch oben auf dem Leninmausoleum und nahmen die Parade ab. Der Sieg war zwar noch nicht endgültig errungen, aber er war vorauszusehen.

Alle berühmten Heerführer waren zu dieser Gelegenheit nach Moskau gekommen und hatten an der Front ihren Stellvertretern den Befehl überlassen. Der ruhmvollste unter ihnen war Marschall Schukow, der Stellvertreter Stalins. Dann Marschall Rokossowski, der brillante Pole, Befehlshaber der 1. Weißrussischen Front; Marschall Konjew, der Befehlshaber der 1. Ukrainischen Front; General Sacharow, der Befehlshaber der 2. Weißrussischen Front; Marschall Feodor I. Tolbuchin, der Befehlshaber der 2. Ukrainischen Front; General Iwan P. Tschernjakowski, der Befehlshaber der 3. Weißrussischen Front; Marschall Wassilewski, der Generalstabschef, und sein Stellvertreter General Antonow.

Außer den Feldherren waren die führenden Mitglieder des Politbüros anwesend. Außenminister Molotow, Parteisekretär Malenkow, Polizeichef Beria, Kaganowitsch, Mikojan. Auch sie standen auf dem Mausoleum, während die kampfgewohnten Soldaten, die großen Woroschilow-Panzer, die Katjuscha-Raketen an ihnen vorbeiparadierten und die Geschwader der neuen Yak-Jäger und der Bomber über sie hinwegdonnerten. Hier zeigte sich das triumphierende Rußland. Freilich konnte niemand mit Sicherheit sagen, wie lange das Dritte Reich noch am Leben bleiben werde. Aber es war sicher, daß es nicht mehr lange dauern konnte. Die westlichen Alliierten drangen aus Frankreich und Italien gegen Deutschland vor. Die Rote Armee säuberte den Balkan und stand für den letzten Angriff an den deutschen Grenzen bereit.

Die Planung der abschließenden Offensive war schon weit fortgeschritten. Sie hatte im Oktober unter der Leitung von General Antonow und der Verantwortung von Marschall Schukow begonnen. Die endgültigen Pläne wurden in den letzten Oktobertagen ausgearbeitet. Sie wurden Stalin am 1. oder 2. November vorgelegt und lagen für die große Zusammenkunft bereit, die Stalin mit seinen Marschällen anläßlich der 7.-November-Feiern arrangiert hatte.

Während die Besprechungen in Gang waren, war den fünf großen sowjetischen Fronten befohlen worden, anzuhalten. Die Planung der großen Schlußoffensive sah vor, daß der Vormarsch auf Berlin ohne irgendeine Unterbrechung vor sich gehen sollte. Das Endziel sollte in 45 Tagen nach Beginn der Offensive erreicht sein. Schon der erste Stoß würde die Sowjettruppen innerhalb von 15 Tagen bis zur Linie Bromberg, Posen, Breslau führen. Weitere 30 Tage waren für die völlige Vernichtung der deutschen Wehrmacht und für die Einnahme von Berlin vorgesehen.

Schukow blieb zunächst in Moskau und arbeitete an der Planung mit. Der Entwurf sah vor, daß Berlin von der 1. Weißrussischen Front, also von Truppen unter dem Befehl Rokossowskis, genommen werden sollte. Schukow hatte die Operation im Detail mehrfach mit Rokossowski und dessen Stabschef General Malinin diskutiert.

Dann reiste Schukow nach Lublin, wo die von Stalin eingesetzte prosowjetische

Russisches Panzerabwehrgeschütz mit seiner Mannschaft vor Berlin.

provisorische Regierung Polens ihren Sitz hatte. Am 16. November wurde ihm aber der Oberbefehl über die 1. Front übertragen, den bis dahin Rokossowski geführt hatte. General Telegin sollte sein Stellvertreter sein.

Stalin hatte die „Mannschaftsaufstellung" geändert: Schukow sollte der Held von Berlin werden.

Rokossowski war verzweifelt: „Ich war gerade im Hauptquartier gewesen, um die Pläne für die Operationen der 1. Weißrussischen Front zur Eroberung Berlins zu besprechen. Unsere Vorschläge waren ohne Kommentar angenommen worden. Nun erhielt ich plötzlich ein neues Kommando. Ich konnte nicht anders, als den Obersten Befehlshaber zu fragen: ‚Warum werde ich bestraft?' Stalin antwortete, sein Stellvertreter, Marschall Schukow, sei zum Befehlshaber der 1. Weißrussischen Front ernannt worden. Ich würde alle anderen notwendigen Informationen im Obersten Hauptquartier erhalten."

Es war eine bittere Enttäuschung für Rokossowski, obwohl er teilweise dadurch entschädigt wurde, daß er nun den Befehl über die 2. Weißrussische Front erhielt.

Stalin kündigte an, daß er persönlich die Koordinierung der Fronten, die an der Eroberung Berlins teilnehmen sollten, leiten werde. Er hatte bis dahin niemals derartiges getan. In der Vergangenheit hatte er stets einen der ranghöchsten Befehlshaber auf diesen Posten gestellt, wahrscheinlich, um im Falle, daß irgend etwas schiefging, einen Sündenbock zur Hand zu haben. Es war klar, bei dem Unternehmen gegen Berlin dürfte nichts schiefgehen.

Wassilewski blieb nun ohne Funktion, da Stalin als sein eigener Stabschef fungieren wollte. Aber dann fiel höchstgelegenerweise General Tschernjakowski, der Befehlshaber der 3. Weißrussischen Front, im Kampf, und Wassilewski erhielt dessen Kommando.

Es gab gewiß keinerlei strategische Gründe, um Rokossowski abzusetzen, aber Schukow war Rußlands berühmtester Heerführer, und Stalin wollte ihn auch seinen Lohn einstreichen lassen, zumindest für den Moment.

Es gab auch keinen Zweifel über die Absichten Stalins. Er hatte die Grenzen zwischen den Fronten festgelegt: Sie machten es jedem anderen General, und im besonderen Konjew, der die 1. Ukrainische Front gerade südlich von der Front Schukows befehligte, unmöglich, Aktionen in Richtung Berlin zu unternehmen. Schukow allein sollte Berlin erobern.

Doch Konjew war ein mächtiger und ehrgeiziger Rivale. Er ließ sich nicht so ohne weiteres die größte Beute des Zweiten Weltkrieges vor der Nase wegnehmen.

Schukow und sein Stab begannen jedes Detail der komplizierten Operation auszuarbeiten. Die Sowjetunion besaß nun eine außerordentliche Überlegenheit über die deutschen Streitkräfte. Gegen Ende 1944 hatte die Rote Armee im Felde 6 Millionen Mann, 91.400 Geschütze, 14.000 Panzer und Sturmgeschütze, 14.500 Flugzeuge. Die Stärke der Deutschen im Felde wurde auf etwa 5,3 Millionen geschätzt (überschätzt ist wohl der richtige Ausdruck dafür), wovon etwa 3,1 Millionen an der Ostfront stehen sollten, mit 28.500 Geschützen, 4000 Panzern und 2000 Flugzeugen.

Die Armeen Schukows und Konjews, die Hauptkräfte für den letzten Angriff auf Berlin, hatten 2,2 Millionen Mann, 3200 Geschütze, 6000 Panzer und 4700 Flugzeuge zur Verfügung. Dies bedeutete nahezu ein Drittel der gesamten sowjetischen Streitkräfte, etwas mehr als 40 Prozent der Panzertruppen.

Schukow gegenüber stand die Heeresgruppe A unter Generaloberst Harpe. Die Sowjets waren den Deutschen mit 5 : 1 überlegen, was die Infanterie anlangte, bei den Geschützen stand es 8 : 1, bei den Panzern 6 : 1 und mehr als 6 : 1 bei den Flugzeugen. (Guderian, damals Generalstabschef, errechnete eine sowjetische Überlegenheit von 11 : 1 bei der Infanterie, 7 : 1 bei den Panzern, 20 : 1 bei der Artillerie.) Schukow erhielt die Genehmigung seiner Operationspläne gegen Ende November. Stalin setzte provisorisch einen Tag zwischen dem 15. und 20. Januar für den Angriff fest.

Die erste Aufgabe der Armeen Schukows mußte es sein, die Weichsel auf breiter Front zu überschreiten. Das letzte Hindernis vor Berlin war die Oder, die 70 bis 80

Polen: Sowjetische Truppen beim Übersetzen des Flusses Bug.

Kilometer östlich der deutschen Hauptstadt fließt. Das erste Ziel der Front Schukows war Posen, 200 Kilometer östlich von Berlin. Es sollte am 1. Februar erreicht werden. Trotz der von Stalin festgelegten Frontgrenzen wußte Schukow, daß er sich hier in einem Wettlauf mit Konjew befand, der in südwestlicher Richtung zur Oder drängte.

Ende Dezember fuhr Schukow nach Moskau und diskutierte letzte noch offene Fragen mit Stalin und dem Obersten Kommando, besonders die Koordination der Operationen zwischen ihm und Konjew. Auch Konjews Pläne wurden bestätigt, und das Oberste Hauptquartier gab grünes Licht für den Beginn des Angriffs. Nach dem 1. Januar wurden nur noch kleinere Änderungen an dem umfassenden Operationsplan vorgenommen.

So schwierig auch die Situation der deutschen Wehrmacht war, so besaß sie doch noch immer ein ausgezeichnetes Nachrichtenwesen. Generaloberst Harpe lagen Informationen vor, wonach der sowjetische Angriff am 12. Januar beginnen werde.

Im Dezember hatte das Vordringen der westlichen Alliierten gegen Deutschland plötzlich einen Rückschlag durch die deutsche Ardennen-Offensive erlitten: Eine bemerkenswerte erfolgreiche taktische Operation, die die Alliierten überraschte und ihre Truppen zurückwarf. Es bestand sogar die Gefahr, daß die Deutschen den für den Nachschub der Anglo-Amerikaner wichtigen Hafen Antwerpen eroberten. Bevor Eisenhowers energische Maßnahmen allmählich die Situation wieder unter Kontrolle brachten, gab es dramatische Momente der Spannung. Churchill wandte sich – in Übereinstimmung mit Eisenhower – am 6. Januar direkt an Stalin. Er sprach die Hoffnung aus, Stalin werde in der Lage sein, die Ostfront wieder zu aktivieren, die – ausgenommen Operationen auf dem Balkan – sich seit September in einem Ruhestand befunden hatte. „Die Kämpfe im Westen sind sehr schwer!" erklärte Churchill. Stalin erwiderte sofort, daß die vorbereitete sowjetische Offensive nun ungeachtet der schlechten Witterungsbedingungen beschleunigt beginnen werde, und zwar „nicht später als in der zweiten Hälfte des Januar".

Stalin hielt Wort. Er ließ Konjew durch General Antonow am 9. Januar telefonisch Befehl erteilen, die Offensive am 12. statt am 20. Januar zu beginnen. Konjew stellte keine Fragen. Er sagte, er würde den neuen Termin einhalten. Wie befohlen, begann auch seine 1. Ukrainische Front am 12. aus dem Weichselbrückenkopf bei Sandomir vorzustoßen. Sein Ziel war Breslau.

Die 2. Weißrussische Front unter Rokossowski ging am 13. Januar zum Angriff über. Ihr Ziel, ebenso wie jenes der 3. Weißrussischen Front war es, die deutschen Streitkräfte aus Ostpreußen zu verdrängen und sie von Ostpommern, Danzig und Gdingen abzuschneiden.

Schukows 1. Weißrussische Front ging am 14. Januar zur Offensive über. Sie drängte nach Westen über die Weichsel auf ihre ursprünglichen Ziele, auf Lodz und Posen, zu. Am 17. standen die 1. Weißrussische und die 1. Ukrainische Front Schulter an Schulter. Eingeschlossene und zerschlagene deutsche Einheiten waren überall hinter den rasch vordringenden sowjetischen Panzern zurückgeblieben. Warschau, Lodz, Bromberg fielen. Am 30. Januar sollte Konjew bis zur Oder vorgedrungen sein. Am 25. Januar schloß Schukow starke deutsche Verbände bei Posen ein und erreichte, in enger Zusammenarbeit mit Konjew, Jarotschin.

Schukows wie Konjews Truppen waren der Planung weit voraus, und es gab deutliche Anzeichen dafür, daß zwischen beiden ein Wettlauf nach Berlin stattfinden werde. Die Deutschen – Hitler war mit der alliierten Offensive im Westen beschäftigt – zogen sich in zunehmender Unordnung zurück.

Stalin fragte am 25. Januar bei Schukow an, was er als nächstes plane. Schukow berichtete, die Deutschen seien demoralisiert und könnten kaum mehr ernsthaften Widerstand leisten. Er schlug vor, auf die Oder vorzustoßen und den Versuch zu machen, bei Küstrin, etwa 80 Kilometer von Berlin entfernt, einen Brückenkopf zu bilden. Sein rechter Flügel würde im Norden gegen die Deutschen im östlichen Pommern vorgehen. Er glaubte nicht, daß diese deutschen Verbände eine Bedrohung darstellten.

Stalin betonte, daß Schukow, wenn er an die Oder gelange, dann etwa 150 Kilometer von Rokossowskis 2. Weißrussischer Front entfernt sein werde und daß dies eine zu große Lücke sei. Er werde eine Pause von 10 bis 15 Tagen einschalten müssen, damit Rokossowski nachziehen könne. Dennoch bekam Schukow Erlaubnis von Stalin, seine Offensive fortzusetzen. Er hatte darauf hingewiesen, daß es später viel schwieriger sein werde, denn dann würden die Deutschen eine Chance erhalten haben, ihre Verteidigung zu verstärken. Er verlangte auch selbst Verstärkung durch eine weitere Armee, um seine rechte Flanke zu schützen, also seine Verbindung mit Rokossowski. Stalin meinte, er werde sich das überlegen.

Schukows Truppen brachen nun in die befestigte Zone bei Meseritz ein und fanden sie nur teilweise bemannt vor. Der Marschall befahl, mit aller Geschwindigkeit zur Oder vorzustoßen und Brückenköpfe zu sichern. Seine Hauptstreitkräfte wurden von der 1. und 2. Gardepanzerarmee, der 5. Stoßarmee und dem größeren Teil der 8. Gardearmee – kommandiert von General Tschuikow – und verschiedenen anderen Verbänden gebildet. Schukow ließ eine weitere Armeegruppe nach Norden rücken, um die Verbindung mit Rokossowski aufrechtzuerhalten, und stellte eine Armee zur Liquidierung des Kessels bei Posen ab.

Sowjetsoldaten haben das Schild „Achtung, Reichsgrenze" verkehrt in die Erde gerammt.

Eine Panzereinheit der Roten Armee fährt durch eine deutsche Kleinstadt in der Nähe von Berlin, vorbei an den Leichen deutscher Soldaten.

Am selben Tag, dem 26. Januar, gelangte Schukow zu der Überzeugung, daß die Deutschen nicht imstande sein würden, die Oder zu halten. Er betonte Stalin gegenüber, daß er am 30. Januar nahe der Oder stehen werde und schlug vor, am 1. Februar die Offensive mit aller Kraft fortzusetzen, die Oder ohne zu halten zu überschreiten und dann rasch auf Berlin vorzustoßen (nur 60 Kilometer entfernt) und die Stadt, wenn möglich, vom Norden, Nordwesten und Nordosten her zu umgehen. Seine Empfehlungen wurden von Stalin am 27. Januar gutgeheißen.

Schukow teilte dem Generalstab mit, daß er am 26. Januar halten werde, um den Nachschub heranzubringen, dann aber die Offensive am 1. und 2. Februar mit der 2. Gardepanzerarmee und der 1. Polnischen Armee als Vorhut wieder aufnehmen, die Oder überqueren und mit einem blitzschnellen Stoß nach Berlin vordringen wolle. Die 2. Gardearmee sollte vom Nordwesten, die 1. Gardepanzerarmee vom Nordosten her zuschlagen.

Am nächsten Tag, dem 27. Januar, berichtete Konjew an Stalin, daß er ohne Pause vorwärtsdringe und am 5. und 6. Februar den Angriff führen werde, der seine Truppen an die Elbe bringen sollte (dies war die zwischen Sowjets und US-Truppen vereinbarte Demarkationslinie). Währenddessen werde sein rechter Flügel, in Zusammenarbeit mit Schukow, Berlin erobern.

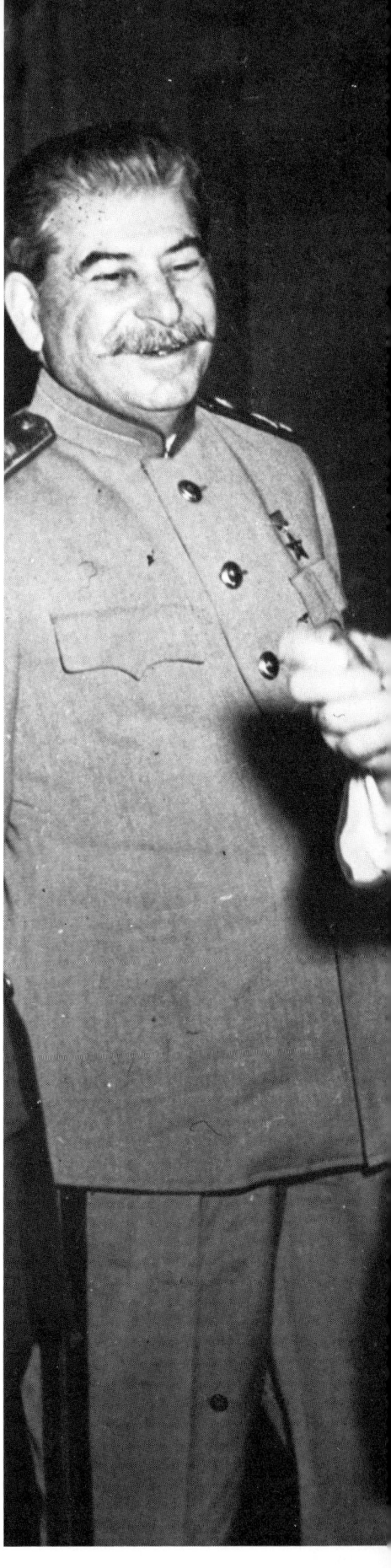

General Schtemenko erinnert sich: „Beide Fronten hatten sich das Ziel gesetzt, Berlin, ohne innezuhalten, zu nehmen."

Es gab jedoch ein Detail der Pläne, sowohl Schukows als auch Konjews, das dem Generalstab Sorge machte. Stalin hatte Berlin Schukow zugeteilt. Konjew sollte in dessen Gebiet nicht wildern. Stalins Plan sah für Konjew vor, südlich an Berlin vorbeizustoßen. Auf Grund der Weisungen Stalins hätte es keinerlei Möglichkeit für Konjew gegeben, ebenfalls einen Angriff auf Berlin zu unternehmen.

All dies war dem Generalstab wohl bekannt, auch die Pläne der beiden Marschälle. Nichtsdestoweniger stimmte der Generalstab sowohl Schukows als auch Konjews Planungen zu, die beide einen Angriff auf Berlin vorsahen, wie auch die Abgrenzung zwischen beiden Fronten, gemäß der Theorie, „daß wir imstande sein werden, diesen Unsinn in irgendeiner Weise im Verlauf der Operation zu korrigieren".

Schukow beriet sich wiederholt mit Stalin. Am 31. Januar forderte er von Stalin, dieser solle Rokossowski befehlen, seine 7. Armee sofort vorrücken zu lassen, um die Lücke an Schukows rechter Flanke aufzufüllen. Er verlangte ferner, daß Konjew den Befehl erhalten solle, so rasch als nur möglich an die Oder vorzugehen.

Schukow erklärte seinen Befehlshabern, daß die Deutschen über keinerlei Kräfte mehr verfügten, um irgendwelche wirksame Gegenangriffe zu führen. Sie besaßen auch keine durchlaufende Verteidigungslinie mehr. Er gab Weisung, in den nächsten sechs Tagen (also ab dem 4. Februar) jede nur irgend mögliche Nachschubmenge, vor allem einen doppelten Vorrat an Munition und Treibstoff, heranzubringen, um sich für den Angriff zur Einnahme von Berlin am 15. und 16. Februar vorzubereiten. Zwischen dem 4. und dem 8. Februar sollte eine Reihe von Brückenköpfen über die Oder errichtet werden, in Vorbereitung darauf, daß sich die „entscheidende Phase der Operation" am 9. oder 10. Februar entwickeln werde.

Wie Schukow in seinen Erinnerungen berichtet, stimmte schließlich Stalin dieser Einschätzung der Lage zu, bestand aber darauf, daß die 1. Weißrussische Front ihre rechte Flanke ohne zusätzliche Kräfte sichern müsse.

Alles wies darauf hin, daß der Wettlauf nach Berlin bereits begonnen hatte. Schukows Truppen errichteten bei Küstrin am 3. Februar einen Brückenkopf über die Oder.

Stalin und Churchill im Gespräch: Jalta-Konferenz auf der Halbinsel Krim. Februar 1945.

Die Aufmerksamkeit der Welt begann sich auf den sowjetischen Vormarsch zu richten. In der „New York Times" hieß es am 30. Januar, das Schicksal Berlins scheine besiegelt. Am nächsten Tag berichtete sie, die Rote Armee sei nun um 30 Kilometer näher an Berlin herangerückt. Am 2. Februar war die Bedrohung Berlins bereits so groß geworden, daß es zur Festung erklärt wurde. Die Rote Armee sollte sich an diesem Tag nur 100 Kilometer von der deutschen Hauptstadt entfernt befinden.

Am 3. Februar begann die große Konferenz der Alliierten in Jalta. Noch einmal trafen Churchill, Roosevelt und Stalin zusammen, um den Verlauf des Krieges festzulegen und wohl auch die Planung der Gestalt und das Schicksal der künftigen Welt. Jeder der drei wußte, daß der Krieg gewonnen war. Jedem ging es darum, wie die Nachkriegswelt aussehen werde. Für Churchill bedeutete das vor allem die Zukunft Europas und das Überleben des britischen Empires. Er war nicht, wie er sagte, Premierminister des Königs geworden, um den Vorsitz bei der Auflösung des Britischen Empire zu führen, doch wußte er schon, daß das England der Nachkriegszeit sehr viel schwächer sein werde. Ein Großteil des Empire würde wahrscheinlich verlorengehen. Schritt um Schritt verlor Churchill auch seinen Kampf, Großbritannien, so viel Einfluß und Macht in Europa als möglich zu erhalten. Gleichzeitig versuchte er, das Vordringen der Russen soweit als möglich einzuschränken.

Roosevelts erste Sorge war, nachdem der Krieg in Europa zu einem siegreichen Abschluß gekommen war, die Niederlage Japans herbeizuführen. Er und seine militärischen Berater schauderten vor dem Gedanken an die Hunderttausende amerikanischer Tote, die ein Kampf, um das hartnäckige Japan zu besiegen, vielleicht noch kosten würde. Er wollte um jeden Preis die Hilfe Stalins gegen Japan erreichen. Ebenso dachten auch seine Generäle. Roosevelt wußte, daß er dafür einen Preis werde zahlen müssen.

Sowohl Churchill als auch Roosevelt machten sich Sorgen, daß Stalin, was Osteuropa anlangte, immer weniger Rücksicht auf seine Verbündeten nehmen werde. Beiden war klar, daß Stalin entschlossen war, sich in Polen von niemandem dreinreden zu lassen. Churchill gab sich damit mehr oder weniger zufrieden, in der Hoffnung, in anderen Teilen Osteuropas wenigstens einen gewissen Einfluß zu behalten. Roosevelt glaubte, es gäbe noch Raum für diplomatische Manöver. Wie gewöhnlich begriff Churchill weit besser, wie sehr Stalin in jüngster Zeit die Rote Armee dazu benutzte, um auf dem Balkan nach seinem Gutdünken zu schalten. Roosevelt war bereit, Demarkationslinien zu akzeptieren, die es der Roten Armee ermöglichten, allein Berlin zu erobern. Churchill bedauerte diese Entscheidung. Ihm war ebenso wie Stalin klar, welche symbolischen und politischen Konsequenzen ein solches Ereignis haben würde.

Die drei Männer spielten um sehr hohe Einsätze. Stalin mißtraute den westlichen Alliierten mehr und mehr; er glaubte, das Spiel Churchills zu durchschauen. Er wußte, daß es im Westen starke Kräfte gab, die den Russen gerne den ihnen zustehenden Teil der Beute verwehrt hätten. Er war entschlossen, dafür zu sorgen, daß Rußland in dieser Auseinandersetzung so gute Karten als möglich haben sollte.

Die Konferenz begann am 3. Februar. Stalins Armeen standen vor Berlin. Die Pläne zu dessen Einnahme waren fertig. Die Befehle waren erteilt. Die Befehlshaber trieben ihre Truppen voran. Sie glaubten, daß Berlin innerhalb von zehn Tagen fallen werde und das Treffen von Jalta kaum zu Ende sein werde, wenn die rote Fahne über Berlin wehe.

Es war ein schwieriger Moment für Stalin – er mußte seine Stärke maximal ausnützen und sein Schwächen minimalisieren, um dem Westen so viel als möglich abzupressen, so lange er stark war und der Westen seine Kriegsziele noch nicht erreicht hatte. Zweifellos litt Stalin unter einer Art Paranoia, einem Einschlag von Größenwahn. Er war überdies umgeben von einem Hofstaat

eifersüchtiger Favoriten, die um seine Gunst rivalisierten und für sich Vorteile erzielten, indem sie seinen Argwohn nährten, was niemals eine schwierige Aufgabe war.

Der Beginn der Konferenz von Jalta wurde von einem Maximum an Propaganda begleitet. Roosevelt und Churchill kamen jeder in seinem Flugzeug aus Malta und landeten auf dem Flugplatz von Saki auf der Krim. Molotow empfing und bewirtete sie in einem Zelt; es gab Champagner, Kaviar, Stör, frisches Brot und Butter, Käse und hartgekochte Eier. Um nach Jalta zu kommen, mußte man eine Sechsstundenfahrt über Bergstraßen in Kauf nehmen, deren Haarnadelkurven noch dazu von den sich zurückziehenden Deutschen an allen möglichen Stellen in die Luft gesprengt und nun für das Treffen hastig repariert worden waren.

Präsident Roosevelt wohnte in dem Livadia-Palast, der 50 Räume aufwies und für Zar Nikolaus II. nur sechs Jahre vor dessen Sturz erbaut worden war, ein Zwei-Millionen-Rubel-Schloß aus Marmor und Gips. Es war mit Teppichen und Möbeln, die man rasch aus Moskaus Hotel „Metropol" herbeigeflogen hatte, eingerichtet worden. Churchill war im Worontsew-Palast untergebracht. Wanzen waren dort allerdings ein Problem. Die Kellner und das Küchenpersonal kamen aus dem Moskauer Hotel „National". Stalin wohnte in der hübschen Koreis-Villa, die einst der Familie des Fürsten Jussupow gehört hatte.

Sogleich nach Konferenzbeginn nahmen Stalin und dessen militärische Ratgeber Roosevelt, Churchill und General Marshall ins Kreuzverhör über die militärische Situation im Westen, die Aussichten der alliierten Offensivaktionen, die Zahl der dort gebundenen deutschen Divisionen, die Wahrscheinlichkeit, daß die Deutschen Divisionen aus Italien oder Norwegen nach dem Osten verlegen könnten und wann ihrer Meinung nach der Krieg enden werde. (Die häufigste Annahme war der Herbst 1945.)

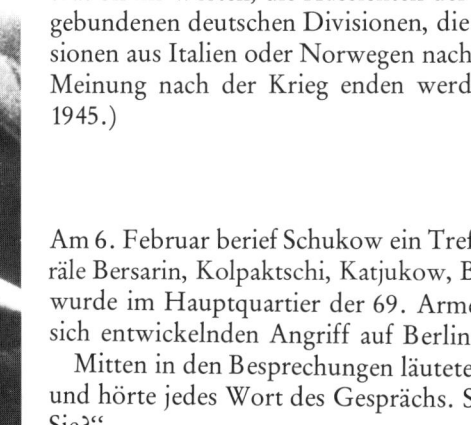

Am 6. Februar berief Schukow ein Treffen seiner führenden Befehlshaber, der Generäle Bersarin, Kolpaktschi, Katjukow, Bogdanow und Tschuikow, ein. Die Konferenz wurde im Hauptquartier der 69. Armee abgehalten, und die Diskussion betraf den sich entwickelnden Angriff auf Berlin.

Mitten in den Besprechungen läutete das Telefon. Tschuikow saß neben Schukow und hörte jedes Wort des Gesprächs. Stalin rief an. Er sagte: „Wo sind Sie, was tun Sie?"

„Ich bin in Kolpaktschis Hauptquartier, alle Befehlshaber der Armeen der Front sind hier versammelt, wir planen die Operation gegen Berlin."

„Sie verschwenden Ihre Zeit. Nach einer Sicherung der Oder müssen Sie so starke Kräfte als nur möglich nach Norden gegen Pommern werfen, um zusammen mit Rokossowski die Heeresgruppe Weichsel des Feindes zu vernichten."

Schukow wurde angewiesen, seine Pläne für dieses Unternehmen so bald als möglich vorzulegen.

Tschuikow erinnert sich, diese Weisungen Stalins seien für Schukow eine offensichtliche Überraschung gewesen. Sobald er sein Gespräch mit Stalin beendet hatte, brach Schukow die Konferenz mit seinen Befehlshabern ab, ja er speiste mit ihnen nicht einmal zu Abend, sondern verließ den Konferenzort, um sich in sein eigenes Fronthauptquartier zu begeben. Der Angriff zur Eroberung Berlins war abgebrochen.

Was war geschehen? Schukows Armeen hatten in zehn Tagen 500 bis 600 Kilometer Bodengewinn erzielt. Der Widerstand war geradezu null gewesen. Die Sowjettruppen standen an einem bestimmten Punkt weniger als 70 Kilometer von Berlin entfernt; sie hatten Brückenköpfe über die Oder erobert. Die Armeen waren zur letzten Offensive bereit. Einige hatten sogar schon begonnen. Konjews Truppen stießen mit Elan vorwärts. Schukows und Konjews Angriffstruppen stand keinerlei organisierte Verteidigung gegenüber, und es gab auch kaum eine Chance, daß die geschlagenen Deutschen noch eine Widerstandslinie aufbauen konnten. Alle Zeichen deuteten darauf hin, daß das Chaos auf deutscher Seite immer größer wurde und nicht mehr aufzuhalten war. Das Dritte Reich lag in den letzten Zügen. Nach Ansicht kompetenter Experten konnte Hitler kaum die Mitte des Februar überstehen.

Aber plötzlich geriet die mächtige sowjetische Militärmaschine ins Stocken. Stalin drehte seine Armeen nach Norden und Süden: Im Norden, um Pommern und Ostpreußen zu säubern, und im Süden, um mit den Deutschen in Schlesien, Österreich und der Tschechoslowakei aufzuräumen. Was ging vor? Das ist tatsächlich die Frage, die von dem sehr kritischen Tschuikow noch zwanzig Jahre später gestellt wurde:

Oben links: General Tschuikow und sein Stab in Deutschland. Darunter: Schukow beim Kartenstudium während des Vordringens auf Berlin.
Unten: Marschall Konjew (Mitte) vor Berlin.

„Im Februar 1945 gab es nicht einmal eine Spur jener Verteidigungskräfte, die uns auf den Zugängen nach Berlin im April entgegentraten", sagte Tschuikow. „Außerdem war der Feind außerordentlich entmutigt. Die Aussagen vieler führender Militärs einschließlich jener des Generalstabschefs Guderian sind überzeugende Beispiele dafür, wie katastrophal die Situation für die Deutschen im Abschnitt Berlin Anfang Februar war."

Die Frage, warum der Vormarsch auf Berlin abgebrochen wurde, ist zuerst „halböffentlich" auf einer Konferenz der sowjetischen Befehlshaber in Berlin erhoben worden, die kurz nach Ende des Krieges stattfand. Man ging der Frage damals nicht weiter nach, weil sie offensichtlich eine Kritik des obersten Befehlshabers Stalin enthielt, und das war eine undenkbare Sache. Aber daß überhaupt die Angelegenheit erwähnt wurde, zeigt doch sehr klar, daß sie in den Köpfen der sowjetischen Militärs sehr real vorhanden war.

Als dann 1964 Tschuikow die Frage aufwarf, war in der Sowjetunion Chruschtschow noch an der Macht, und Kritik an der militärischen Führung durch Stalin im Krieg wurde nicht nur gestattet, sondern sogar ermutigt. Auch Kritik an Schukow, der damals gerade in Ungnade gefallen war, war ebenfalls gestattet. Aber ein paar Wochen nach dem Erscheinen von Tschuikows Artikel, in dem er Stalin kritisiert und gefragt hatte, warum Schukow die Entscheidung Stalins widerspruchslos hingenommen habe, wurde Chruschtschow gestürzt, und bei dem neuen Machthaber Breschnew war Schukow wieder in Gnade.

Schukow veröffentlichte bald einen polemischen Artikel, in dem er Tschuikow widersprach, ihm aber tatsächlich in manchen Punkten auch recht gab. Konjews Ansicht zu diesem besonderen Problem ist niemals veröffentlicht worden. Die offizielle Meinung lautet, daß Tschuikow sich einfach irrte, daß er weder die militärische Situation verstanden noch etwas von der großen Stärke der Deutschen gewußt habe, die verhältnismäßige Schwäche der sowjetischen Streitkräfte, deren Mangel an Nachschub usw. usw. nicht kannte.

Allerdings können diese Argumente nicht überzeugen.

Tschuikow bleibt aber hartnäckig: „Bis zum heutigen Tag verstehe ich nicht, warum Marschall Schukow als Erster Stellvertretender Oberster Befehlshaber und als jemand, der die Situation sehr gut kannte, nicht versucht hat, Stalin von der Notwendigkeit zu überzeugen, die Offensive gegen Berlin statt gegen Pommern zu führen. Dies um so mehr, als Schukow mit dieser Ansicht nicht alleingestanden wäre. Er wußte sehr wohl, wie die Stimmung der Offiziere und der Truppen war. Warum stimmte er dann Stalin ohne Wimpernzucken zu?"

Die Antwort ist schwer zu finden. Manche meinen, daß Schukow sich fügte, weil Stalin ihm die Eroberung Berlins versprochen hatte und er sich diese Ehre durch Widerspruch nicht entgehen lassen wollte. Warum aber Stalin die sonderbare Entscheidung traf, dafür gibt es überhaupt keine klare Antwort. Wahrscheinlich ist sie irgendwo in der Politik des Kremls, höchstwahrscheinlich in der Jalta-Politik zu finden. Irgendeine Erklärung Roosevelts oder Churchills mag Stalin – der ohnehin dem Entschluß, sofort auf Berlin vorzustoßen, mit schwankenden Gefühlen gegenüberstand – davon überzeugt haben, daß es zu seinem Vorteil sein werde, ein wenig zu warten und andere Angelegenheiten vorher zu erledigen.

Eine Sache jedenfalls war klar: Die Eroberung Berlins sollte nach demselben merkwürdigen Muster erfolgen wie jene aller anderen europäischen Hauptstädte: Warschau, Bukarest, Sofia, Budapest, Wien und Prag. Belgrad und Tirana sind etwas andersliegende Fälle, weil bei ihrer Wiedereroberung die Partisanenbewegungen in Jugoslawien bzw. Albanien eine Hauptrolle spielten. Das erwähnte Muster sieht so aus: Ein Vordringen der Roten Armee bis zu der Umgebung der Hauptstadt und dann eine Pause für eine manchmal recht lange Zeit, in deren Verlauf politische Überlegungen angestellt und Lösungen ausgearbeitet werden. Solche Pausen führen jedoch regelmäßig zu außerordentlich hohen Verlusten der Sowjettruppen und üblicherweise zur Zerstörung der betreffenden Hauptstadt. Berlin sollte keine Ausnahme bilden.

Rechts: Ein sowjetischer Artilleriekommandant, der trotz Kopfverletzung auf seinem Posten ausharrt.

Die Ruinen des Reichstagsgebäudes in Berlin, Mai 1945.

XIX. Die letzten Tage von Berlin

Am 1. April 1945 fand im Kreml-Büro Stalins eine Konferenz statt, zu der der sowjetische Diktator seine obersten militärischen Befehlshaber, Marschall Iwan S. Konjew und Giorgi K. Schukow, einberufen hatte. Sie saßen an dem langen Tisch unter den Porträts der großen Helden des Krieges gegen Napoleon, der Marschälle Suworow und Kutusow.

Außer Stalin, Schukow und Konjew nahmen an den Besprechungen auch die Mitglieder des Staatsverteidigungskomitees teil, unter ihnen Außenminister Molotow, Parteisekretär Malenkow, Anastasij Mikojan, der Generalstabschef A. I. Antonow und der Chef der Operationsabteilung, General Semjon M. Schtemenko.

Stalin eröffnete die Besprechungen, indem er Schtemenko ein Telegramm verlesen ließ, in dem berichtet wurde, daß die Angloamerikaner unter dem Befehl des Feldmarschalls Montgomery eine Streitmacht zusammenstellten, die nördlich der Ruhr vorstoßen und Berlin einnehmen solle. Der Absender dieses „Telegramms" ist von keiner sowjetischen Publikation jemals angegeben worden. Schukow sagte, daß es von einem „ausländischen Freund" kam.

Das Unternehmen, so hieß es, werde so rasch als möglich durchgeführt werden. Zwar hatte man in Jalta die Elbe als Demarkationslinie zwischen Amerikanern und Briten einerseits und den Sowjets andererseits festgelegt, doch war es für die westlichen Alliierten – falls sie das wollten – technisch durchaus möglich, Berlin zu erobern. Premierminister Churchill hatte sich für eine solche Lösung eingesetzt, aber es waren diesbezüglich keinerlei Pläne entworfen worden. Ob Stalin an den erwähnten Bericht glaubte, läßt sich heute nicht mehr sagen. Alles, was man weiß, ist, daß er so tat, als ob er es täte und viele seiner Befehlshaber überzeugt waren, die westlichen Alliierten könnten wirklich einen solchen Versuch, die Hauptbeute des Krieges an sich zu reißen, unternehmen.

Nachdem Schtemenko das Telegramm verlesen hatte, wandte sich Stalin an Schukow und Konjew und fragte:

„Nun, wer wird also Berlin erobern, wir oder die Alliierten?"

Konjew antwortete sofort. Er sagte, die Russen würden Berlin erobern und noch vor den Alliierten dort sein.

Stalin meinte dazu mit einem Grinsen: „So, das liegt euch also am Herzen. Aber wie werdet ihr imstande sein, die entsprechende militärische Konzentration dafür aufzubauen? Eure Hauptkräfte stehen an der südlichen Flanke. Offensichtlich müßt ihr erst eine große Umgruppierung durchführen."

Sowohl Konjew als auch Schukow versicherten Stalin, daß sie jederzeit zum Angriff auf Berlin in der Lage seien. Das war eine Zusicherung, die beide sozusagen selbstverständlich abgaben, denn seit genau zwei Monaten hatten sie sich ja nichts sehnlicher gewünscht, seit dem Zeitpunkt, als Stalin das Unternehmen Berlin auf Eis gelegt hatte.

Für jedermann war es klar, daß Stalin mit voller Absicht den Ehrgeiz seiner beiden führenden Militärs anstachelte. Innerhalb von 24 Stunden legten beide unabhängig voneinander Pläne für die Einnahme Berlins vor. Das Unternehmen sollte am 16. April beginnen. Stalin hatte die alte Demarkationslinie, die Konjew immer noch davon abhielt, Berlin direkt anzugreifen, aufrechterhalten. Immer noch war die Ehre für Schukow reserviert.

Aber Stalin gab einen Hinweis auf eine Veränderung in seinen Überlegungen. Er zeichnete auf einer Karte die Demarkationslinie zwischen Konjews und Schukows Truppen ein, aber sein Bleistift hielt bei Lübben inne, im Spreewald, etwa 70 Kilome-

173

ter südöstlich von Berlin. Hätte er die Linie über diesen Ort hinaus fortgesetzt, so würde Konjew südlich und westlich von Berlin abgelenkt worden sein. So aber hob Stalin seinen Bleistift bei diesem Punkt von der Karte und sagte nichts. Sowohl Konjew als auch Schukow dachten, die Bedeutung zu verstehen. Lübben war der Punkt, den Konjew am dritten Tag der Operationen erreichen sollte. „Von diesem Punkt an", so meinte Konjew, „wurde stillschweigend angenommen, daß die Frontbefehlshaber nach eigener Initiative handeln konnten."

Konjew war der Meinung, daß dies bedeute, der Angriff auf Berlin sei eine Art Wettlauf. Er jedenfalls wollte ihn nicht verlieren, aber ebenso auch nicht Schukow. Beide Männer eilten in ihre Hauptquartiere zurück, um alles vorzubereiten. Konjew flog zwei Minuten nach Schukow vom Moskauer Zentralflughafen ab.

Die Ansicht Konjews und Schukows war die richtige. Ein wenig später sagte Stalin im Hauptquartier zu Schtemenko und Antonow: „Wer immer Berlin als erster erreicht – lassen wir es ihn erobern!"

Schukow überließ nichts dem Zufall. Er hielt zwischen dem 5. und 7. April eine Konferenz seiner Befehlshaber ab, bei der er die Schlußoperation mit Karten und Modellen noch einmal durchspielte. Die Nachschubdienste mußten alle Anforderungen für Material noch einmal nachprüfen, um sicher zu sein, daß in letzter Sekunde nicht irgendein Mangel an Treibstoff oder an Munition entstand. Vom 8. bis zum 14. April wurden auf den unteren Ebenen Stabskriegsspiele durchgeführt. Schukow entschloß sich, seinen Angriff zwei Stunden vor der Morgendämmerung zu beginnen, dabei 140 Scheinwerfer einzusetzen, um das Schlachtfeld zu erhellen.

Durch zwei Tage vor dem Angriff, am 14. und 15. April, ließ Schukow an der Front bewaffnete Aufklärung durchführen. Jeder Sektor wurde genau abgetastet, um die Feuerpositionen, die Verteidigungsstellungen und die Stärke des Gegners genau

Vernichtete Panzer und Geschütze nach dem Kampf um eine Brücke über die Spree in Berlin.

zu bestimmen. Die Deutschen erkannten, daß dies das Vorspiel zu einer allgemeinen Offensive war.

Schukow setzte Tschuikows 8. Gardearmee an die Spitze des Rammblocks, der auf Berlin zielte. Zu Tschuikows Unterstützung setzte er die 1. Gardepanzerarmee unter General M. J. Katukow ein. Auf einer schmalen Front konzentrierten die Russen 68 Infanteriedivisionen, 3155 Panzer und 42.000 Geschütze, um den Durchbruch zu erzielen. 23 Pontonbrücken wurden geschlagen und 25 Fähren eingerichtet, um die Oder zu überschreiten.

Um 3 Uhr am Morgen des 16. April begab sich Schukow zu Tschuikows Befehlsstand. Sein Stellvertreter, General K. F. Telegin, begleitete ihn. Gegen 4.45 Uhr servierte ein junges Mädchen namens Margo sehr starken, heißen Tee in Gläsern. Drei Minuten vor dem Beginn des Sperrfeuers um 5 Uhr früh verließen die Generäle Tschuikows Unterstand und nahmen ihre Plätze auf einem mit Sandsäcken geschützten Beobachtungsposten ein.

Um 5 Uhr begann das Feuer aus Tausenden Geschützen. Katjuscha-Raketen füllten die Luft 30 Minuten hindurch mit dem Donner eines Weltuntergangsgewitters. Um 5.30 Uhr explodierten Tausende von Leuchtkugeln am Himmel, und 140 starke Scheinwerfer, je 200 Meter voneinander entfernt, wurden eingeschaltet und beleuchteten das Schlachtfeld mit mehr als 100 Milliarden Kerzenstärken, um – wie man erwartete – den Feind zu blenden. Tatsächlich blendeten die Scheinwerfer jedermann. Sie wurden an- und abgeschaltet, man verwirrte dadurch die eigenen Beobachter.

„Die Scheinwerferstrahlen trafen auf einen festen Vorhang aus Pulverdampf, Rauch, Staub und aufgewirbelter Erde", beobachtete Tschuikow. „Sie konnten bestenfalls diesen Vorhang für 150 bis 200 Meter durchdringen, aber nicht mehr. Von meinem Befehlsstand (demselben, von dem auch Schukow die Szene beobachtete), der in etwa 40 Meter Höhe lag und einige 100 Meter entfernt von der Reihe der Scheinwerfer, konnten wir das Schlachtfeld nicht beobachten."

Tschuikow fügte trocken hinzu: „Unter wirklichen Teilnehmern dieser Kämpfe wird man kaum jemanden finden, der an dieser ‚neuen Waffe' irgendwelche Vorteile loben wird."

Andererseits nannte Schukow es „einen ungeheuer faszinierenden und eindrucksvollen Anblick". Er sagte, daß er niemals zuvor in seinem Leben etwas Ähnliches empfunden habe. Natürlich; die Scheinwerfer waren seine eigene Idee.

Nun rollten die Panzer vorwärts, gefolgt von der Infanterie. Bei Tagesanbruch hatten die Russen die ersten Verteidigungslinien durchbrochen. Die zwei Monate, in denen sie auf Befehl Stalins Gewehr bei Fuß gestanden waren, hatten die Deutschen genützt, um ihre Verteidigungsanlagen außerordentlich zu verstärken. Was im Februar eine offene Straße gewesen wäre, war nun mit zehntausenden Minen verseucht. Betonierte Maschinengewehrstände, Panzerfallen, Panzerhindernisse, Stacheldraht und jedes nur denkbare Hindernis waren errichtet worden.

Niemals zuvor ist im Zweiten Weltkrieg Artillerie in so großem Ausmaß eingesetzt worden. Es ähnelte der gewaltigen Konzentration an der Somme oder bei Ypern im Ersten Weltkrieg: 1,236.000 Granaten am ersten Tag, 2450 Eisenbahnwaggons an Munition, fast 100.000 Tonnen Metall, 6550 Luftangriffe.

Trotz der Tiefenstaffelung der deutschen Verteidigungsanlagen drang Schukow in den ersten Stunden 6 bis 10 Kilometer vor und stieß auf die Zugänge zu den Höhen bei Seelow vor, wo die Deutschen ebenfalls tiefgestaffelte Verteidigungsstellungen eingerichtet hatten. Diese Positionen zu verteidigen, hatten die Deutschen zusätzliche Streitkräfte aus Berlin herangebracht. Gegen 13 Uhr wurde es Schukow klar, daß er den Angriff auf die Hügelstellungen bei Seelow verstärken werde müssen. Er ließ die Panzertruppen der Generäle Katukow und Bogdanow vorstoßen und konnte beobachten, daß sie die äußeren Verteidigungslinien durchbrachen. Er erwartete die Eroberung der Hügelstellungen für den Abend des 17. April.

Stalin wußte sofort seinen Ehrgeiz entsprechend zu reizen: Konjew war zur selben Stunde wie Schukow angetreten und hatte unter einem Rauchvorhang gegen 6.55 Uhr die Neiße überschritten. Innerhalb von 50 Minuten hatten seine Truppen leichte Pontonbrücken gebaut, in zwei Stunden Brücken für mittelschwere Panzer und in vier oder fünf Stunden Brücken für die schweren Woroschilow-Ungeheuer.

Er war doppelt so weit wie Schukow in die deutschen Verteidigungsstellungen eingebrochen.

Stalin teilte Schukow diese Neuigkeiten mit und sagte ihm, er solle seine Sturzbomber einsetzen, um den Panzern bei der Eroberung der Höhen bei Seelow zu helfen. Am Abend solle er ihn wieder anrufen.

Als dann Schukow am Abend anrief, kritisierte Stalin den Einsatz der Panzer und fragte Schukow: „Sind Sie einigermaßen sicher, daß Sie wenigstens morgen die Seelow-Höhen erobern werden?"

Stalins Bemerkung erregte Schukow, aber er bemühte sich, die Ruhe zu bewahren und versicherte, daß er noch am nächsten Tag die Höhen überwinden werde. Stalin sagte ihm dann, er denke daran, Konjew auf Berlin einschwenken zu lassen und Rokossowski und dessen 2. Weißrussische Front gegen die Zugänge Berlins vom Nordosten her einzusetzen. Schukow erinnert sich, Stalin gesagt zu haben, Konjew müßte imstande sein, vom Süden her vorzugehen, er glaube aber nicht, daß Rokossowski rechtzeitig in Aktion treten könne, um noch viel zu bewirken.

Den Erwartungen Stalins entsprechend, verdoppelte Schukow nun seine Anstrengungen, und es gelang ihm, im Verlauf des 17. April, an verschiedenen Punkten bei Seelow durchzubrechen. Am nächsten Morgen waren die gesamten Höhen genommen.

Schukow übermittelte an diesem Tag Stalin die Aussage eines deutschen Gefangenen, die deutschen Truppen hätten Befehl erhalten, bis zum letzten gegen die Russen zu kämpfen, selbst wenn dies bedeute, die Amerikaner hinter den deutschen Linien vorgehen zu lassen.

Nachdem Stalin die gute Nachricht erhalten hatte, wonach Schukow der Durchbruch bei den Seelower Höhen gelungen war, sandte er ihm eine Botschaft, er möge

Sowjetische Infanterie, unterstützt von Sturmgeschützen, im Angriff auf deutsche Stellungen.

solche Gerüchte von deutscher Seite ignorieren. Hitler, so betonte er, versuche nur einfach, „ein Spinnennetz um Berlin zu legen, um zwischen den Russen und ihren Verbündeten Unfrieden zu säen".

„Was jetzt zu geschehen hat", erklärte er, „ist, dieses Netz durch die Eroberung Berlins zu zerstören. Wir können es tun, und wir müssen es tun", fügte er hinzu.

An diesem Tag hatte Konjew seinen Befehlsstand in einem alten Schloß an der Spree eingerichtet. Er hatte seinen Vormarsch erfolgreich fortgesetzt und rief nun Moskau an, um Stalin zu berichten. Noch bevor er seinen Bericht beenden konnte, unterbrach Stalin ihn und sagte: „Schukow tut sich ziemlich schwer. Er hämmert noch immer gegen die Verteidigungsstellungen."

Nach einem Augenblick des Schweigens fügte Stalin hinzu: „Ist es möglich, die beweglichen Streitkräfte Schukows abzuziehen und sie durch die Lücke an Ihrer Front gegen Berlin zu schicken?"

Natürlich wollte Konjew seine Front nicht Schukow überlassen. Er sagte, er habe genügend Truppen und Panzer, um diese Lücke selbst zu nützen. Er könne mit Leichtigkeit zwei Panzerarmeen in Richtung auf Berlin vorgehen zu lassen. Sie könnten, so sagte Konjew, bei Zossen etwa 25 Kilometer südlich von Berlin einschwenken, wo, wie er und Stalin wußten, der deutsche Generalstab sein Hauptquartier hatte.

„Sehr gut", sagte Stalin, „ich stimme zu. Lassen Sie also Ihre Panzerarmeen auf Berlin schwenken."

Das war das Ende des Gesprächs. Damit hatte das direkte Wettrennen nach Berlin zwischen Konjew und Schukow begonnen.

*Oben: Hitler schüttelt einem als Soldaten eingesetzten zwölf Jahre alten Hitlerjungen die Hand, nachdem ihm das Eiserne Kreuz verliehen wurde. April 1945.
Rechts: Hitler begrüßt Generalfeldmarschall Schörner im „Reichskanzlei-Bunker".*

Die Deutschen kämpften, wie sie noch nie zuvor gekämpft hatten. Je mehr sie sich auf Berlin zurückziehen mußten, um so heftiger wurde ihr Widerstand. Alles an Menschen und Material war mobilisiert worden, selbst wenn die Kampfkraft ungenügend war: Jugendliche, Angehörige der Hitler-Jugend, alte Männer, Frauen, alles, was nur irgendwie der zusammenbrechenden Wehrmacht helfen konnte. Die Todeszuckungen hatten schon begonnen, aber dennoch wollten die Deutschen den Russen einen so hohen Preis als nur möglich abfordern.

Schukow mußte noch zwei harte Kampftage durchstehen, bevor es ihm gelang, nach Berlin vorzudringen. Er bedurfte des ganzen 18. April, um die Höhen bei Seelow zu säubern. Als die Deutschen sich in den äußeren Ring der Verteidigung Berlins zurückzogen, fand die Rote Armee es schwieriger, vorwärtszukommen. Es war für Konjew auch nicht leichter als für Schukow. Es war keineswegs eine einfache Aufgabe, die Marschrichtung der Panzertruppen Konjews zu ändern. Er hatte seine Befehle innerhalb von drei Stunden erteilt, aber die Truppen hatten eine ganze Nacht zu tun, um in die neue Richtung einzuschwenken. Am Morgen des 19. April begannen Konjews Panzer sich in Richtung Zossen und Luckenwalde zu bewegen. Als jedoch die Panzerarmee des Generals P. S. Ribalko sich Zossen näherte, wurde der Widerstand härter. Die Bodenbeschaffenheit gestattete Ribalkos Panzern nicht, in offener Kampfformation vorzugehen.

Konjew war wütend. Schukows Vorrücken, das langsam begonnen hatte, wurde nun schneller. Vielleicht gewann er noch das Rennen. Der verärgerte Marschall sandte eine Botschaft an Ribalko: „Genosse Ribalko, Sie bewegen sich wieder wie eine Schnecke vorwärts. Während eine Brigade kämpft, steht die ganze übrige Armee still. Ich befehle: Überqueren Sie die Linie Baruth–Luckenwalde durch die Sümpfe auf mehreren Routen und entwickeln Sie die Panzer in Schlachtordnung. Berichten Sie die Durchführung."

Der 20. April – darüber sind sich die deutschen wie die sowjetischen Befehlshaber einig – war wahrscheinlich der Tag der heftigsten Kämpfe. Es war auch der Geburtstag Hitlers. General Helmut Weidling, Befehlshaber des LVI. Panzerkorps, das Berlin verteidigte, erinnert sich:

„Der 20. April war der härteste Tag für mein Korps und wahrscheinlich für alle deutschen Truppen. Sie hatten schwere Verluste in den vorangegangenen Kämpfen erlitten; sie waren erschöpft und ausgeblutet und nicht länger imstande, dem gewaltigen Druck der überlegenen russischen Kräfte standzuhalten."

Dies war der Tag, an dem Schukow das Rennen nach Berlin gewann. Um 13.50 Uhr eröffnete die Fernartillerie des 79. Schützenkorps der 3. Stoßarmee, befehligt von Generaloberst V. I. Kusnetsow, das Feuer auf Berlin selbst. Die letzte Schlacht hatte begonnen. Am nächsten Tag brachen Einheiten von Schukows 3. Stoßarmee, der 2. Gardepanzerarmee und der 57. Armee in die Stadt ein und verwickelten die deutschen Verteidigungskräfte, die man nun nur mehr auf etwa 200.000 Mann schätzte, in harte Kämpfe.

In Berlin herrschten Panik und Hysterie. Hitler sandte eine Vorausabteilung nach Salzburg, um sein Alpen-Reduit einsatzbereit zu machen, so daß er jederzeit dorthin übersiedeln konnte. Es waren dort auf Befehl Hitlers große Vorräte an Waffen, Lebensmitteln, Munition und Treibstoff gehortet worden. Ferner waren Feuerstellungen und Untergrundkavernen mit Klimaanlagen gebaut worden, wo Hitler in seiner phantasievollen Vorstellung glaubte, unbegrenzt durchhalten zu können, selbst wenn Berlin gefallen war.

Verschiedene diplomatische Initiativen waren im Gange. Himmler versuchte eine Annäherung an die westlichen Alliierten über den Grafen Bernadotte aus dem schwedischen Königshaus. Doch gleichzeitig waren in den Straßen der Städte flie-

Folgende Doppelseite: Die letzten Augenblicke in Berlin. Eine Abteilung sowjetischer Soldaten mit der Fahne der Sowjetunion geht auf den Reichstag vor.

gende Standgerichte der SS am Werk, die jedermann, der der Desertion verdächtig war, erschossen oder aufhängten. Als die Russen in Berlin weiter vorwärtsdrangen, fanden sie an Bäumen oder Telegraphenmasten an den Straßenrändern die Leichen erhängter deutscher Soldaten, die der Feigheit oder Fahnenflucht beschuldigt worden waren.

Die Alliierten stießen von Westen her gegen Berlin vor. Der Ring um die Stadt wurde enger und enger. Am 22. April wurde in Hitlers Bunker eine letzte Lagebesprechung abgehalten. Generalstabschef Alfred Jodl schlug vor, alle Truppen, die noch den Engländern und Amerikanern gegenüberstanden, abzuziehen und nach Berlin zu bringen, um die Russen aufzuhalten. Auf Verlangen von Goebbels wurde dieser Vorschlag Hitler vorgelegt, der Jodl, Generalfeldmarschall Keitel und deren Stab Befehle gab, sofort Berlin zu verlassen und die Gegenoffensive einzuleiten. Hitler selbst würde in Berlin den Befehl führen und die Verantwortung für die Entsatzoperation übernehmen. Jodl und Keitel verließen sogleich die Stadt. Am 24. April wurde die 12. Armee des Generals Wenck, die bis dahin den vordringenden Amerikanern an der Elbe gegenübergestanden war, abgezogen und nach Berlin umdirigiert, wo sie sich mit der 9. Armee des Generals Busse vereinigen sollte.

Die Situation wurde immer unwirklicher. Hitler sandte eine Folge von Funkbotschaften aus: „Wo ist die 12. Armee?"; „Warum geht Wenck nicht vor?"; „Wo ist Schörner?"; „Sofort vorgehen!"; „Wann wird der Angriff beginnen?"

Zu dieser Zeit lebte Hitler bereits in einer Phantasiewelt. Die 9. und 12. Armee lagen unter schwerem Feuer der Russen. Sie konnten sich nirgends mehr hin bewegen. Hitlers Befehle gingen ins Leere. Er befehligte kaum mehr als seinen Bunker. Im Südwesten hatten Sowjets und Amerikaner einander am 25. April bei Torgau an der Elbe schon die Hände gereicht.

Wencks 12. Armee stand in schwersten Gefechten mit den Truppen Konjews, die sich ihren Weg nach Berlin vom Süden her über den Teltower Kanal freigekämpft hatten. Am 27. April waren die Deutschen in Berlin schon auf einen schmalen von Ost nach West verlaufenden Streifen zwischen 2 und 5 Kilometer Breite und etwa 15 Kilometer Länge zusammengedrängt. Aber auch für die Russen war es kein Spaziergang. Sie verloren in dieser letzten Schlacht 800 Panzer. Die Spree mit ihren hohen Betonufereinfassungen erwies sich als ein bemerkenswertes Hindernis. Ebenso auch der in eine Festung umgewandelte Schlesische Hauptbahnhof. Die 5. Stoßarmee des Generaloberst N. E. Bersarin erkämpfte sich den Weg in das Zentrum Berlins. Ihre Ziele waren die Wilhelmstraße, das Berliner Rathaus, die Reichskanzlei und der Reichstag.

Bersarin war schon zum Befehlshaber von Berlin und Chef der sowjetischen Besatzungsgarnison ernannt worden. Am 29. April eroberten in erbitterten Kämpfen das 1008. und 1010. Regiment der 266. Infanteriedivision das Berliner Rathaus. Sie mußten sich den Weg hinein durch Sprengung der Mauern freimachen.

Jede Anstrengung wurde von den Befehlshabern der Roten Armee unternommen, um die Einnahme Berlins bis zum 1. Mai zu vervollständigen, bis zu dem traditionellen Festtag der Arbeit in der Sowjetunion.

„Die Schlacht um Berlin hatte ihren Höhepunkt erreicht", so schreibt Schukow. „Wir waren alle eifrig darauf aus, bis zum 1. Mai unter das Kapitel Berlin das Wort Ende zu schreiben. Aber der Feind, obwohl er schon in den Todeszuckungen lag, setzte doch den Kampf fort, klammerte sich an jedes Haus und jeden Keller, an jedes Stockwerk und an jedes Dach."

Am 30. April eröffnete die 150. Infanteriedivision der 3. Stoßarmee, befehligt von General F. L. Schatilow, den Angriff auf das Gebäude des Reichstages und hatte gegen 14 Uhr den größten Teil eingenommen. Um 15 Uhr rief der Armeekommandant W. I. Kusnetsow bei Schukow an und teilte ihm mit:

„Unser rotes Banner weht auf dem Reichstag!" Die Kämpfe, so berichtete Kusnetsow, seien jedoch noch im oberen Stockwerk und in den Kellern im Gang.

Als General Tschuikow an diesem Abend von seinem Beobachtungsstand in Johannistal zurückkehrte, erhielt er einen Anruf von Marschall Schukow.

Die Rote Fahne mit Hammer und Sichel wird auf dem Reichstagsgebäude gehißt.

„Gibt es irgendeine Aussicht, daß wir bis zum 1. Mai Berlin vollkommen einnehmen können?" fragte Schukow.

Tschuikow berichtete mit Bedauern, daß es dafür nur wenig Hoffnung gebe. Die Deutschen würden zwar schwächer, aber nichts weise darauf hin, daß sie zu kapitulieren bereit seien. Die Deutschen hielten noch den Tiergarten und den Block der Regierungsgebäude, zu dem auch die Reichskanzlei gehörte, in deren Hof sich Hitlers Bunker befand. An diesem Abend notierte Martin Bormann in sein Tagebuch: „Unsere Reichskanzlei ist zur Ruine geworden!"

Hier, im Herzen Berlins, leistete Hitler immer noch Widerstand. Von hier aus, als die Mitternachtsstunde schlug und der große Festtag der Sowjets begann, führte Hitler immer noch – zumindest soweit Stalin, Schukow und die Generäle das wußten – die Schlacht um Berlin bis zum bitteren Ende.

Hitler besichtigt die Schäden an der Reichskanzlei, begleitet von seinem Adjutanten Julius Schaupp. Zehn Tage später verübte Hitler in seinem Bunker Selbstmord.

XX. Hitlers Ende

General Tschuikow gab am Abend des 30. April im Hauptquartier seiner 8. Stoßarmee ein fröhliches Abendessen. In Rußland ist es üblich, am Vorabend des 1. Mai Gesellschaften zu geben. Außerdem war der Krieg sichtlich in seine letzte Phase eingetreten, es konnte sich nur mehr um wenige Tage handeln, und so war die Stimmung bei jedermann ausgezeichnet. General Tschuikow hatte außer den Offizieren seines Stabes auch einige alte Freunde zu Gast, Schriftsteller, Poeten, Künstler, von denen viele schon seit Beginn des Krieges der Roten Armee angehörten. Es gab Schnaps und Wodka, Kaviar und Lachs, deutsche Würste, polnischen Schinken, Rettiche, Zwiebeln, Schokoladekuchen. Der Krieg war vorbei – jedermann wußte das. Natürlich war der Kampf noch nicht zu Ende. Hitler führte ihn von seinem Bunker aus, in den er sich wie ein Wahnsinniger verkrallt hatte, immer noch weiter. Die Berliner zitterten immer noch bei dem Donnern der Geschütze, dem Krachen der Handgranaten und dem Knallen des Gewehrfeuers. Noch waren nicht alle gefallen, denen es bestimmt war.

Aber Tschuikow und seine alten Kameraden ruhten an diesem Abend aus und entspannten sich für den Augenblick im Glanz des Sieges und ihres eigenen Überlebens. Noch hatte der Abend kaum begonnen, kaum waren die ersten Runden Wodka getrunken und gerade hatte man den Kaviar gekostet – als Tschuikow ans Telefon gerufen wurde.

Generalleutnant W. A. Glasunow vom 4. Korps der Armee Tschuikows berichtete, ein deutscher Abgesandter unter weißer Fahne habe sich den Linien genähert: Generalstabschef Krebs wolle mit einem bevollmächtigten russischen Befehlshaber sprechen. Er repräsentiere die deutsche Regierung.

Zeit verging. Die Freunde warteten trinkend und rauchend. Es wurde 2 Uhr und dann 3 Uhr, schließlich 3 Uhr 30. Es begann an diesem Morgen des 1. Mai allmählich hell zu werden. Schließlich erschien der deutsche Abgesandte, das Eiserne Kreuz an der Brust; es war General Hans Krebs, der letzte Generalstabschef der deutschen Wehrmacht. Er begrüßte Tschuikow mit erhobener Rechten und übergab ihm einige Papiere.

„Ich wünsche eine geheime Angelegenheit zu erörtern", sagte Krebs. „Sie sind der erste Fremde, dem ich dies mitteile. Am 30. April hat Hitler uns aus eigenem freiem Willen verlassen, er hat sich selbst das Leben genommen."

Tschuikow verbarg sein Erstaunen hinter einem unbewegten Gesicht und antwortete ruhig:

„Wir wissen das."

Krebs berichtete Tschuikow, daß Hitler etwa um 15 Uhr am 30. April Selbstmord verübt habe. Er verlas dann Tschuikow eine Erklärung von Goebbels, in der es hieß, Hitler habe vor seinem Tod alle Regierungsvollmachten an ein Triumvirat, bestehend aus Admiral Karl Dönitz, Goebbels und Bormann, übertragen. Goebbels schlug nun vor, Friedensgespräche zu beginnen.

Krebs überreichte Tschuikow das von 4 Uhr morgens, 29. April 1945, datierte Testament. Tschuikow berichtete Schukow telefonisch von den Vorgängen. Dieser fragte nun, welche Vollmachten Krebs habe. Es stellte sich heraus, daß Krebs den Versuch machen sollte, einen Waffenstillstand zu erreichen, damit sich die neue deutsche Regierung in Berlin versammeln könne, um mit den Russen zu verhandeln.

Die Nacht verging in Gesprächen mit Krebs. Tschuikow erinnerte den Deutschen immer wieder daran, daß nur eine totale Kapitulation für Rußland und seine Verbündeten annehmbar sei. Gegen 5 Uhr früh wurden Tee und Sandwiches gebracht.

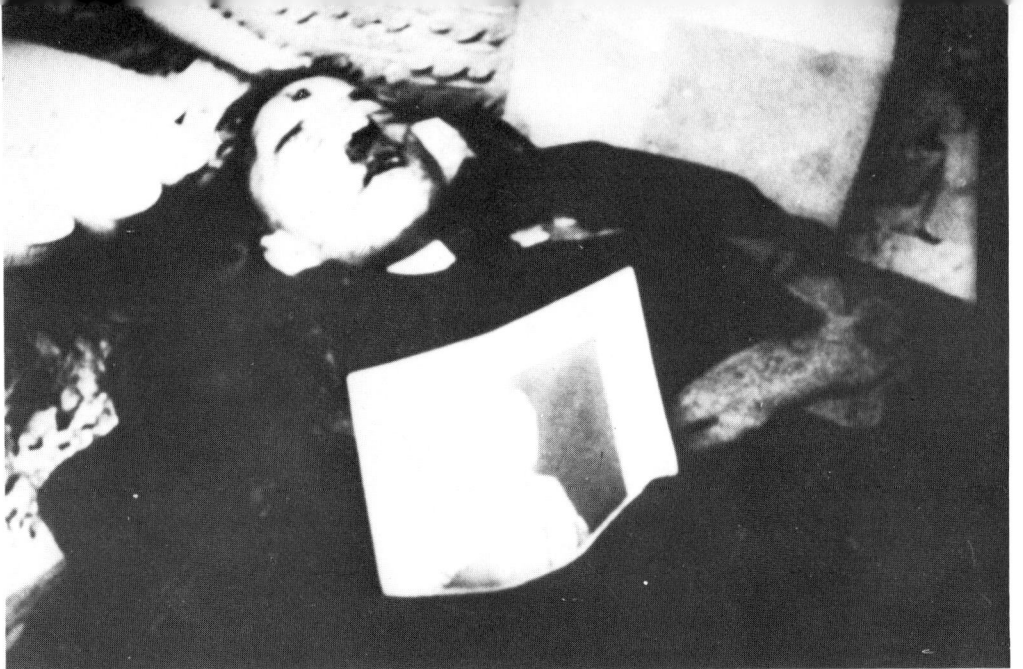

Angeblich eine Fotografie Hitlers nach seinem Selbstmord im Bunker. Diese Fotografie wurde von einem auf einem Bildschirm projizierten Bild aufgenommen.

Von draußen war das Heulen der Katjuscha-Raketen zu hören. Es war hell geworden. General Sokolowski kam – von Schukow entsandt –, um Krebs zu verhören. Moskau erhielt Satz für Satz einen Bericht von dieser Unterredung.

Krebs sagte, daß Hitlers Leichnam entsprechend dessen Befehlen verbrannt worden sei. Nur Goebbels, Bormann und Krebs seien in Berlin geblieben. Admiral Dönitz und Generaloberst Jodl seien in Mecklenburg. Die Russen sollten Goebbels Zeit geben, um seine neue Regierung in Berlin zu versammeln und dann Übergabeverhandlungen zu eröffnen. Sowohl Himmler als auch Göring waren aus Berlin entkommen und hätten versucht, auf eigene Faust mit den westlichen Alliierten zu verhandeln. Dies, so war die Meinung von Goebbels, sei „Verrat" am toten Führer. Er empfand weit größere Bitterkeit gegenüber seinen Kameraden als gegenüber den Russen.

Sobald Schukow die Situation klar war, rief er Stalin an. Es war nach 4 Uhr 30 am Morgen des 1. Mai. Ein diensthabender Offizier antwortete: Stalin sei in seinem Landhaus außerhalb von Moskau und gerade zu Bett gegangen. Schukow bestand darauf, Stalin aufzuwecken. Er teilte ihm die Nachricht über Krebs und den Bericht von Hitlers Tod mit.

„So, das ist also das Ende dieses Kerls", antwortete Stalin. „Zu schlimm, daß es uns nicht gelungen ist, ihn lebend zu bekommen. Wo ist die Leiche Hitlers?"

Schukow sagte Stalin, daß sie offensichtlich verbrannt worden sei. Stalin erklärte, es könne weder mit Krebs noch mit irgend jemand anderem Verhandlungen geben. Die Losung heiße bedingungslose Kapitulation und sonst nichts. Er befahl Schukow, ihn später wieder anzurufen. Er wollte vor der Parade, die in wenigen Stunden auf dem Roten Platz stattfand, noch etwas Ruhe haben.

Krebs wurde zurückgeschickt. Innerhalb von 24 Stunden verübte er Selbstmord, ebenso wie Goebbels mit Frau und sechs Kindern. Das Dritte Reich ging zu Ende. Schukow befahl seinen Streitkräften einen totalen Angriff. In einem Feuersturm kämpften sich die Russen zur Reichskanzlei durch. Tschuikow hatte seit drei Tagen nicht geschlafen, aber irgendwie funktionierte er weiter.

Das Ende war gekommen. Knapp vor der Dämmerung am nächsten Morgen erschienen zwei Gruppen deutscher Unterhändler in den russischen Linien und wurden zu Tschuikow gebracht. Die erste Gruppe wurde von Dr. Hans Fritzsche vom Propagandaministerium repräsentiert. Er bot an, über einen Sender die Kapitulation anzukündigen, und meinte, da seine Stimme und auch sein Name sehr wohl bekannt seien, dies bei den Truppen ein gewisses Gewicht haben würde. Ihm folgte General Weidling, der Befehlshaber des LVI. Panzerkorps und Kommandeur von Berlin.

Weidling berichtete Tschuikow vom Selbstmord von Krebs und Goebbels und erklärte, er habe seinen Truppen Befehl erteilt, den Kampf einzustellen. Tschuikow gab nun ebenfalls Befehl, in seinem Sektor mit den Kämpfen aufzuhören.

„So", sagte Tschuikow, „dies ist also das Ende des Krieges?"

„Meiner Ansicht nach", erklärte Weidling, „ist jeder unnötig Gefallene ein Verbrechen, ist Wahnsinn."

Um 11 Uhr 30 am 2. Mai war alles erledigt. Der Kapitulationsbefehl war von General Weidling verfaßt und unterschrieben worden. Er besprach auch eine Schallplatte, die dann durch Lautsprecherwagen in der Stadt abgespielt wurde: „Ich befehle hiermit, daß aller Widerstand sofort einzustellen ist."

Die Kämpfe im Zentrum der Stadt, rund um den Reichstag, die Reichskanzlei und den Tiergarten, waren zu Ende. Endlich war alles still in Berlin.

Aber es gab noch Probleme in letzter Minute: In Reims unterzeichneten die Repräsentanten der letzten deutschen Reichsregierung die bedingungslose Kapitulation. Der von Hitler zu seinem Nachfolger ernannte Großadmiral Karl Dönitz hatte am 4. Mai Kontakt mit Eisenhower aufgenommen und seine Bereitschaft zur Kapitulation erklärt. Am 5. Mai sandte er den Admiral von Friedeburg nach Reims in Eisenhowers Hauptquartier, um über die Bedingungen zu verhandeln. Am 6. Mai erschien auch Generaloberst Jodl in Reims, um Friedeburg zu unterstützen. Eisenhower lehnte aber weitere Verhandlungen ab und drohte, er werde nicht länger den Übertritt deutscher Truppen und Zivilisten durch die Linien der Westalliierten gestatten. (Am 4. Mai hatten die deutschen Truppen in Norddeutschland, Dänemark und Holland schon gegenüber Feldmarschall Montgomery kapituliert, am 29. April in Caserta die deutschen Truppen in Italien gegenüber Feldmarschall Alexander, am 4. Mai die Herresgruppe G in Haar bei München.)

Nachdem Dönitz durch Funkspruch Jodl alle Vollmachten erteilt hatte, unterzeichnete dieser um 2 Uhr 41 am 7. Mai die Kapitulationsurkunde. Die Zeremonie fand in Eisenhowers Hauptquartier in Reims im Raum der Operationsabteilung statt.

Eisenhower hatte schon am 6. Mai abends den Chef der sowjetischen Militärmission, General Iwan Susloparow, von den Verhandlungen informiert. Er übergab ihm auch eine Kopie der Kapitulationsurkunde und forderte ihn auf, Moskau sogleich von den Vorgängen in Kenntnis zu setzen und die Zustimmung der Sowjetführung einzuholen.

Susloparow telegrafierte nach Moskau. Aber zu dem Zeitpunkt, für den die Unterzeichnungszeremonie angesetzt war, hatte er noch keine Instruktionen erhalten. So unterschrieb er zusammen mit den anderen Vertretern der Alliierten das Dokument. Susloparow gab jedoch zu Protokoll, daß seine Unterschrift die Unterzeichnung anderer Kapitulationsurkunden nicht ausschließe, falls eine der alliierten Mächte etwas Derartiges wünsche.

Und eine andere Macht wünschte dies in der Tat. Stalin war wütend. Er hatte in dieser Endphase des Krieges einen richtiggehenden Verfolgungswahn gegenüber seinen westlichen Verbündeten entwickelt, einen Verfolgungswahn, der von der geschickten Propaganda der Nationalsozialisten noch genährt wurde, aber auch von feindseligen Manövern Churchills und einem sich hinziehenden Streit mit Roosevelt, unmittelbar vor dessen Tod am 12. April. Stalin hatte zwar keine Ahnung, was für einen Charakter der neue Präsident Harry S. Truman besaß, aber er traute ihm auf alle Fälle nicht über den Weg.

Stalins Weisung an Susloparow, die ein paar Minuten nach der Kapitulationszeremonie eintraf, lautete: „Unterzeichnen Sie keinerlei Dokumente." Als Stalin hörte, daß Susloparow die Kapitulation gegengezeichnet hatte, rief er Marschall Woronow, den Chef der Sowjetartillerie, an und brüllte ins Telefon, was er denn für Leute in seinem Artilleriekorps habe (Susloparow war ein Artillerieoffizier). Er teilte Woronow mit, er habe Susloparow sofort „zur strengsten Bestrafung" nach Moskau zurückbeordert. Das bedeutete, daß Susloparow erschossen werden würde. Auch

Ein deutscher Soldat vor den Ruinen des Reichstags, Mai 1945.

Woronow war keineswegs sicher, ob ihm nicht das gleiche Schicksal blühen werde. Am Ende wurde Susloparow dann nicht erschossen, aber er entkam nur gerade um Haaresbreite.

Um Stalin zufriedenzustellen, wurde am Abend des 8. Mai in Berlin-Karlshorst eine völlig neue Kapitulationszeremonie inszeniert. Generalfeldmarschall Keitel, Generaladmiral von Friedeburg und der Generaloberst der Luftwaffe Stumpff wurden unter britischer Bewachung nach Berlin gebracht. Haupt-Luftmarschall Arthur Tedder und Luftwaffengeneral Carl Spaatz repräsentierten die westlichen Alliierten. Marschall Schukow unterschrieb namens der Russen. Stalin ließ Andrej Wyschinskij nach Berlin fliegen, den Mann, der alle Schauprozesse gegen die Altkommunisten geführt hatte, damit er an Schukows Seite stehe, wenn dieser die Unterschrift bei der Kapitulationszeremonie leiste. Des weiteren wurde Wyschinskij zum „Wachhund" für Schukow ernannt, und zwar angesichts der neuen Rolle des Marschalls als Oberbefehlshaber der sowjetischen Besatzungstruppen in Deutschland. Stalin wollte keine weiteren unerfreulichen Überraschungen.

Die zweite Kapitulation wurde am 9. Mai 50 Minuten nach Mitternacht unterschrieben. Bis zum heutigen Tag gilt der 9. Mai in der Sowjetunion als der Siegestag.

Am 24. Mai lud Stalin seine Generäle, seine Minister, die Mitglieder des Politbüros, des Obersten Sowjets, die obersten Polizeifunktionäre, die Spitzenmanager der Industrieproduktion, die Spitzen der Staatsverwaltung, bedeutende Wissenschaftler, Stars des Balletts, der Bühne und des Films, der Oper, berühmte Schriftsteller und Musiker zu einem Siegesempfang in die St.-Georgs-Halle des Kremls. In diesem großartigen Ballraum, der vollkommen in Weiß und Gold austapeziert ist und riesengroße Kristallkronleuchter besitzt, sind an den Wänden die Namen jedes Mannes und jedes Regiments, die den höchsten Orden des Zaren für Tapferkeit, nämlich das St.-Georgs-Kreuz, erhalten haben, verzeichnet. Noch nie hatte die St.-Georgs-Halle einen derartig großartigen strahlenden Anblick geboten wie in dieser Nacht, nicht einmal in den Tagen des Zarenhofs.

Stalin brachte hier einen Trinkspruch aus, von dem viele meinten, daß er eine der offenherzigsten Erklärungen sei, die er je gegeben hatte. Er sagte:

Marschall Schukow nimmt die Meldung von Marschall Rokossowski bei der Siegesparade auf dem Roten Platz entgegen.

Unten: Nächtliche Siegesfeier auf dem Roten Platz. Soldaten der Roten Armee paradieren mit den zerbeulten Standarten und Fahnen der Deutschen Wehrmacht vor dem Kreml.

„Unsere Regierung hat nicht wenige Irrtümer begangen. Es gab verzweifelte Augenblicke in den Jahren 1941 und 1942, als unsere Armeen sich zurückzogen, unsere Geburtsorte evakuierten und die Städte der Ukraine, Weißrußlands, Moldaviens, der Region von Leningrad, die baltischen Staaten und die karelisch-finnische Republik räumten, weil es damals keine andere Wahl gab. Ein anderes Volk hätte vielleicht der Regierung gesagt: Ihr habt unsere Erwartungen nicht erfüllt, macht, daß ihr weiterkommt. Wir werden eine andere Regierung bilden, die Frieden mit den Deutschen schließen wird und uns den Frieden bringt.

Aber das russische Volk tat dies nicht, weil es an die Richtigkeit der Politik seiner Regierung glaubte. Es brachte vielmehr alle Opfer, die die Niederlage der Deutschen herbeiführten. In diesem Vertrauen des russischen Volkes zu der Regierung der Sowjets lag die entscheidende Kraft, die diesen historischen Sieg über die Feinde der Menschheit, über den Faschismus, sicherte."

Einen Monat später. Das Datum lautet: 24. Juni. Der Rote Platz. Ein regnerischer, bewölkter Tag. Auf dem Dach des Leninmausoleums die Spitzen der sowjetischen Regierung: Stalin, seine Generäle, das Politbüro, Polizeichef Beria, Molotow, Malenkow und die anderen. Unten nimmt Marschall Schukow hoch zu Roß, auf einem Schimmel, mit einem knabenhaften Lächeln um den Mund, die Parade ab. Raketen rollen über den Platz, die schwere Artillerie, die Panzer, die Veteranen der Roten Armee marschieren vorbei.

Eine große Musikkapelle spielt Märsche.

Die Musik hält inne.

Totales Schweigen auf dem gewaltigen Platz. Leise rieselt der Regen herunter. Plötzlich beginnen hunderte Trommeln zu rasseln. Wiederum Schweigen. 200 Soldaten der Roten Armee in Paradeuniform marschieren erhobenen Hauptes im Paradestechschritt heran, jeder in der Hand die Fahne oder Standarte einer deutschen Kampfeinheit.

Jeder der Soldaten marschiert bis zum Mausoleum, macht dort rechtsum und wirft das mit Hakenkreuzen verzierte Banner auf den nassen Granit zu Füßen des Grabes Lenins. Die Fahnen, die Embleme, die Hakenkreuze häufen sich, eines nach dem anderen, zu Füßen der sowjetischen Regierung. Der Krieg mit Deutschland ist zu Ende.

Folgende Doppelseite: Rotarmisten werfen die Fahnen des deutschen Gegners vor dem Leninmausoleum zu Boden.

Japanische Generäle auf dem Weg zur Kapitulation vor den Russen.

XXI. Der letzte Akt

Der Krieg war vorbei, aber noch mußte ein Akt gespielt werden. In Jalta hatte Stalin das Versprechen gegeben, er werde in den Krieg gegen Japan eintreten, und zwar zwei oder drei Monate nach der Beendigung der Kämpfe in Europa.

Das Abkommen von Jalta war für das sowjetische Oberkommando nicht überraschend gekommen. Marschall Wassilewski, der sowjetische Stabschef, hatte gewußt, daß seit dem Abschluß der Konferenz von Teheran eine solche Entwicklung höchst wahrscheinlich war. Im Sommer 1944, nach dem erfolgreichen Feldzug in Weißrußland, hatte Stalin zu Wassilewski bemerkt, daß er der Oberbefehlshaber der Operationen gegen Japan sein werde.

Auf dem Weg nach Jalta hatte Stalin Wassilewski und dessen Stellvertreter A. I. Antonow die Frage gestellt, wie bald nach dem Sieg in Europa Rußland imstande sein werde, gegen Japan zu kämpfen. Die Generäle sagten, sie könnten in zwei oder drei Monaten bereit sein, falls im Fernen Osten ausreichend Kraftfahrzeuge für den Transport zur Verfügung stünden. Die Vereinigten Staaten lösten diese Frage, indem sie sich bereit erklärten, die notwendigen Lastkraftwagen und auch Lokomotiven nach Wladiwostok zu liefern.

Stalin hatte schon im Jahre 1944 begonnen, Kriegsmaterial im Fernen Osten zu stapeln, das er von den gewaltigen amerikanischen Lieferungen, die hereinströmten, abzweigte. Mehr als 50 Prozent der amerikanischen Hilfe wurde in fernöstlichen Häfen umgeschlagen. So viel Material wurde aufgestapelt, daß sich die Behörden im Fernen Osten zu beschweren begannen. Sie begriffen nicht, daß die Vorbereitungen für den Krieg gegen Japan schon im Gange waren.

Während des ganzen Krieges hatte Stalin sich bemüht, für den Fall eines japanischen Angriffes stets eine Streitmacht von mindestens 40 Divisionen im Fernen Osten einsatzbereit zu halten. Diese Reserve war nur zweimal in Anspruch genommen worden, und zwar, um den Gegenangriff bei Moskau im Dezember 1941 zu führen und wiederum bei der Gegenoffensive bei Stalingrad im November 1942. Jedesmal war die Streitmacht im Fernen Osten so rasch als möglich wiederum auf das Sicherheitsniveau von 40 Divisionen aufgebaut worden. Schon im Frühjahr 1943 ernannte Stalin Generäle, die Kampferfahrung im Westen erworben hatten, als Befehlshaber der fernöstlichen Roten-Banner-Armee. Es waren dies Generaloberst M. A. Purkajew, ein außerordentlich befähigter Mann, und Generalmajor F. I. Schewtschenko, sein Stabschef. Diese Generäle sollten die fernöstlichen Streitkräfte organisieren und die vorläufigen Pläne gegen Japan ausarbeiten.

Die Verlegung beträchtlicherer Streitkräfte nach dem Fernen Osten begann schon im März 1945 mit dem Transfer von Panzereinheiten. Im April und Mai folgte die Verlegung von etwa 670 T-34-Panzern. Der Stab der 2. Ukrainischen Front und der Stab der Karelischen Front wurden, beginnend im Mai, mit einer größeren Zahl ihrer Divisionen nach Osten verschickt. Zu den ersten großen Einheiten, die nach dem Fernen Osten verlegt wurden, gehörten die 5. und die 39. Armee, denen die 53. Armee und die 6. Gardepanzerarmee folgten.

Stalin massierte eine Streitmacht von 1.577.725 Mann, 26.137 Geschützen, 5556 Panzern und 3500 Flugzeugen für den Angriff auf die Japaner. Wassilewski war der Oberbefehlshaber; unter ihm dienten zwei Marschälle, Malinowski und Meretskow, beide kampfgestählte Veteranen des Krieges gegen die Deutschen, sowie der schon erwähnte Generaloberst Purkajew. Wassilewski standen elf Armeen und eine Panzerarmee zur Verfügung.

In Jalta hatte Stalin deutlich gesagt, daß für ihn der Hauptgrund für einen Kriegseintritt der Sowjetunion gegen Japan war, die Niederlage Rußlands im Krieg von 1904 bis 1905 wettzumachen. Er wollte auch den Südteil der Halbinsel Sachalin zurückhaben, die damals an Japan verlorengegangen war, ebenso auch die Kurilen-Inseln. Er wollte ferner dafür sorgen, daß der Status quo im Fernen Osten nicht angetastet wurde, nämlich das Protektorat der Sowjetunion über die Äußere Mongolei, und wünschte auch die Sonderrechte Rußlands in der Mandschurei wiederzugewinnen.

In Vorbereitung für den Angriff kündigte Stalin im April 1945 den Neutralitätspakt mit Japan. Ein paar Tage später sagte er zu Harry Hopkins (der nach Moskau gekommen war, um den Argwohn Stalins gegenüber dem neuen Präsidenten Harry S. Truman – und ebenso auch vice versa – zu beschwichtigen), daß er am 8. August zum Angriff auf Japan bereit sein werde.

Tatsächlich hatten die Japaner schon seit dem Februar 1945 versucht, aus dem Krieg auszusteigen. Sie hatten sich bemüht, die Sowjetunion zu bewegen, als Vermittler bei Friedensgesprächen mit den USA zu fungieren. Mehrfach hatte Außenminister Togo versucht, eine Einladung der Russen zu einem Besuch in Moskau zu erhalten, um über Friedensmöglichkeiten zu sprechen. Aber die Russen hatten entschieden alle derartigen Anregungen ignoriert. Noch am 12. Juli, am Vorabend des Treffens der Großen Drei in Potsdam, hatte Kaiser Hirohito Anstrengungen unternommen, um die Sowjets zu veranlassen, den Fürsten Konoye nach Moskau einzuladen, um Friedensgespräche zu beginnen. Die Russen zeigten auch diesem Versuch die kalte Schulter, so wie sie das bisher schon getan hatten. Stalin wollte sich seine Rache für 1905 nicht nehmen lassen.

Die letzte Konferenz der Großen Drei in Potsdam begann am 17. Juli. Schon fehlte einer der ursprünglichen Drei, nämlich Roosevelt, der am 12. April gestorben war. Bevor das Treffen zu Ende ging, sollte ein zweiter von der Szene verschwinden, nämlich Churchill, der durch Clement Attlee ersetzt wurde, dessen Labour Party die Konservativen bei den britischen Parlamentswahlen geschlagen hatte.

Die Atmosphäre in Potsdam war weniger herzlich, als sie in Teheran oder Jalta gewesen war. Obgleich der Krieg in Europa vorbei war, waren doch die Probleme und Konflikte zwischen den Alliierten gewachsen. Die Beziehungen waren gespannt.

Am 17. Juli erhielt der Kriegsminister der USA, Henry Stimson, im Hauptquartier der US-Streitkräfte in Babelsberg ein verschlüsseltes Kabel:

„Heute morgen operiert. Diagnose noch nicht vollständig, aber Ergebnisse erscheinen befriedigend und übertreffen bereits die Erwartungen. Örtliche Presseaussendung notwendig, da sich das Interesse über große Entfernungen ausdehnt. Dr. Groves zufrieden. Er kehrt morgen zurück. Werde Sie weiter informieren."

Das Telegramm bedeutete, daß der Atombombenversuch bei Los Alamos erfolgreich gewesen war. Für Truman erhob sich damit die Frage: Sollte er Stalin alles mitteilen und ihm ferner erklären, daß seine Hilfe im Fernen Osten nicht länger notwendig war? Churchill war dagegen, irgend etwas zu enthüllen. Je weniger Stalin wußte, um so besser. Aber Truman wollte nicht so weit gehen. Er meinte, daß er Stalin etwas sagen müsse, freilich nicht mehr als unbedingt nötig. Am 24. Juli wandte sich Truman während einer Verhandlungspause an Stalin und erwähnte beiläufig, daß die Vereinigten Staaten eine neue Waffe von außergewöhnlicher Zerstörungskraft besäßen. Stalin verzog nicht einmal die Miene. Er beglückwünschte Truman und sprach seine Hoffnung aus, daß die Vereinigten Staaten guten Gebrauch von dieser Waffe gegen Japan machen würden.

Truman und Churchill waren zufrieden. Sie dachten, daß sie Stalin nun getäuscht hätten. Aber dem war nicht so. Kaum war Stalin in sein Quartier zurückgekehrt, so erzählte er schon Außenminister Molotow und Marschall Schukow, was ihm Truman gesagt hatte. Molotow reagierte sofort: „Laß sie nur! Wir müssen die Sachen mit Kurtschatow (dem Präsidenten der sowjetischen Akademie der Wissenschaft) durchsprechen und die Wissenschaftler dazu bringen, diese Dinge voranzutreiben."

Schukow schreibt in seinen Erinnerungen, er habe sofort gewußt, daß das Gespräch die Atombombe betraf.

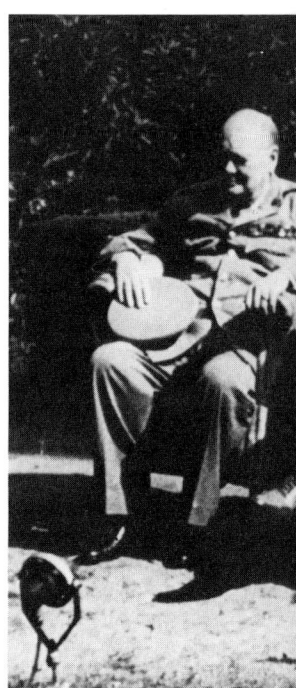

Stalin konnte dasselbe Spiel spielen. Er hatte ja Truman nichts von den zahlreichen japanischen Friedensfühlern gesagt. Nun aber – am 18. Juli – teilte er dem US-Präsidenten mit, daß der Kaiser den Wunsch habe, einen Emissär nach Moskau zu senden. Er fragte Truman, ob dieser glaube, daß es der Mühe wert sei, auf diese Nachricht zu antworten. Die beiden kamen überein, daß Stalin eine Botschaft zurücksenden werde, „um die Japaner in Schlummer zu wiegen".

Was Stalin nicht wußte, war, daß die Amerikaner die chiffrierten Telegramme der Japaner entschlüsselt hatten und Truman von den Bemühungen Kaiser Hirohitos schon informiert war.

So spielten die Staatchefs der beiden Großmächte Poker miteinander, mit dem Leben von Millionen ihrer Landsleute und Millionen ihrer Feinde. Keiner war sich bewußt, daß der andere schon längst in die Karten seines Gegenübers geschaut hatte.

Am 6. August explodierte die erste Atombombe über Hiroshima, vernichtete die Stadt und tötete ungefähr 200.000 Menschen. Der Lauf der Weltgeschichte hatte sich damit verändert. Am Abend des 8. August berief Molotow den japanischen Botschafter in Moskau, Sato, zu sich und teilte ihm mit, daß sich die Sowjetunion von Mitternacht an im Kriegszustand mit Japan befindlich betrachte. Er machte dieselbe Mitteilung Averell Harriman und Sir Archibald Clark-Kerr, dem amerikanischen und dem britischen Botschafter.

Zehn Minuten nach Mitternacht, am 9. August, strömten sowjetische Streitkräfte über die Grenzen. Sie hatten Stellungen in der Äußeren Mongolei, entlang des Amur und des Ussuri-Stromes bezogen gehabt. Nun rückten sie blitzartig vor: Ihre Panzerkolonnen durchquerten in Gewaltmärschen die Wüsten der Mongolei. Sie griffen die japanischen Stützpunkte mit Sturzkampfbombern an und warfen Fallschirmjägereinheiten noch vor den anrollenden Stoßkeilen der Panzer und der motorisierten Einheiten ab. Es war ein Blitzkrieg im professionellsten Stil der frühen Tage des Zweiten Weltkrieges.

Als Botschafter Harriman am Abend des 9. August Stalin im Kreml besuchte – an diesem Tag war eine zweite A-Bombe auf Nagasaki abgeworfen worden –, sagte ihm dieser, die Rote Armee komme sehr gut vorwärts, der Widerstand sei nur schwach. Harriman und Stalin sprachen über die Atombombe. Stalin zeigte sich sehr interessiert. Er sagte, in den deutschen Laboratorien seien Beweise dafür gefunden worden, daß man sich auch dort bemüht habe, eine solche Waffe herzustellen. Sowjetische Wissenschaftler, so sagte er, arbeiteten an dem Problem, hätten es aber noch nicht gelöst. Die Bombe, so betonte Stalin, könnte das Ende des Krieges bedeuten. Aber ihre Geheimnisse müßten noch auf das strengste gehütet werden.

Innerhalb 24 Stunden waren die Russen 160 Kilometer in die Territorien Nordchinas und der Mandschurei vorgerückt, die bis dahin von der japanischen Kwantung-Armee besetzt waren. Aber der Krieg ging bereits zu Ende. Kurz vor Mitternacht, am 10. August, 24 Stunden nach der Explosion der Nagasaki-Bombe, baten die Japaner in aller Form um Frieden. Molotow und Harriman konsultierten einander sofort. Molotow schien es keineswegs eilig zu haben, den Krieg zu beenden. Es gab einige Auseinandersetzungen hinsichtlich der Bedingungen für Japan. Harriman zeigte sich sehr spröde. Er war der Meinung, die Russen hätten wenig Gründe zu einer Auseinandersetzung über die Beendigung eines Krieges, an dem sie kaum mehr als einen Tag beteiligt waren, während die Vereinigten Staaten seit dem 7. Dezember 1941 diesen Krieg geführt hatten.

Während der unvermeidlichen diplomatischen Auseinandersetzungen zwischen den Vereinigten Staaten und Japan stürmten die russischen Armeen im Fernen Osten voran. Am 12. August hatten die Panzer der 6. Gardearmee die große Chingan-Hügelkette überquert und brachen mit dem Ziel Mukden in die mandschurische Ebene ein. Sowjetische Truppen stießen in einem Wettlauf mit der Zeit durch die Innere Mongolei und Nordchina vor. Am 14. August erklärte Japan seine Kapitulation. Die Nachricht traf in Moskau um 1 Uhr nachts ein, und zwar während eines Empfanges,

Die Großen Drei bei der Potsdamer Konferenz: Churchill, Truman und Stalin, Juli 1945.

195

der für General Eisenhower gegeben wurde. Eisenhower besuchte Moskau als persönlicher Gast von Marschall Schukow. Die Trinksprüche in der amerikanischen Botschaft dauerten bis zum Morgen.

Aber die sowjetischen Truppen blieben nicht stehen. General Antonow gab am 16. August eine offizielle Erklärung ab, wonach die Kapitulation Hirohitos nichts sei als eine allgemeine Erklärung und keine Kapitulation der Kwantung-Armee erfolgt sei. Daher gehe die sowjetische Offensive weiter. Immerhin wurde am 17. August ein Ultimatum an General Uemura, den Befehlshaber der Kwantung-Armee, geschickt. Unterdessen unternahmen die Streitkräfte der Roten Armee Luftlandungen. Etwa 120 Mann landeten am 18. August um 17 Uhr auf dem Flughafen von Charbin und nahmen rasch den Flugplatz in Besitz. Um 23 Uhr kapitulierte die Kwantung-Armee. Nach einem weiteren Luftlandeunternehmen der Sowjets bei Tschangtschun am nächsten Tag kapitulierten auch die japanischen Befehlshaber und der Ministerpräsident des von den Japanern gestützten Staates Mandschukuo. Am 19. August wurde in Mukden Henry Pu-Yi, der Marionettenkaiser von Mandschukuo, in Gewahrsam genommen. Angriffstruppen drangen in Korea ein. Darien, das 1905 in japanische Hand gefallen war, wurde genommen. Die sowjetische Marine besetzte Süd-Sachalin und die Kurilen.

Der sowjetische Blitzkrieg war ein verblüffendes Beispiel der Kunst der Kriegsführung. Hatte der Krieg am 22. Juni 1941 durch eine fast unglaubliche Demonstration militärischer Unfähigkeit der Sowjets begonnen, so endete er mit einem der vernichtendsten Schläge in der Geschichte der modernen Kriegsführung. Sicherlich war Japan am Ende, sicherlich waren die Japaner, wie sich später herausstellte, noch bevor Stalin seinen Schlag im Fernen Osten führte, schon darauf vorbereitet, zu kapitulieren. Nichtsdestoweniger war diese Offensive ein Schaustück an perfekter Koordination aller Zweige zeitgenössischer technischer Kriegsführung. Der sowjetische Feldzug war geradezu ein klassisches Beispiel. Es wurden Massen von Panzern und gepanzerten Mannschaftsfahrzeugen eingesetzt, ebenso Sturmgeschütze, fast völlig motorisierte Infanterie; es kam zu einer außerordentlich innigen Koordination von Panzertruppen, taktischen Einsätzen der Luftwaffe und strategischen Bombardements, ferner von Fallschirmlandungen hinter den japanischen Linien, einer Konzentration auf strategische Zentren sowie Luft- und Marinestützpunkte. Die Rote Armee hatte in vier Jahren eines furchtbaren Kampfes ihre Lektionen gelernt.

Da der Feldzug der Roten Armee so schnell vor sich gegangen war und weil er in einem Augenblick begann, als die japanische Widerstandskraft im allgemeinen schon zu Ende ging und außerdem die Aufmerksamkeit der Welt auf die politischen und diplomatischen Vorgänge sich konzentrierte, so machten sich nur wenige im Westen die Mühe, die Bedeutung dieses sowjetischen Unternehmens richtig einzuschätzen: Über mehr als 6000 Kilometer eine große moderne Streitmacht von West nach Ost zu verlegen, sie mit solcher Geschicklichkeit einzusetzen und mit solcher Kompetenz den Kampf zu führen.

Am 2. September unterschrieben die Japaner das formelle Kapitulationsdokument an Bord des US-Schlachtschiffes „Missouri". General Douglas MacArthur nahm die Kapitulation der Japaner entgegen. Er hatte nicht gewollt, daß ein sowjetischer Repräsentant anwesend sei, denn er nahm es übel, daß die Russen sozusagen in letzter Minute versucht hatten, sich in seinen eigenen großartigen Sieg einzudrängen. Jedoch war General Derewjanko, der sowjetische Vertreter im Hauptquartier MacArthurs, anwesend und unterzeichnete das Dokument für die Sowjetunion.

Am Tag der Unterzeichnung der japanischen Kapitulation sprach Stalin über das Radio zu seinem Volk. Rußland, so sagte er, habe seit 1904, dem Jahr des Beginns des verhängnisvollen russisch-japanischen Krieges, auf diesen Tag gewartet. Die frühere Niederlage, so betonte er, hätte eine bittere Erinnerung in den Gedanken der Russen hinterlassen:

„Unser Volk wartete und glaubte, daß dieser Fleck eines Tages ausgelöscht werde.

Deutsche und japanische Würdenträger bei einer Parade während des Krieges.

Unten: Die japanische Kapitulation gegenüber den Russen. Darunter: Die Amerikaner nehmen die Kapitulation Japans an Bord des US-Schlachtschiffes „Missouri" entgegen.

Viele Leute der älteren Generation haben seit 40 Jahren darauf gewartet. Nun ist dieser Tag gekommen."

Stalin erwähnte nicht die Kosten, die diese Abrechnung mit Japan verursacht hatte. Die sowjetischen offiziellen Verlustzahlen belaufen sich auf 8000 Tote und 20.000 Verwundete. Die japanischen Verluste werden auf 80.000 Tote geschätzt.

So war an der fernöstlichen Front die letzte Schlacht gewonnen worden. Die Kraft der Russen war wie nie zuvor in der Geschichte des modernen russischen Volkes auf die Probe gestellt worden und hatte sich trotz aller Hindernisse als stark genug erwiesen: der Verfolgungswahn seiner Führung, die das gesamte höhere Offizierskorps der Roten Armee nur drei Jahre vor dem Zweiten Weltkrieg liquidiert hatte. Die Unfähigkeit Stalins, jene Atempause, die er durch den deutsch-russischen Pakt von 1939 gewonnen hatte, entsprechend gegen Hitler auszunützen. Sein unglaubliches Fehlurteil in der Einschätzung der überraschend wichtigen Spionagenachrichten, die sich auf seinem Tisch häuften und auf Hitlers Entschluß, anzugreifen, hinwiesen. Nachrichten, die den Umfang der deutschen Pläne und das genaue Datum für den Beginn des Krieges einschlossen. Und Stalins verbrecherisch falsche Führung, die zu den erschütternden Verlusten bei Kiew, Leningrad und Moskau führten.

All dies zu überleben war dem russischen Volk gelungen. Die Russen hatten gekämpft, ohne ihre besten Generäle und trotz einer blinden und dummen Führung. Sie waren in Mengen gefallen, die so groß waren, daß die sowjetische Regierung durch Jahre hindurch versuchte, die Summe zu verheimlichen – wahrscheinlich 20 Millionen Mann allein an der Front. Manche sagten, daß von je 100 Männern, die in den Zweiten Weltkrieg gezogen seien, nur vier zurückkamen. Wahrscheinlich ist das eine Übertreibung, aber Rußland hatte größere Verluste als alle anderen kriegführenden Mächte zusammen; mehr Russen starben von 1941 bis 1945 als in den Kriegen der letzten 200 Jahre zusammen, einschließlich der Invasion Napoleons, der türkischen und der Balkan-Kriege und des Krieges auf der Krim. Die russischen Verluste, die wahrscheinlich weitere 20 Millionen von toten Zivilisten, Toten in den Konzentrationslagern Hitlers und Stalins, Tote durch Hunger und Krankheit einschließen, waren größer als die Verluste aller Nationen im Ersten Weltkrieg zusammen. Es existierten Dörfer, in denen es überhaupt keine Männer mehr gab, ausgenommen ein oder zwei siebzigjährige Greise und ein oder zwei Knaben. Doch Rußland hatte durchgehalten. Stalin mit all seinen Fehlern und Ängsten hatte überlebt. Der sowjetische Staat war nicht auseinandergebrochen. Im Gegenteil, er wurde stärker und verstärkte auch all seine repressive Macht. Hitler war dahin mit seinen Generälen, mit seiner nationalsozialistischen Führung, mit seinem Traum eines tausendjährigen Reiches und seinem Wahn, Rußland vom Angesicht der Erde auszulöschen und seine Weiten mit der eigenen „Herrenrasse" zu bevölkern.

Rußland war siegreich. Aber in der Stunde des Sieges begannen auch schon die Samen eines neuen Konfliktes zu sprießen. Es war angesichts der verschiedenen Systeme der Sowjetunion, Großbritanniens und der Vereinigten Staaten eine schwierige Aufgabe gewesen zusammenzuarbeiten, aber das gemeinsame Ziel, Hitler und Japan zu besiegen, hatte den notwendigen Zement geliefert. Noch bevor die letzte Kanone zu feuern aufhörte, erhoben sich schon zornige Stimmen im Streit über die Nachkriegswelt; Streitigkeiten über Deutschland und seine Zukunft, über Polen, über Osteuropa, über die Absichten Stalins und ob die Vereinigten Staaten ihrem sowjetischen Partner eine helfende Hand bei den Aufgaben des Wiederaufbaues im Frieden reichen sollten.

Die russische Armeen strömten zurück aus Deutschland, einige davon nach dem Osten, um gegen Japan zu kämpfen. Aber die meisten eilten zurück auf die Felder, zurück in die Fabriken, mit der ungeheuren Aufgabe, ein Land wiederaufzubauen, dessen europäischer Teil in Trümmern lag. Es würde für die müden Russen kein Ausruhen geben. Der Krieg hatte geendet, aber der wahre Frieden, Wohlstand, Zufriedenheit und Sicherheit für Rußlands Millionen waren noch in unendlicher Ferne einer undurchschaubaren Zukunft.

Personenregister

Agafonow 25
Alexander der Große 108
Alexander, Harold Rupert Earl 187
Alpert, Max 92
Adrejew 11
Anisow, A. F. 73
Antonescu, Ion 153
Antonow, A. I. 136, 160, 164, 173f., 193, 196
Artemow, P. A. 67
Astor, Lady Nancy 118
Attlee, Clement 194

Badajew 11
Bagramjan, Iwan 38f., 103
Basow, Michael 49
Beaverbrook, Lord 64f., 67
Below, P. A. 94ff., 98, 125
Bereschkow 18
Beria, Lawrenti P. 11f., 21, 27, 29, 33, 45, 57, 69, 98, 144, 160, 189
Bernadotte, Graf Folke 179
Bersarin, Nikolaj E. 168, 182
Birjusew, S. S. 154
Bitschewski, B. W. 49, 51, 59
Bock, Fedor von 10, 15, 26, 63, 94, 106
Bogdanow, G. I. 168, 176
Boldin, Iwan W. 73, 94
Bor-Komarowski, Tadeusz Graf von 152
Bormann, Martin 183, 185f.
Brauchitsch, Walter von 10
Bregmann, Georgi 45
Breschnew, Leonid I. 170
Brooke 149
Budjonni, Semjon M. 20, 36, 38, 60, 73f., 80, 108
Bulganin, Nikolai A. 11, 70, 72
Burmistenko, M. S. 38
Busse 182

Chamberlain, Neville 65, 115
Chosin, M. S. 60
Chruschtschow, Nikita 22, 33ff., 56, 104f., 107, 109f., 130f., 136, 141f., 145, 170
Churchill, Sir Winston 12, 23, 58, 64, 96, 112, 114ff., 118f., 149f., 152, 164, 166ff., 170, 173, 187, 194
Clark-Kerr, Sir Archibald 195

Clausewitz, Carl von 94, 113, 122
Cripps, Sir Stafford 30, 78

Dcich, A. N. 84
Dekanosow, Wladimir G. 12, 15, 20
Derewjanko 196
Dimitrow, Georgij 11
Dönitz, Karl 185ff.
Dordow 109
Dostojewski, Fjodor Michailowitsch 47
Drozd, W. P. 42
Dschugaschwili, Jakob 39
Dulles, Allan 156
Dyck 49

Eden, Sir Anthony 96f.
Eisenhower, Dwight D. 156, 164, 187, 196
Engels, Friedrich 19, 97

Fadejew, Alexander 145
Fedjuninski, Iwan I. 25, 60, 85, 90
Feymonville, Philip 78
Fomin, E. M. 28
Friedeburg, Hans von 187f.
Fritzsche, Hans 186

Gawrilow, P. M. 28
Giorgione 49
Glasunow, W. A. 185
Goebbels, Joseph 64, 182, 185f.
Göring, Hermann 10, 125, 186
Golikow, F. I. 94
Golowanow, A. J. 69
Gordow, W. N. 108
Gorschkow, D. M. 67
Goworow, L. A. 76, 94
Guderian, Heinz 26, 29, 35ff., 63, 67f., 81, 93, 109, 134, 153, 162, 170
Gulubew, K. D. 76

Halder, Franz 51, 64, 81, 86
Harpe 162f.
Harriman, W. Averell 64f., 67, 118f., 195
Hausser 138
Heß, Rudolf 30
Himmler, Heinrich 179, 186
Hirohito, Kaiser von Japan 194ff.

Hitler, Adolf 8ff., 15f., 19, 21ff., 28, 35, 37, 41, 53, 63ff., 69, 76, 81, 84, 93ff., 97, 102, 108, 115, 125, 128, 130, 133f., 139, 142f., 153, 156, 169, 177ff., 182ff., 197
Hoepner, Erich 63f.
Hopkins, Harry 30f., 39, 73, 149, 194
Horthy, Nikolaus von 154
Hoth, Hermann von 26, 35, 50, 63, 107, 108, 127, 133

Inber, Vera 59, 85, 90
Inge, Juri 44
Isakow 55
Ismay 65

Jefremow, M. G. 98
Jeltschenko, Fjodor 129f.
Jeremenko, A. I. 37, 63, 67ff., 79, 109, 111f., 121, 133
Jereschakow 72
Jewtuschenko, Jewgeni 145
Jodl, Alfred 182, 186f.

Kaganowitsch, Lazar M. 11, 160
Kalinin, Michail J. 11
Kalitajew, Wjatscheslaw 45
Karl XII. von Schweden 141
Karpenko, G. P. 67
Katukow, M. J. 168, 175f.
Keitel, Wilhelm 10, 134, 145, 182, 188
Kesselring, Albert 26
Ketlinskaja, Vera 87
Kirponos, Michael P. 18, 21, 26, 33f., 36, 38
Kleist, Ewald von 35, 108
Klimowski 27
Kluge, Günther von 10, 26, 63
Kolpaktschi, W. J. 168f.
Konjew, Iwan S. 34, 70, 72f., 75, 93, 133, 160, 162ff., 166, 169f., 174, 176ff., 182
Konoye, Fürst 194
Kopets, I. I. 25
Koslowski, A. K. 52
Kosmodemjanskaja, Zoja 144f.
Kossygin, Alexej 49, 53, 56
Kotschetow, Wsewolod 52, 83, 88
Krawtschenko 124
Krebs, Hans 185f.

Kulik, G. I. 55f., 85
Kurtschatow, Igor W. 194
Kusnetzow, Fjodor I. 21, 25, 55
Kusnetzow, Nikolai G. 13, 18, 19, 21, 53, 56, 60
Kusnetzow, F. J. 179, 182
Kutusow, Michail 23, 57, 97, 173

Lagunow, N. F. 86
Lauristan, Johannis 43
Leeb, Wilhelm Ritter von 10, 15, 31, 50ff., 59, 64
Leljuschenko, Dimitri 67f., 75, 94
Lenin, Wladimir I. 9, 19, 22, 27, 47, 51, 58
Lermontow, Michael 7
Levitan, Juri 8
List, Siegmund Wilhelm von 10, 106
Luknitski, Pawel 85

MacArthur, Douglas 196
Maiski, Iwan M. 18, 23, 58, 96
Makarenko 152
Malandin, G. K. 70
Malenkow, Georgi 11, 20f., 35, 53, 55ff., 60, 75, 98, 104, 110, 111, 160, 173, 189
Malinin, M. S. 136, 160
Malinowski, Rodion J. 108, 193
Malischew, W. A. 110f.
Manstein, Erich von 51, 127, 134
Markewitsch, Nikolai 88
Marshall, George C. 168
Marx, Karl 14, 19, 97
Mechlis, Lew S. 21, 73, 98f., 154
Meretzkow, Kiril A. 47, 85, 193
Michael, König von Rumänien 153
Mikojan, Anastas 11, 50, 56, 68, 160, 173
Mikolajczyk, Stanislaw 8ff., 16, 18, 20, 22, 25, 30, 53, 55ff., 60, 65, 75, 78, 96, 115f., 149, 160, 168, 173, 189, 194f.
Montgomery, Bernard Law 173, 187
Murillo, Bartolomé Esteban 49
Musitschenko, I. N. 34

Napoleon I., Kaiser der Franzosen 7, 23, 26, 97, 130, 173, 197
Nikitschew, P. N. 52
Nikolaus II., Zar 47, 168
Nikolski, Alexander 87
Nisami 83
Nowikow, A. A. 110

Oktjabrski, J. S. 21
Orbeli 83, 87f.
Ott, Hermann 11f.
Oumanski, Konstantin 12

Panteljew 43ff.
Patch, Alexander 156
Patton, George C. 156
Paulus, Friedrich 106ff., 122, 124f., 127ff.
Pawlov, Dimitri W. 59, 62, 83
Pawlow, D. G. 21, 26
Pawlow, N. N. 84
Pawlow, Wladimir 15
Peresipkin, I. T. 78
Peter der Große, Zar 41, 47, 58, 141
Petrowitsch, Iwan 62
Poneden, G. P. 34
Ponomarenko, T. K. 144
Popkow, Peter S. 58f.
Popow, M. M. 11, 47, 51, 55
Poskrebischew, A. N. 22, 36, 69, 110
Potapow, M. I. 26, 34
Pound, Sir Dudley 117
Purkajew, A. 193
Puschkin, Alexander 47
Pu-Yi, Henry 196

Raffael 49
Raske 129
Reichenau, Walter von 10
Rembrandt 49
Ribalko, P. S. 178
Ribbentrop, Joachim von 10, 12, 16, 18, 20
Ritschagow, P. W. 25
Rodimtsew, A. I. 107
Rodmistrow, B. A. 138f.
Rössler, Rudolf 136
Rokossowski, K. K. 70, 72f., 75, 81, 94, 125, 127, 129, 133, 138, 152, 160, 162, 164, 166, 169, 176, 188
Roosevelt, Franklin 12, 30f., 64, 73, 115f., 118, 149, 151, 166ff., 170, 187, 194
Rubens, Peter Paul 49
Rudni, Wladimir 45
Rundstedt, Rudolf Gerd von 10, 15, 19, 21
Rus 33, 58

Sacharow 160
Sacharin 76
Saposchnikow, Filip 87, 97, 103, 104, 133
Sato 195
Sawitschewa, Tanja 90
Sbitow, N. A. 67ff.
Schaposchnikow, Boris 37f., 57, 68ff., 75, 78, 81, 93, 98
Schatilow, F. L. 182
Schaupp, Julius 184
Schdanow, Andrej 11, 47, 50ff., 56f., 60, 62, 87
Schewtschenko, F. I. 193

Schigarew, P. W. 53, 68
Schmidt (General) 127, 129
Schörner, Ferdinand 178, 182
Schostakowitsch, Dimitrij D. 62
Schtemenko, Semjon 166, 173f.
Schtscherbakow, Aleksander 11, 60, 76
Schukow, Georgi 16, 19ff., 25, 31, 33ff., 60, 62f., 69f., 72, 74ff., 79ff., 93ff., 103f., 109ff., 121f., 129, 133ff., 153f., 160, 162ff., 166, 168ff., 173ff., 182f., 185f., 188f., 194, 196
Schulenburg, Graf Friedrich Werner von der 15, 20, 22
Schwernik 11
Skripnik, S. S. 28
Skrjabina, Jelena 84
Smirnow, S. S. 28
Sokolowski, Wassilij D. 70, 93, 186
Sorge, Richard 11ff., 63
Spaatz, Carl 188
Stalin, Josef 8ff., 18ff., 25, 28ff., 33ff., 41, 45, 50, 53, 55ff., 62f., 65, 67ff., 72, 75, 78ff., 85, 93ff., 102f., 108ff., 118, 121f., 124f., 133ff., 142ff., 149ff., 153f., 156, 159f., 162ff., 166ff., 173f., 176f., 183ff., 193ff.
Stalin, Swetlana 79
Stalin, Wassili 79
Steinhardt, Lawrence 73, 78
Stimson, Henry 194
Stumpff, Hans Joachim 188
Subatschew 28
Susloparow, I. A. 12, 187f.
Suworow, Alexander W. Fürst 23, 97, 173

Tedder, Arthur 188
Telegin, K. F. 68f., 162, 175
Timoschenko, Semjon K. 11, 19ff., 38, 60, 63, 98, 103ff., 108
Tizian 49
Tjulenew, I. W. 18f., 29
Togo 194
Tolbuchin, Feodor I. 154, 160
Tributs, Wladimir 18, 41ff., 57
Tripolski, A. F. 87f.
Truman, Harry S. 187, 194f.
Tschaikowsky 97
Tschernjakowski, Iwan P. 160, 162
Tschiang Kai-schek 108, 149
Tschuikow, Wassili Iwanowitsch 108ff., 112f., 128, 164, 168ff., 175f., 182f., 185ff.
Tupikow, V. I. 38
Tutschewa, Vera 45

Uemura 196
Uljanow, Wladimir 47

Vinci, Leonardo da 49

Wassilewski, A. M. 12, 37, 60, 63, 75, 78, 103f., 109ff., 121f., 133, 136f., 138, 160, 162, 193
Watutin, N. F. 121, 133, 136
Weichs, Maximilian Freiherr von 63
Weidling, Helmut 179, 186f.
Weizsäcker, Ernst Freiherr von 20
Welles, Sumner 12

Wenck 182
Wischnewski 43
Witzleben, Erwin von 10
Wladimir, Großfürst 33
Wlassow, Andrei A. 38, 94, 99, 156, 159
Woronow, N. M. 21, 53, 56, 127, 129, 133, 187f.

Woroschilow, Klement J. 11, 50ff., 57, 59f., 68, 72, 75, 103f.
Wosnesenski, N. A. 98
Wyschinski, Andrej 188

Yeaton, Iwan 78

Zonin, Aleksander 45
Zwerew 78

BILDNACHWEIS

Air Time International Inc.: S. 6, 7, 9, 12, 13, 20, 24, 40–41, 42–43, 44–45, 49, 52–53, 60–61, 62–63, 72, 76 oben rechts und links, 77 oben rechts, 79, 80, 84–85, 86–87, 92, 95 oben und unten, 116 unten, 116–117 oben, 118–119 unten, 120–121, 128 unten, 129 unten, 132–133, 136–137 unten, 138–139 unten, 138–139 oben, 139 unten, 144 oben, 144–145 unten, 148–149, 152–153, 154–155, 155 oben und unten, 156, 157 oben und unten, 161, 164, 168 unten, 169, 188–189 unten, 194–195, 196–197 oben, Mitte und unten.
Herman Axelbank: S. 140.
Bundesarchiv Koblenz: S. 96–97, 98 unten.
Imperial War Museum, London: S. 107, 117 unten.
International News Service: S. 76–77 unten.
Library of Congress, Washinton: S. 37, 75, 78 oben und unten, 104, 122, 128–129 oben, 158.
Museum der Geschichte Leningrads: S. 50–51, 59, 123.
The National Archives, Washington: S. 28, 36.
Sovfoto: S. 1, 2–3, 29, 46–47, 54–55, 64, 71, 77 oben links und unten rechts, 82, 89, 91, 98–99 oben, 100–101, 105, 106, 108, 110, 111, 112–113, 118, 124–125 oben und unten, 126, 127 oben und unten, 130–131, 136–137 oben, 142–143 oben, 143 unten, 146–147, 151, 159, 171, 163, 165, 168 oben, 172–173, 174–175, 177, 180–181, 182–183, 187, 188 oben, 189 unten rechts, 190–191, 192–193.
Time-Life Picture Agency: S. 66–67 (Margaret Bourke-White).
Ullstein-Birnback: S. 26–27, 30–31.
United Press International: S. 68 69.
Wide World Photos: S. 10, 11, 14, 16, 18–19, 21, 23, 32, 34–35, 38–39, 57, 70, 73, 99 unten, 102–103, 114, 150 oben, 166–167, 178, 179, 184–185, 186.